■ 현대성서주석

아 가

목회자와 설교자를 위한 주석

Song of Songs

INTERPRETATION

저자 / 로버트 W. 젠슨
(Robert W. Jenson)

2011

한국장로교출판사

아 가

목회자와 설교자를 위한 주석

총편집자 제임스 루터 메이스
구약 편집자 패트릭 D. 밀러
신약 편집자 폴 J. 악트마이어

아 가

저자 : **로버트 W. 젠슨(Robert W. Jenson)**

· 미국 미네소타 주 루터 세미너리 졸업(신학석사)
· 독일 하이델베르크 대학에서 칼 바르트 연구로 조직신학 박사학위 취득
· 미네소타 주 노스필드 소재 올라프 칼리지 종교학부 교수 봉직 및 은퇴교수
· 현 미국 뉴저지 프린스턴 신학대학원 내 소재 신학연구센터의 상임연구교수
· 미국의 대표적인 루터파 조직신학자요, 칼 바르트 신학의 대가

한 · 미 공동 주석편집 / 번역위원회 편

번역위원 : **김회권**

· 장로회신학대학교 신학대학원 졸업
· 프린스턴 신학대학원 성서학 박사(구약신학)
· 현 숭실대학교 인문대학 기독교학과 교수 겸 교목실장

이 책은

미국장로교출판사인 Westminster / John Knox Press와의

정식 계약에 의해 번역, 출판되었다.

Robert W. Jenson

Song of Songs

INTERPRETATION

A Bible Commentary
for Teaching and Preaching
tr., by Publishing House of the PCK

INTERPRETATION / 현대성서주석

아 가

초판발행 2011년 12월 30일 / 2017년 1월 5일 2쇄발행
저자 : 로버트 W. 젠슨(Robert. W. Jenson)
번역 : 한 · 미 공동 주석편집 / 번역위원 김회권

기획 · 편집
기획 · 편집인 : 박노원
미국장로교총회(PCUSA) 한국어자료개발실 김춘자
Rev. Grace Choon Kim
Curriculum and Resource Development, Korean Adult, CMD
100 Witherspoon St. Louisvill, KY 40202-1396, USA
Tel (502)569-5478, 5484 / Fax (502)569-8329, 8263

발행
한국장로교출판사
발행인 : 채형욱
주소 / 03128 / 서울시 종로구 대학로3길 29
(한국교회100주년기념관 별관)
전화 / (02) 741-4381 / 팩스 (02)741-7886
등록 / No.1-84(1951. 8. 3.)

ISBN 978-89-398-0224-7 / 978-89-398-0206-3(세트)
Printed in Korea
값 13,000원

한국어판 발간사

새로운 천년이 시작되는 첫해인 2000년 아침에, 한국교회는 현대성서주석시리즈라는 뜻깊은 축복의 선물을 받게 되었다.

한국장로교출판사는 새로운 천년을 맞아 수년 간의 준비와 노력 끝에, Westminster/John Knox 출판사에서 절찬리에 발간되고 있는 Interpretation/현대성서주석시리즈를 번역하여 출간하게 된 것을 자랑스럽게 생각하며, 그 기쁨을 여러분과 함께 나누고 싶다. 이 주석 시리즈는 교회에서 성경을 해석하는 이들에게는 훌륭한 안내자로서, 성경을 가르치고 설교하는 이들에게는 풍부한 말씀의 샘으로써 큰 기여를 하게 될 것으로 믿는다.

이 주석 시리즈의 특징은 역사적 연구와 신학적 이해를 결합시키고, 이를 오늘날의 삶과 신앙에 다양한 방식으로 접근시키는 데에 있다. "21세기 성서해석의 결정판"이라고 불려질 현대성서주석시리즈는 한국교회뿐만 아니라 해외에서 목회하는 한인교회를 위해서도 크게 공헌할 것으로 확신한다.

전 43권으로 발행되는 방대한 주석서를 번역함에 있어서 한국장로교출판사는 먼저 저자들과 상의하여 역자를 선정하기도 하였고, 전문적으로 성서신학을 공부한 분들을 중심으로 번역위원을 구성하였다. 번역작업

에 있어서 원서의 어떤 부분은 한국장로교출판사의 신학적 견해와 일치하지 않는 내용이 있음에도 불구하고, 원문에는 충실하였음을 밝힌다. 이렇게 함은 저자들과 Westminster/John Knox 출판사와의 약속에 의한 것이다.

또한 내용에 있어서는 신학적 흐름이 한국의 그것과 다를 수 있으며, 전통적인 입장과는 차이를 보이는 학자들의 견해라도 하나의 학문적인 자료로서 소개되고 있다는 점을 염두에 두기 바란다. 그럼에도 불구하고 이런 학자들의 연구 결과는 목회자들의 설교강단을 풍요롭게 하는 데 적지 않은 도움을 줄 것으로 기대한다.

이 귀중한 작업은 한국장로교출판사 전임 사장 김봉익 목사와 미국장로교총회 회중사역부 김춘자 목사의 노고가 없었다면 이루어질 수 없는 일이었기에 두 분에게 깊은 사의를 표한다.

이 현대성서주석시리즈를 통해서 교회사역의 주요 부분인 설교와 성경공부를 성공적으로 이끌어 갈 수 있기를 기대한다. 또한 새로운 천년을 맞은 한국교회의 강단에, 그리고 선교 21세기의 복음사역에 큰 공헌이 될 수 있기를 간절히 소망한다.

한국장로교출판사
사장 **채형욱** 목사

한국어판 기획·편집에 즈음하여

Interpretation/현대성서주석은 현재 미국의 교회와 신학계를 대표하는 세계 유수의 성서학자들이 오늘의 교회와 목회자들을 위해 각고의 노력을 기울여 집필한 주석 시리즈이다. 이처럼 큰 연구 성과를 오랜 준비기간을 거쳐 번역, 출간하게 된 기쁨을 한국의 교회와 모든 목회자들과 함께 나누고 싶다.

이 새로운 주석 시리즈는 성경본문의 각 구절들과 낱말들을 일일이 다루기보다는 성경을 가르치고 설교하는 데 사용되는 본문의 단원들을 차례대로 다룸으로써, 설교와 성경공부를 중심으로 하는 목회사역을 성공적으로 준비하는 데 많은 도움을 줄 것이다. 아울러 이 주석은 성경본문이 말하고자 하는 것이 무엇인지를 잘 이해하게 함과 동시에, 그러한 이해를 가지고 오늘날의 삶과 신앙이 안고 있는 문제들과 더불어 대화를 나눌 수 있게 해 줄 것이다. 이로 인하여 오늘날의 교회와 그리스도인들은 성경본문이 오늘의 신앙과 삶에 어떤 의미를 주는지를 분명하게 깨달을 수 있을 것이며, 그것을 자신의 일상적인 삶에 적용하는 데 큰 도움을 얻을 수 있을 것이다.

바라기는 이 주석 시리즈로 인하여 한국교회 강단의 영적인 깊이가 더해지고, 말씀이 더욱 풍성하게 되기를 소원한다. 그리하여 강단마다, 교

회마다 생수의 강이 흐르고 생명의 떡을 배설하는 잔치 자리가 되기를 희망한다. 또한 이 성서주석이 한국교회는 물론이고 전 세계에 흩어져 있는 이민 한국목회자들과 그들의 설교와 성경공부 사역에 생명력을 불어넣을 것을 기대한다.

이 번역서는 성서원문에 충실하고자 했으며, 우리말 성경은 개역한글판을 사용하였다. 그리고 때로는 시대적 요청에 맞추어 개역개정판을 사용하기도 하였다. 이 주석의 번역위원들은 국내외의 탁월한 번역가들인 동시에 전문적인 성서학자들이다.

이 주석 시리즈의 번역과 출판은 한국장로교출판사가 1992년에 미국장로교출판사인 Westminster /John Knox Press와 정식으로 계약하여 오늘에 이르렀다. 이 주석의 기획과 편집은 미국장로교총회(PCUSA) 회중사역부 내의 한국어자료개발실 김춘자 목사와 한국장로교출판사 전임 사장 김봉익 목사가 공동으로 추진하였으며, 모든 실무 작업은 한국장로교출판사 편집부에서 수고해 주었다.

그리고 무엇보다도 이 시리즈의 번역사업을 추진함에 있어서, 미국장로교총회 교육부에서 수고하다가 은퇴하여 지금은 '카이로스 연구원'의 책임을 맡은 최창욱 목사와 역시 미국장로교총회 한미목회 총무인 김선배 목사의 도움이 컸다. 이 두 분의 도움에 힘입어 한국장로교출판사는 미국장로교총회 회중사역부 한국어자료개발실과 공동으로 이 주석 시리즈를 기획, 편집, 번역, 출판하기로 협의하여 이제까지 그 작업을 진행하여 왔다. 그동안 협력해 준 번역위원들과 수고한 모든 분들께 마음 깊이 감사를 드린다.

2000년 1월 일

Interpretation / 현대성서주석 한·미 공동기획·편집인

박노원·김춘자

한국어판을 위한 서문

현대성서주석시리즈(*Interpretation : a Bible Commentary for Teaching and Preaching*)를 한국 독자들에게 소개하게 된 것은 영광이며 특권으로 생각한다. 본 주석 시리즈의 편집자들과 저자들은 한국장로교출판사가 본 주석 시리즈에 대해 관심을 갖고 한국어판을 출판하기 위해 기울인 헌신적인 작업을 감사히 여기고 있다.

이 주석의 한국어판을 한국장로교출판사가 출판하는 것은 적절한 일이다. 이 주석은 원래 미국장로교(PCUSA) 안에서 계획하고 준비되었다. 비록 본 주석의 저자들은 다양한 교단의 배경을 갖고 있으나 그 성격과 의도는 전적으로 장로교단이 결정했다. 이 주석은 교회의 예배와 성경공부 모임에서 설교하고 가르치는 일에 있어서 성경이 얼마나 중요한 비중을 차지하는지를 단적으로 입증하고 있다. 이 주석은 성경이 우리에게 하나님의 백성이 무엇을 믿어야 하며, 하나님은 당신의 백성들이 어떻게 살기 원하는지를 가르친다는 확신을 바탕으로 준비되었다.

성경에 대한 이러한 확신과 성경의 가르침에 대한 신뢰는 한국장로교회의 특성이다. 이러한 확신은 한국과 미국의 장로교회를 공부하는 교회로 만들 것이다. 미국교회에서 이미 그 유용성이 입증된 본 주석이 한국에서도 성경공부에 공헌할 수 있기를 간절히 소망한다. 각 주석의 저자들은

디모데후서 3 : 16 이하의 말씀이 얼마나 옳은 말씀인지를 보여 주려고 노력했다 : "모든 성경은 하나님의 감동으로 된 것으로 교훈과 책망과 바르게 함과 의로 교육하기에 유익하니 이는 하나님의 사람으로 온전케 하며 모든 선한 일을 행하기에 온전케 하려 함이니라". 이러한 의도가 한국에서 본 주석을 통하여 이루어지기를 기도한다.

제임스 루터 메이스
총편집자
사이러스 맥코믹 히브리어 / 구약학 명예교수
버지니아 유니온 신학교

Preface for the Korean Edition

It is an honor and a privilege to present *Interpretation : a Bible Commentary for Teaching and Preaching* to Korean readers. The editors and authors of the commentary series are grateful to the editors of the Publishing House of the Presbyterian Church of Korea for their enthusiastic interest in Interpretation and for their devoted work in producing a Korean version.

It is fitting that the Interpretation commentary should be sponsored in Korea by the Publishing House of the Presbyterian Church. The series was planned and developed in the context of the Presbyterian Church in the United States of America. Though its authors come from different churches, it is a thoroughly Presbyterian project in character and purpose. The commentary is a witness to the vital importance of the Holy Scriptures for the gathering and instruction of the Church of Jesus Christ through preaching and teaching. The foundation of the series is the conviction that the Bible provides the knowledge of what the people of God are to believe about God and what kind of life God requires his people to live.

This confidence in the Bible and reliance on its illumination is characteristic of the Presbyterian Church in Korea. It is a confidence that binds the Churches in Korea and in America into a community of study. I earnestly hope that these volumes, which have proved so useful in the American Church, will also prove fruitful for the study of the Bible in Korea. The authors of the individual commentaries have sought to show how the Scripture is "profitable for teaching, for reproof, for correction, and for training in righteousness that the man of God may be complete, equipped for every good work"(2 Timothy 3 : 16f.). I pray that this purpose will be fulfilled in the use of the commentary in Korea.

James Luther Mays
General Editor
Cyrus McCormick Professor Emeritus
of Hebrew and the Old Testament
Union Theological Seminary in Virginia

아가

INTERPRETATION / 현대성서주석

아 가

차 례

▶ 주 석

시리즈 서문

이 주석 시리즈는 성경 각 권들에 대한 해석을 담고 있다. 이 시리즈는 현대적인 강해 주석을 원하는 학생과 교사, 목회자, 사제 등의 필요에 부응하고자 만들어진 것이다. 이 책들이 역사비평적인 주석이나 설교학적인 보조자료들을 대신할 수는 없을 것이다. 오히려 이 시리즈의 목적은 제3의 자료 — 곧 성경본문들에 대한 역사적이고도 신학적인 작업의 통합된 결과를 보여 주는 주석 — 를 제공하는 데에 있다.

본래적인 의미에서 볼 때 해석 작업이라는 것은 본문, 해석자, 그리고 해석을 필요로 하는 사람 등을 포함한다. 여기서 말하는 본문은 '예언자들과 사도들'의 시대 이후로 전해 내려오는 성경의 기록을 가리킨다. 본문은 신앙생활을 가르치고, 그것에 생기를 불어넣고, 또 그것을 인도하려는 목적으로 읽혀진다. 해석자는 본문에 충실하면서도 교회에 유익한 해석을 만들어 내려고 애쓰는 사람이다. 이 시리즈는 성경을 신앙 공동체에서 가르치고, 설교하고, 연구하려는 사람들을 위해 쓰여진 것이다.

이 시리즈의 주석은 일반적으로 강해적인 에세이 형태를 취하고 있다. 그것은 성경을 사용할 때 생겨나는 여러 필요들과 질문들에 비추어 기획되고 쓰여진 것이다. 본 주석 시리즈는 효과적인 강해를 위해 현대적인 학문 연구의 통찰들과 결과들을 충분히 활용하였다. 해석자들은 주석가

들로서, 그리고 신학자들로서 이 시리즈를 집필하였다. 그들의 작업은 본문이 말하고자 하는 것을 취급함과 동시에, 그것이 신앙과 생활에 주는 의미를 분별하려는 목적을 가지고 있다. 그러므로 강해는 한 해석자의 통일된 작업의 결과이다.

본 시리즈는 표준개역성경(Revised Standard Version)을 주석의 기초로 삼고자 한다(한글판에서는 '개역한글판' 또는 '개역개정판'을 사용하였다 – 편집위원회 주). 이 영문 번역판의 일반적인 용이성으로 번역본문을 다시금 반복할 필요가 없게 되었으며, 주석 공간을 확보하는 데에도 도움을 주었다. 본 주석은 해당되는 책의 특성에 맞도록 각각의 본문을 세분화하였다. 이 시리즈의 주석은 낱말이나 구절의 의미를 낱낱이 밝히는 방법보다는 모든 본문들을 전체로 취급하는 방법을 취하고 있다.

이 시리즈의 저자들은 자신에게 맡겨진 책들을 강해하는 데 필요한 것들에 맞추어 본 주석서를 기획하였다. 성경의 각 책들은 그 성격이나 내용, 배열 등에 있어서 서로 다르다. 그들은 또한 나름대로 교회의 예전(liturgy)이나 사상, 경건 등에서 사용하는 방식에 있어서도 서로 다르다. 저자들은 주석 방법이나 강조점, 주석 공간의 활용 등에 대한 결정을 내림에 있어서 개개 책들의 독특성이나 용례를 고려하였다. 이 주석 시리즈는 저자들로 하여금 그들의 해석 결과를 가장 잘 드러나게 하는 형식을 개발하도록 허용하였다.

저자들과 편집자들은 이 시리즈가 성경본문들을 바르게 설명하고 적용하는 주석이기를 바라며 또한 성경본문들의 의미와 중요성을 제대로 다루는 훌륭한 해설서이기를 희망한다. 물론 성경 각 권들에 대한 모든 주석은 집필자 자신의 방법론과 그의 독특한 교회관과 세계관을 반영한다. 그것은 달리 집필될 수도 있고, 또 마땅히 그러해야 할 것이다. 따라서 이 시리즈에 있는 해석은 그것이 어떤 종류의 것이든 간에 개별적인(각각의 독특성을 갖고 있다 – 편집위원회 주) 것이다. 그것은 어디까지나 본문에 대한 다양한 해석들 중의 하나에 지나지 않는다. 그러나 교회 안에서 성경을 해석하는 일에 종사하는 모든 이들은 다른 사람들이 성경본문을 어떻게 읽고,

어떻게 해석하는가를 통해서 그들 나름대로의 도움과 자극을 받을 필요가 있다. 만일에 이 주석 시리즈가 그런 식의 해석작업에 이바지하고 또 그것을 자극한다면, 이 시리즈를 준비하고 출판하는 목적을 충분히 이루었다고 볼 수 있겠다.

편집자 일동

저자 서문

현대성서주석 시리즈의 아가서 주석을 써 달라는 편집자들의 제안에 상당히 놀랐다. 왜냐하면 본인은 조직신학자이지 성서주석가가 아니었기 때문이다. 또한 본인은 수십 년 동안 오직 개별적인 신학 문제를 확인할 때만 히브리어 본문을 읽고 연구했기 때문이다. 편집자들은 "모든 조직신학자는 그 일생의 경력의 마지막 때에 성서주석을 써야 한다."라고 말했다. 그런데 사실, 먼저 조직신학을 공부한 후 성서 연구로 나아가는 것은 실로 오래된 교회의 전통이었다. 심지어 토마스 아퀴나스의 기념비적인 저작 「신학대전」(*Summa Theologiae*)은 단지 성서 묵상을 위해 의도된 저작이었다. 그래서 이 위대한 모본을 따르는 것이 상당히 칭찬받을 만한 일이고, 또한 동시에 편집자들인 짐 메이스(Jim Mays)와 패트릭 밀러(Pat Miller)의 축복의 격려에 힘입어 본인은 그들의 아가서 주석 집필 제안을 받아들이겠다고 대답했다. 물론 본인은 그들이 언급한 '조직신학자가 일생의 경력의 마지막 때'에 라는 말을 어떻게 받아들여야 할지, 그리고 조직신학자인 본인이 아가서를 주석해야 하는 바로 그 조직신학자여야 한다는 그들의 제안을 어떻게 받아들여야 할지 확신이 서지 않는다.

하지만 주석 작업에 착수했을 때 놀라움은 기쁨으로 변했다. 본인은 이렇게 몰입되어 저술작업을 해 본 적이 거의 없었다. 성서본문을 자세히

읽고 묵상할 새로운 기회와 특정 본문의 아름다움 자체는 본인을 송두리째 사로잡는 무엇인가가 되었다. 본인은 이런 점에서 짐 메이스와 패트릭 밀러에게 큰 은덕을 입고 있다.

물론, 아가서를 주석할 때 제기되는 근본 질문, 그것은 악명 높은 질문이다. "당신은 아가서를 어떻게 성서본문으로 대하며 해석할 것인가?" 내가 채택한 해석 전략은 서론에 기술되어 있다. 여기서는 다만 아가서 해석사를 고찰한 후, 꽤 빨리 본인이 채택하기로 한 그 아가서 해석방법을 따르기로 했다는 것과 주석 작업이 진행됨에 따라서 본인 스스로 그 해석방법에 더욱 더 자신감을 얻었다는 것만을 밝히고자 한다. 다양한 방법으로 해석해 보려고 분투도 하지 않고, 한 가지 해석방법을 택하고 그것에만 집착하는 것이 좋은 신호인지 나쁜 신호인지, 그것은 다른 사람들이 판단해야 한다. 엘렌 데이비스(Ellen Davis)가 쓴 짧은 주석과 그 주석 이후에 그녀가 쓴 한 논문이 본인이 아가서 주석서를 집필하는 데 결정적인 도움이 되었다. 비록 본인이 특정 장들에서는 종종 그녀의 의견에 동의하지 못할 때도 있었지만, 그녀의 아가서 연구는 내내 큰 도움이 되었다.

본인은 프린스턴신학대학원 캠퍼스 안에 있는 신학연구소(the Center of Theological Inquiry)와 그 책임자, 왈러스 알스톤(Wallace Alston) 씨께 다시 한번 감사드린다. 프린스턴신학대학원 소재 신학연구소는 본인을 연구원으로 영접했으며, 아가서 주석 집필 작업을 위해 적합한 환경을 제공해 주었다. 나의 아내 블랑쉬 젠센은 항상 나에게 무언가를 시작해 보라고 부추기는 사람임과 동시에 비평적 조언자지만, 이번 경우에는 특별했다. 나와 아내, 우리 둘이 함께한 오랜 삶의 경험이 없었다면, 이 아가서 주석 집필은 불가능했을 것이다. 이 마지막 이유를 위해서는 서론의 마지막에 있는 클레르보의 버나드 글 인용 부분을 참조하기 바란다.

로버트 W. 젠슨

미가엘과 모든 천사들의 축일에

우리 주님의 해 2004년

프린스턴, 뉴저지

서론과 제목(1 : 1)

"성소로 들어가는 자는 복이 있도다. 그러나 '지성소'로 들어가는 자는 더 큰 복이 있도다…… 마찬가지로, 거룩한 노래(holy songs)를 알고 부르는 자는 복이 있도다. 그러나 '노래 중에 노래'(아가서)를 부르는 자는 더 크게 복되도다"(오리겐, 266쪽).

예비 질문들

아가서는 그리스도인들이 구약성경이라고 부르는 책에서 '지혜문학'이라고 분류된 다섯 권의 책 중 마지막 책으로 나타난다. 그러나 처음 이 책을 읽는 사람들은, 혹은 아마도 고도로 집중하여 이 책을 처음 읽는 사람들은 겉으로 드러나는 이 책의 내용이 성문서의 다른 책들과 너무 달라서, 혹은 성경의 그 어떤 책들과도 너무나 다르다는 사실을 발견하고는 깜짝 놀라게 될 것이다. 그들은 욥기에서처럼 윤리적 · 신학적 숙고나, 시편에서처럼 야웨를 경외하는 것이 지혜라는 진리를 보여 주는 모범사례도 찾을 수 없을 뿐만 아니라 잠언이나 전도서에서처럼 현인들의 격언들도, 틀림없이 나머지 구약성경들에서처럼 구원역사나, 토라나 예언도 발견할

수 없을 것이다. 그 대신 그들은 결코 음란동영상처럼 외설스럽다고 볼 수는 없지만, 육체적 사랑을 노골적으로 찬미하는 명백한 시가들을 발견하게 될 것이다. 성적 열망과 그것의 충족을 노래하는 연애시가 삼감이나 도덕적 판단이나 법적 · 사회적 속박 등에 아랑곳하지 않고 거리낌 없이 불려진다. 이 연애찬가의 시작을 알리는 구절들이 아가서 전체의 음조를 설정한다. 자신이 누구인지를 소개하는 과정이나 서론도 없이 나타난 한 여인이 외친다. "내게 입맞추기를 원하니 네 사랑이 포도주보다 나음이로구나"(1 : 2). 그리고 그녀의 연인이 나타나자 즉시 두 연인 사이에 타오르는 사랑의 충동이 그들을 보다 더 은밀한 방으로 서둘러 데리고 간다. 12세기 중세 주석가 성 티에리의 윌리엄(William of St. Thierry)에 따르면, 그녀는 '정숙함이란 전혀 찾아볼 수 없는', 황홀한 매력과 놀랄 정도의 관능미가 뒤섞인 인물이다(노리스, 17쪽).

이 연애시는 일반적인 의미에서는 서정시이다. 아마도 일종의 종교적 낭창(朗唱)을 위해 저작된 서정시였을 것이다. 그것은 열정적인 여성과 그녀의 때로는 이해하기 어렵고, 때로는 집요한 연인의 사랑을 노래한다. 대부분의 장들은 사랑하는 연인들의 연애 상황이나 사랑을 이루어 가는 도중에 발생한 삽화적 사건을 이야기하거나 전제하고 있다. 어떤 부분은 간단한 연극적인 대사들의 교환이다. 여성의 목소리와 욕망들이 아가서 전체를 지배한다. 여기서 이 시의 시적 중심화자는 여성이라는 사실이 암시된다. 이 두 등장인물들 외에 예루살렘 여인들로 구성된 여성합창단들이 있고, 짧게는 남성합창단들의 목소리도 들린다. 한 번 혹은 두 번 정도는 이 연애시의 시인이 그녀 자신의 육성으로 말하는 것처럼 보인다. 아가서의 몇몇 시가들은 잘 알려진 고대 중동의 서정시 양식을 포함한다. 이 고대 중동의 서정시를 학자들의 전문용어로는 와스프(wasf)라고 부른다. 그것의 특징 중 하나는 사랑받는 연인의 사람 됨됨이를 상술하고 찬양하는 것이다. 외견상으로 아가서의 시가 전체는 전적으로 세속적이다. 하나님이나 그 어떤 종교적인 관습이나 신앙도 언급되지 않는다.

그러므로 아가서가 성경 중에서 가장 주석이 많이 된 세 권의 책들 중

하나라는 사실은 놀라운 일이 아니다. 첫째, 아가서가 성경에 포함되어 있다는 것, 그 자체가 무엇보다도 먼저 설명되어야 한다. 성서의 정경적인 책이 정말 아가서의 연애시처럼 이렇게도 세속적일 수 있는가? 둘째, 만일 아가서 안에 종교적 혹은 신학적 의미가 숨겨져 있다면, 어떻게 우리가 그것을 발견할 수 있을까? 이 마지막 질문의 대답을 알고 있다고 생각하는 사람들에게 아가서는 제어되지 않는 해석상의 상상력은 물론 독특한 해석학적 기교를 과시할 수 있는 기회를 제공한다.

하지만 천년에 걸쳐서 모든 학문적이며 상상력이 풍부한 해석 시도가 이루어졌음에도 불구하고, 아가서 해석은 여전히 난제다. 심지어 가장 기초적인 문제들에 대해서도 장기간 지속된 해석자들의 의견 일치가 없다. 바로 이 제목조차 해석자 자신의 의견에 따라서 다르게 읽힐 수 있다. 편의상 우리는 본 주석서에서 아가서 본문을 단순히 '이 사랑노래'(雅歌)라고 계속해서 부를 것이다.

이 책 전체 제목에 대한 대부분의 영어성경 번역은 '솔로몬의 노래 중의 노래'다(1 : 1). 첫 부분, '노래 중의 노래'는 문법적으로 충분히 납득되는 히브리어 제목의 직역이다. '무엇(복수명사 혹은 복수실사) 중의 무엇(동일한 명사/실사의 단수)'이라는 구문은 최상급을 표현하는 히브리어 숙어다. 예를 들어, '만주의 주'(Lord of Lords)는 '가장 주(主)다운 주(主)'를 의미하고, 또는 '거룩한 것들 중의 거룩한 것'(Holy of Holies)은 '가장 거룩한 장소', 곧 지성소를 의미한다. 그러나 우리는 이런 숙어적 표현이 성경에서 흔한 어구가 아니라는 것과 이러한 숙어의 성경적 용례들 대부분은 이러한 두 경우처럼, 하나님이나 하나님과 연관된 최상급 존재와 관련되어 있음을 발견한다(데이비스, 240쪽). 우리는 여기서 두 가지 질문을 제기할 수 있을지도 모른다. 즉, "누가 '가장 노래다운 노래'라는 아가서의 문자적 제목에 담겨 있는 '신학적 맥락'이 독자들에게 주목을 받도록 의도할 수 있었는가?"라고 물을 수 있고, 또 "그렇다면 아가서를 읽으면서 결국은 독자들이 '가장 신성한 노래'를 읽고 있다고 생각하도록 설득되고 있는 것인가?"라고 물을 수 있다. 현존하고 있는 가장 이른 시기의 아가서에 대한

학문적 언급은 100년 경 존경받는 유대인 랍비 아키바(Aqiba)의 저작에 나타난다. 그는 아가서가 거룩한 성서 책들 중에서도 '지성소'에 상응하는 가장 거룩한 책이라고 말했다. 아마도 성경의 '지성소'라고 말한 아키바의 어법과 아가서의 책 제목 사이에 문법이나 어법 전통상의 어떤 연관성이 있었던 것 같다. 혹은 없었을 수도 있다.

다음 우리의 주목을 끄는 말은 '솔로몬의'라는 표현이다. 이것이 반드시 솔로몬이 아가서의 실제 저자라고 말하는 것은 아니다. 그것은 또한 '솔로몬에게 바쳐진 노래' 혹은 '솔로몬에 대하여 저작된 노래' 혹은 '솔로몬의 문체로 쓰여진 노래'를 의미할 수도 있다. 혹은 이외에 다른 방법들로 솔로몬과 관련된 사랑시임을 의미할 수도 있다.

성서주석에 앞서 배치된 서론에서 주로 다루어지는 문제들 중 중요한 문제는 주석될 본문의 장르 규정이다. 해당 본문의 장르를 파악하는 것은 어떤 본문을 읽고 해석할 때 요청되는 첫 단계다. 예를 들어, 만일 우리가 허구적인 여행 이야기를 실제 여행 보고서라는 인상을 갖고 읽고, 그 여행 여정과 동일한 여행을 하려고 한다면, 우리는 어려움을 겪게 될 것이다. 불행히도 아가서에 관심 있는 사람들에게, 즉 설교가들, 교사들, 묵상을 위해 혹은 그냥 즐기기 위해 읽는 개별 독자들 혹은 주석서를 쓰는 저자들 등 모든 예상 독자들에게 아가서의 장르 규정은 중요한 문제다. 만일 옛날부터 오늘날까지 아가서 해석의 역사 전체를 고려해 보면 아가서의 장르 파악이 얼마나 중요한 논쟁거리가 되었는지를 알게 된다. 아가서에 대해 처음 학문적으로 언급한 랍비 아키바처럼 아가서를 가장 거룩한 문서로 규정하지 않고 아가서를 다른 장르로 구분한 사람들과 아키바 사이에 아가서의 장르 문제는 이미 논쟁거리가 되었다. 실로, 랍비 아키바는 지극히 거룩한 책을 신성모독했다는 이유로, 아가서의 장르를 자신과 다르게 규정했던 사람들에게 영원한 저주를 퍼부었다. 더 나아가서, 우리는 아가서 해석은 보통의 경우보다 더 많이 장르의 특성을 어떻게 규정하느냐에 따라 상당히 크게 영향을 받고 있다는 것을 발견하게 될 것이다.

확실히, 우리는 이미 장르에 관한 몇 가지 명백한 점들을 주목했다. 아

가서는 동일한 등장인물의 배역과 함께 일관되게 펼쳐지는 서정적인 사랑시다. 그러나 두 가지 질문이 여전히 남아 있다. 아가서는 단순히 시들의 모음집인가, 혹은 개별시들을 아우르는 어떤 전체적인 구조가 있는가? 무엇보다도 그 연인들은 도대체 누구인가? 우리가 곧 살펴보겠지만, 이 두 번째 질문은 장르에 관한 질문이다.

우리는 성경주석들의 서론부에서 보통 잘 다루어지는 또 다른 일반적인 주제인 '시의 출처'에 대한 논의로부터 이 두 질문들과 아가서가 '솔로몬의 노래'라는 구절의 의미에 대해서도 도움받기를 기대할지도 모른다. 그러나 이 경우에서 그동안 제시된 가설들이 너무 광범위하고 다양해서 우리가 만일 그 점들에 대해 최소한 예비적인 연구에만 몰입한다고 하더라도 새로운 발견들을 성취하기는커녕, 언제(몇 세기 안에), 어디서, 누구에 의해서, 혹은 어떤 상황에서 이 시가 쓰여졌는지에 대해서 거의 알 수 없다고 결론 내려야 한다(머피, 5쪽).

내용과 어조면에서 아가서가 보여 주는 상당한 일관성에 비추어 볼 때 아가서는 한 명의 시인이나 서로 긴밀하게 결속된 일련의 집단적 시인들이 아가서 전체를 저작했거나 아가서의 대부분을 썼을 가능성이 크다. 이 주석서에서는 저자를 간단하게 '그 시인'이라고 지칭하겠다. 이 시의 많은 부분이 형성되는 데 영향을 끼친 관점을 고려해 볼 때, 그 시인 혹은 시인들 중의 가장 영향력이 컸던 인물은 당연히 여성이었을 것이다. 그렇다면 시인을 대신할 대명사는 '그녀'라고 표현하는 것이 온당할 것이다. 본 주석가의 판단으로는 위에서 제기한 질문들을 넘어 다음 단계로 넘어가는 데 도움이 되는 유일한 향도(嚮導)가 있다. 그것은 다른 영역에서는 서로 정반대의 관점들을 가진 두 명의 동시대 주석가들이 현대의 아가서 연구 학계에서 불충분하게 주목된 한 가지 현상을 지적하고 있다는 점이다. 즉, 아가서가 구약성경의 나머지 책들로부터 차용된 언어와 이미지들로부터 구성됐다는 것이다. 아가서는 성경책들 가운데서도 독특한 방식으로 저작되었다(라 코케와 데이비스). 아가서를 저작한 시인이 누구였든지 상관없이, 그녀는 우리가 사용하는 지금의 구약성경을 애독하고 묵상하는 데

투신된 사람이었다는 것이다. 그러므로 우리는 적어도 아가서가 이스라엘 문화의 바깥에서 기원했다거나, 혹은 구약성경에 나타난 이스라엘 밖의 어떤 이방 문명에서 유래했을 것이라는 가설을 배제할 수 있다. 또한 그렇기 때문에 우리는 아가서는 원래 이슈타르(Ishtar)와 담무즈(Tammuz)의 풍요다산 제의를 위한 예전적 기도문이었다거나 이집트에서 유행되던 그런 류의 예전기도문의 이스라엘 개작판본이라고 주장하는 학자들의 공연한 추측도 배척할 수 있다.

더구나, 우리의 시인이 구약 정경에서 발견되는 특정한 이미지들과 언어에 깊이 몰입되어 있는 점으로 보아 현재의 구약성경 안에 있는 많은 문서들이 아마 아가서의 저작 당시에 한목소리로 말할 수 있는 방식으로 사용가능한 상태로 잔존해 있었음이 틀림없다. 아가서가 저작되던 당시, 그때 이미 장차 구약 정경을 구성하게 될 공식적인 혹은 비공식적인 문고(library)가 있었음에 틀림없다. 따라서 아가서가 저작될 수 있었던 가장 이른 시기 후보는 솔로몬 시대겠지만, 이 시기는 가능성이 별로 없어 보인다. 솔로몬 시대는 구약정경의 상당수가 이미 존재하던 시기로 간주될 수 없기 때문이다. 솔로몬 시대 저작가설을 뒷받침할 만한 학문적 연구 결과는 미약하다.

아가서 각각의 부분을 아우르는 전체 구조가 있는지의 여부에 관해서는 잘 모르겠다고 말하는 불가지론이 다시 가장 현명한 선택처럼 보인다. 아가서를 드라마(희곡)로 혹은 결혼식이나 종교제의 사용된 긴 낭독문으로 구성하려는 시도가 있어 왔다(포프). 이러한 시도들은 그 가설 주창자들을 제외하고는 거의 어떤 사람들도 설득하지 못했지만, 그들의 모든 가설들이 경청되려면 최소한 그것들 고유의 내적 일관성과 그 가설 제안자들의 종교사학파적인 경향에 의해서만 지지되는 아가서 저작 과정이 재구성되어야 한다. 아가서가 감성적 클라이맥스를 향해 쌓아 올려진 개별적 시들의 구조물이라는 보다 소박한 제안은 실로 아가서의 많은 쟁점들을 해결한다는 점에서 그럴듯한 견해로 보이지만, 흔히 아가서의 클라이맥스라고 간주되는 8 : 6~7, 바로 그 단락 해석에는 이 제안이 설득력이 없다. 따라

서 본 주석서는 다른 최소주의적 입장을 취할 것인데, 그것은 아가서를 작은 단편시들의 집성물로 보는 입장이다. 본 주석서가 이런 입장을 취하게 된 이유는 아가서에서 일관성 있는 성격을 가진 인물들과 전체를 아우르는 일관성 있는 주제와 태도, 그리고 개별 시가들을 연결시키는 특정한 시적인 구도와 형식들을 발견했기 때문이다. 우리는 이따금 연속된 두 개 혹은 세 개의 시들을 아우르는, 보다 더 긴밀한 관련성도 주목하게 될 것이다. 사실 아가서가 우리가 추측하는 것보다 훨씬 조밀한 짜임새 — 어떤 점에서 하나님께서 알려 주셔야 할지도 모르는 — 를 갖고 있을지도 모르나, 우리는 그와 관련되어서는 어떠한 억측에도 의존하지 않을 것이다.

실로, 아가서 전체에 걸쳐 흐르는 줄거리를 발견하려는 시도들 중에서, 가장 영향력 있는 시도이자 가장 본질적으로 흥미로운 시도는 놀랍게도 가장 그럴듯하지 않게 들리는 시도다. 랍비 유대교의 성경 해석은 연인들의 사랑사건을 야웨와 이스라엘의 역사적 사건들과 연결시키면서 항상 아가서를 역사화하려는 경향이 있었다. 아마도 7세기에 팔레스타인에서 유래되었을 가능성이 큰 아람어로 의역된 아가서 주석서인 「타르굼 찬가」(*Targum Canticles*)는 한 걸음 더 나아가서 아가서 안에서 아브라함부터 최후까지 이스라엘의 완전한 순차적인 역사를 발견했다(타르굼, 55-60쪽). 게다가, 타르굼에 따르면, 아가서는 그 역사의 주기적이고 신학적인 형태를 묘사한다. 그것은 시작, 재난, 그리고 회복의 3개의 반복(cycles)을 보여 준다는 것이다. 이러한 읽기는 결정적으로 후기 유대교 주석서와 중세 기독교 성경 해석상의 소수파에게 영향을 끼쳤다. 이런 해석은 이제는 '풍유적(알레고리컬) 해석'이라는 다소 경멸적인 이름으로 불린다. 우리는 이 점에 대해서 다시 살펴볼 것이다. 우리는 이 주석서에서 타르굼이 개별 장들의 주석작업에서 꽤 인용할 만한 가치가 있다는 것을 보게 될 것이다.

무엇이 평이한 의미인가?

우리는 아가서를 매우 관능적인 사랑 서정시들의 모음집이라고 읽는다. 대부분의 현대 주석가들이 그렇듯, 심지어 정경에 아가서가 포함되어 있는 것에 신학적 중요성을 부여하려고 애쓰는 사람들이 그렇듯이, 아가서를 이 정도로 규정하는 데 만족하고 싶은 유혹을 느낀다. 그러나 랍비들과 기독교회의 학풍은 결국 이 한계를 받아들일 수 없었다. 결국 아가서는 기독교 혹은 유대교의 성경 해석의 관심사이고, 실로 오직 그것이 유대교와 기독교의 정경 목록에 들어 있다는 이유로 인해 보존되어 왔다. 몇몇 현대 주석가들이 당연히 전제하듯이, 그런 사랑 서정시들이 히브리 성경 혹은 구약성경 안에서 어떤 역할을 하고 있는지를 물으면서 고상한 체 할 필요는 없다(예. 포프, 114쪽). 구약성경의 모든 다른 책들은 어떤 방식으로든 이스라엘과 이스라엘의 하나님과의 관계에 관한 것이다. 이 추정이 아가서에서는 즉각적으로 해당되지 않는 것처럼 보인다. 아가서의 경우, 완전히 세속적인 서정시들의 모음집이 순전히 우연하게 히브리 정경이나 구약성경에 포함된 것처럼 보이기 때문이다. 본 주석서의 저자는 아가서가 실제로 '인간의 성애(性愛) 신학'(머피, 101쪽)을 제공한다고 주장할 것이다. 그러나 방금 인용된 그 탁월한 주석가에게는 실례지만, 아가서 그 자체의 공공연한 의미는 그런 것을 제시하지 않는다. 그리고 이 점은 우리를 두 번째 질문으로 이끈다. 누가 연인들인가?

그 연인들이란 구약성경의 야웨와 그의 백성, 또는 그리스도와 교회(혹은 그 그리스도와 믿는 자의 영혼)라는 것이 유대교와 현대 이전의 기독교의 아가서 해석이 한결같이 내놓은 대답이었다. 즉, 고대 랍비들, 후기 유대교 주석가들, 교회의 교부들, 중세의 주석가들, 종교개혁의 주석가들 모두 이구동성으로 아가서의 연인들을 야웨 하나님과 이스라엘 백성, 혹은 그리스도와 교회라고 해석했다. 하지만 현대 해석자들의 거의 만장일치에 가까운 대답은 이런 해석은 알레고리적 성경 해석이며, 그런 성경 해석은 나쁜 것이라는 점이었다.

현대 이전의 성경 해석에 대한 현대적 논의에서, '알레고리적'이란 표현은 어김없이 불명확하게 사용되었고 주로 경멸조로 사용되었는데, 좀 더 정확하게 말해서 교부들과 중세시대 사람들의 '영적' 성경 해석을 가리키는 말로 사용되었다(그 당시에는 알레고리가 유일한 성경 해석 방법이었다). 교회는 성경 전체를 '영적으로 읽었다'. 왜냐하면 교회는 전체 성경을 성령에 의해 계획된, 창조부터 새 하늘과 새 땅 창조까지 이르는 일관성 있는 극적 이야기라고 보았기 때문이다. 구약성경은 창조부터 새 창조까지 이르는 장엄한 이야기이지만, 그 이야기의 도덕적, 종교적 의미와 맥락을 드러내기 위해서는 이야기가 아닌 부분(율법, 예언, 잠언 등)이 포함되어 있다고 보았다. 결과적으로 교회의 좀 더 이전 시기의 성경 해석상의 한 원칙은, 그런 극적으로 연결된 이야기에서는 최후 사건 앞에 일어나는 모든 사건들은, 그것들이 종말에 일어날 사건을 가리키고 있다는 한에서 아주 흥미로운 사건으로 이해되고, 그 사건들이 가리키고 있는 그 미래의 종말론적 사건의 빛 아래서만 의미 있게 해석된다는 것이다. 즉, 보다 이른 시기의 사건들은 보다 후에 일어날 사건들을 표상한다고 해석하는 것이었다.

그러므로 예를 들어 마틴 루터가 그의 모세오경 번역판 서문에서 아론을 그리스도의 예표라고 말했다고 해서, 그가 이스라엘의 역사에서 그리스도보다 더 이른 시기에 살았던 아론의 역사적 실존성을 부정한다거나 특별한 시대와 배경 안에 존재했던 한 사람인 아론의 역사적 이야기가 중요치 않다는 것을 의미하지는 않았다. 오히려 대조적으로, 그는 아론이 했던 일과 그가 받았던 고통에서, 그리고 모세오경 이야기의 구술자가 그에 대하여 말하는 방식에서 독자들은 왜 대제사장적인 중보자인 그리스도가 오셔야만 했었는지를 볼 수 있다는 것을 의미한다. 또한 루터가 아론을 그리스도의 예표라고 말했을 때에 그가 의도한 것은, 구약시대의 성도들이 장차 오실 그리스도가 어떤 모습으로 오실까를 생각할 때 아론이 참조 인물이 되었다는 것을 생각하며 읽었을 것이라는 점과 교회와 그리스도인들이 아론에 관한 모세오경의 여러 장들을 읽으면서 아론이 장차 오실 그

리스도의 예표였음을 마땅히 생각하며 읽어야 함을 강조하는 것이었다. 일반적으로 교회가 수행하는 영적인 성경 해석의 본질은 신약성경의 관점으로 구약성경을 읽는 것이었다. 영적인 성경 해석이라는 이 포괄적인 교회의 성경 해석 전통 안에서 '알레고리적 해석'은 몇 가지 영적 해석들의 유형 중에서 가장 의미 깊은 기독론적 해석이다. 구약의 모든 부분에서 그리스도를 찾아내려는 해석방법인 것이다. 하지만, 반복된 현학적인 설명을 피하기 위해서, 본 주석서는 이 단어의 최근의 숙어적 의미를 채택하여 이 용어를 사용할 것이며, 가장 느슨하고 일반적인 의미로 이 '알레고리'라는 말을 사용할 것이다.

알레고리적 성경 해석(혹은 소위 그렇게 느슨하게 불리듯이)은 주로 구약성경의 이야기체 본문들의 해석 시 적용된 교회의 성경 해석 절차다. 우리의 주석과업을 위해서 알레고리적 성경 해석이 아주 중요하기 때문에 알레고리가 무엇인가에 대한 바로 앞 단락들의 논의가 필요했다. 어떤 구약성경의 이야기체 본문을 알레고리적으로 해석하는 것과 해석이 되는 특정 본문 그 자체가 장르상 알레고리라고 말하는 것은 전혀 별개의 문제다. 즉, 장르상 알레고리로 분류된 본문의 경우, 그것의 평이한 의미는 알레고리로 표현된 본문이 겉으로 언급하는 것이 아니라 그것보다 더 깊은 차원에서 발견되는 실체적 의미를 가리킨다. 물론 구약성경에는 이렇게 해석해야 할 본문들이 많이 있다. 고대의 랍비들이 아가서가 야웨와 이스라엘 사이의 열정적 사랑을 말하기 위해서 표면적으로는 두 연인들의 사랑을 말하고 있다고 판단했을 때, 그리고 교회의 성경 해석자들이 유사한 판단을 내렸을 때, 이 평가는 그 자체로는 알레고리적인 성경 해석이 아니었다. 그 용어의 현재적인 사용에서나 좀 더 정확한 사용, 둘 다의 기준에서 보았을 때에 이런 랍비들과 교회 주석가들의 판단은 '알레고리적' 성경 해석이 아니었다. 만일 장르에 대한 랍비들과 교부들의 판단이 옳다면, 외견상 세속적 사랑시들의 모음집인 아가서를 하나님과 이스라엘/교회의 사랑을 표현하기 위한 신학적 알레고리라고 판단하는 것이야말로 자연스러운 논리적 귀결이다. 이것은 사실 아가서의 평이한 의미를 찾는 읽기이며,

아가서를 알레고리로 읽는 입장은 본문 스스로가 해석자에게 추천하는 해석방법이라는 의미에서 알레고리적 읽기다. 교회의 전통적인 아가서 해석에서, 보다 좁혀진 의미의 알레고리적 성경 해석은 두 단계에 이루어진 알레고리적 해석이었다. 고대 랍비들이 이미 아가서를 야웨와 이스라엘에 관한 신학적 이야기로 읽었던 전통을 이어받아 교회가 아가서를 그리스도와 교회에 관한 이야기로서 읽었을 때 또 한 번 알레고리적 해석이 이루어진 셈이었다. 아가서의 대부분과 관련해서, 이 단계는 너무나 짧아 본 주석서는 교회의 알레고리적 해석을 다루는 데 어려움을 겪지 않을 것이지만, 몇 개의 개별 시가들에게 있어서는 이 두 번째 단계의 알레고리적 해석에 대한 관찰이 중요할 것이다.

물론 우리가 다음으로 제기하는 질문은 "랍비들과 교부들의 아가서 장르 규정은 옳았는가?"이다. 이 장르 규정에 관한 다시 거의 만장일치에 가까운 현대 주석가들의 의견이 있다. 그들은 옳지 않았다는 것이다. 대부분의 현대 주석가들은 아가서에 나오는 시가들이 처음부터 세속적 사랑의 시들로서 쓰였고, 자의적인 알레고리적 해석에 의해서 구약성경의 한 책으로 채택되었음이 틀림없다고 판단한다. 우리는 꽤 유용한 주석서를 쓴 최근의 두 주석가를 예로 들어 이런 입장을 살펴볼 수 있을 것이다. 개신교 복음주의 진영의 롱맨(Longman)과 가톨릭교회의 베르간트(Bergant)의 주석서는 이런 입장을 잘 예시한다. 아가서를 하나님과 이스라엘, 혹은 그리스도와 교회의 사랑을 노래하는 시가로 읽었던 랍비들, 혹은 비슷한 성향의 초기 저명한 학자들도 의도적으로나 부지중에 이런 입장을 취했다고 생각될지도 모른다. 그들은 시들을 무엇보다도 구약성경에 포함시키기 위해 이렇게 읽었을 수도 있다. 혹은 그들은 이미 정경 안에 포함되어 있는 아가서를 발견했고, 그 이후 성경의 일부가 된 아가서의 존재를 정당화하기 위해서 그것을 세속적인 연애시가 아니라 하나님과 이스라엘, 그리스도와 교회의 사랑시라고 말했을지도 모른다. 아가서를 알레고리로 읽을 때에만 그것이 구약성경 안에 정당한 대우를 받을 수 있다고 생각했다는 것이다.

하지만 대부분의 현대 주석가들이 내린 판단, 즉 "아가서에 나오는 시가들은 처음부터 세속적 사랑의 시들로 쓰였고, 자의적인 알레고리적 해석에 의해서 구약성경의 한 책으로 채택되었음이 틀림없다."는 판단의 근거 또한 놀랍게도 얼마 없고 빈약하다. 그리고 실로 이런 현대 주석가들의 지배적인 입장은 실제로 차분히 논증된 입장이라기보다는 더욱 자주는 공리처럼 전제되어 왔다. 그러한 현대 주석가들의 주요한 판단 근거는 아가서와 아주 많이 닮아 있고, 또 순전히 인간 연인들 간의 사랑을 찬양하는 고대 이웃문화권의 사랑노래시들의 존재이다. 이 근거에 토대를 둔 주장을 논박하는 일은 어렵지 않다. "그래서 뭐 어쨌다는 것인가?"라는 것이다. 이웃 문명권의 남녀 연인들의 사랑노래가 아가서 장르 규정에 무슨 직접적인 영향을 끼쳤느냐 하는 것이다. 피조물 사이의 사랑을 노래하는 시가 있다는 사실이 창조주와 피조물 사이에 있는 사랑을 노래하는 시가 있을 수 없다는 것을 암시하지는 않는다. 실로, 그 반대의 추론이 당신의 피조물을 자애롭게 돌보시고 매우 깊이 권념하시는 이스라엘의 하나님의 경우에 있어서 훨씬 더 그럴 듯하다. 사실 여기서 우리는 한 단계 더 진전된 추론을 시도해 볼 수도 있다. 즉, 이스라엘이 당면했던 당시의 주변 환경에는 남신들과 여신들 사이의 사랑시들이 있었고, 그것들은 또한 세속적인 사랑시를 닮아 있었다는 점을 상기해 보자는 것이다. 이런 환경에 둘러싸여 있었던 이스라엘이 신들 사이의 사랑시를 한 분 하나님 야웨와 이스라엘 사이의 사랑시로 대체하는 것이 상당히 자연스럽지 않았을까? 마지막으로 인간의 감정을 깊숙이 파고들면서 격동시키는 아가서의 강력한 서정성은 고대 근동의 사랑시 전통에 정통했던 아가서의 저자였을 그 신학적 시인에게 당연히 기대되는 시적 감수성이자 기교다. 우리의 시인, 즉 아가서의 저자는 확실히 사랑의 감정을 불러일으키고 묘사하는 서정성에서 탁월했다. 이런 점에서 아가서의 격조 높은 서정성이 그것을 영락없이 남녀 간의 연애시라고 읽게 만든다고 판단한 현대 주석가들의 판단은 옳았다.

현대 주석가들의 장르 규정(아가서는 순전히 남녀 간의 연애시이다.)에

서 명백하게 활용되기는 하지만 좀처럼 언급되지 않는 두 번째 근거는, 이스라엘이 야웨 하나님에 대하여 어떻게 성애적 감정을 피력한 시를 저작할 수 있었겠는가 하는 반론이다. 그러나 최근의 지배적인 설명 그 자체에 의하면, 이스라엘이 사실상 그 성애적인 시를 야웨의 사랑에 관한 시로 확실히 읽었기 때문에, 야웨 하나님에 대한 성애적 감정을 피력한 시를 쓸 수 없게 했을 것이라는 심리적 억압기제는 그렇게 강력한 것일 수가 없다는 것이 정설이다. 현대 주석가들의 입장을 뒷받침해 줄 좀 더 진전된 근거들이 나타나지 않는다.

그러므로 이 현대 주석가들과 근본적으로 의견을 달리하는, 그리고 언뜻 보기에는 하나의 '보수적인' 입장은 가능하다. 물론 우리는 본 주석서에서 그것을 총론적인 방법론적 원칙으로 채택하지 않을 것이다. 이러한 노래들을 지은 시인은 그 이전에 이미 성경으로 읽히던 책들을 열독하던 이스라엘인이며 그 성경책들, 즉 이스라엘과 야웨의 격렬한 연애사건(love affair)을 말하고 직접적으로, 때때로 명백하게 그것을 사랑 행위라고 부르는 본문들의 언어와 이미지를 활용해 자신의 서정적인 연애시 가사를 지었기 때문에, 그러한 고대 이스라엘 시인이 바로 그 하나님과 이스라엘 간의 사랑을 노래하기 위해 이런 연애 노래들을 쓰지 않았어야 할 이유가 없는 것으로 보인다(데이비스).

이런 관점을 지지하는 아가서 본문 자체의 다른 주장들도 있다. 종종 아가서의 절정으로 간주되는 8 : 6~7의 시가는, 아가서의 저자 시인이, 아가서의 시가들 중에서도 적어도 이 시만큼은 인간 연인들 사이에 오고 가는 사랑과 하나님, 그리고 이스라엘 사이에 오고 간 사랑을 동시에 노래하고 있는 시로 읽도록 의도했다고 거의 확실히 가정하지 않을 수 없게 한다. 왜냐하면 우리는 8 : 6~7에서 세속적 읽기와 신학적 읽기 사이의 경계가 결국, 거의 우연이라고 할 수 없는 신화적인 이름들을 가진 연극의 결말 부분의 차이 외에 다른 것이 아님을 보기 때문이다. 더 나아가, 우리는 아가서를 하나님과 이스라엘, 그리스도와 교회의 신학적 연애시로 읽어도 된다는 주장을 뒷받침하는 또 다른 세 편의 시가들을 만난다. 그것들

중 두 편(5 : 2-8 ; 3 : 1-11)의 외형상의 이야기는, 문자적으로 해석하기에는 단지 기묘하지만, 신학적 알레고리로 해석하기에는 그럴듯한 내용을 담고 있다. 마지막으로 아가서의 시인이 신학적 알레고리로 읽어도 되는 연애시들을 저작했다는 합리적 주장들 중에서, 연인들 중 한 명이 상대방 연인의 몸의 구석구석을 세세히 예찬하는 시들이 그 표현들이 드러내는 모든 명시적인 관능성에도 불구하고, 성기 묘사까지에는 이르지 않거나 성기 묘사와 그것에 대한 찬양을 기대할 수 있는 부분에서는 아예 그냥 건너 뛰어 버린다는 사실이다. 그것은 아마도 아가서의 시들이 야웨와 이스라엘에 대한 것으로 읽히기를 의도했던 그 이스라엘 시인이, 남성과 여성 각각의 성기에 대해 노골적으로 말하는 경우, 아가서가 다산과 풍요제의를 기리는 이방종교 분위기에 너무 젖어 있다는 인상을 줄 것이라고 염려했기 때문이었을지도 모른다.

그럼에도 불구하고, 이런 고찰들은 어디까지나 확정적이라기보다는 잠정적이라는 것과 그래서 불가지론적 신중함이 최선의 방책이 될 것이라는 점이 인정되어야 한다. 다행히도, 너무 확실한 결론을 추구하지 않는다면, 우리가 확신할 수 있는 정보와 지식은 아가서 주석에 착수할 정도로는 충분하다. 우리는 우리가 아가서의 존재에 대한 어떤 기록을 갖게 되자마자 그것이 이미 구약성경 안에 포함되어 있었다는 것과 이 책에 대한 최초의 언급(랍비 아키바의 기록)이 아가서가 구약성경 안에 포함된 이유는 그것이 인간 연인들의 사랑노래임을 넘어 하나님과 이스라엘의 언약적 사랑을 노래하는 알레고리이기 때문이었다고 주장했다는 것을 알고 있다. 본 주석자의 판단으로, 우리는 또한 아가서가 처음에는 세속적인 연애시였다고 주장하는 현대 성경 해석학자들의 과도한 확신들을 거부해도 된다고 본다. 게다가 비록 아가서가 구약성경의 일부로 포함되기 전이나 신학적 알레고리로 읽히기 전에 독립적인 책으로 존재했다고 하더라도, 그리고 우리가 그런 사실에 대해 어느 정도 알고 있다고 할지라도, 그것은 중요하지 않다. 중요한 것은 구약성경의 일부로 포함되기 전의 아가서가 아니라 구약성경에 포함되어 있는 아가서가 우리의 해석 대상이 된다는 점이다.

다른 구약성경 책들에서처럼 이 경우에도, 아가서가 구약성경의 일부로 포함되기 전에 어떻게 존재했는가를 재구성하려는 시도는 우리가 보기에는 이룰 수 없는 과업이며, 그것이 성취되어 정경이 되기 전의 아가서 역사에 대한 재구성은 오직 '정경의 지위'를 아가서 본문 해석을 위한 보조자료 정도로만 사용하는 것뿐일 것이다.

아마도 아가서의 여러 시들은 원래 야웨와 이스라엘의 사랑을 노래하기 위해 쓰였을 것이다. 혹은 그 시들은 정경으로 포함되었을 때에 야웨와 이스라엘의 언약관계에 대한 시로 승화되었을 것이다. 혹은 그 시들은 지금은 알 수 없는 다른 경로를 통해서 정경 직전 단계의 문헌집에 포함되었다가 정경 안에 포함되었을 것이며, 바로 그 이유 때문에 이 사랑시들은 야웨와 이스라엘에 대한 신학적 알레고리를 표현하는 사랑노래로 질적 변화를 거쳤을 것이다. 주석상의 목적을 위해서, 이 마지막 가능성은 어쨌든 두 번째 가능성으로 병합된다. 이 방식들 중 어떤 한 방식으로 구약성경의 한 책이 된 아가서가 이스라엘과 야웨의 사랑에 관한 노래이며, 따라서 그것을 '신학적 알레고리'라는 관점에서 읽는 것이 우리가 흔히 말하는 '정경적 평이한 읽기'인 셈이다. 다른 의견의 성경 해석학자들이 보통 '평이한' 의미라고 부르는 것을 본 주석서에서는 '표면적' 의미라고 부른다. 다음으로 우리는 아가서의 표면적 읽기에 대해 말할 것이다.

표면적(문자적) 의미

물론 아가서의 시들에 의해 말해지거나 전제된 겉으로 드러나는 이야기들과 대화들이 두 인간 연인들 사이에서 오고 간 것들이라는 점은 사실이다. 그래서 우리의 첫 번째 과업은 각각의 개별 이야기들의 주석에 필요한 만큼, 그리고 가능한 만큼 그것들의 겉으로 드러난 의미를 밝혀내는 일이어야 한다는 것도 사실이다. 우리는 알레고리를 간청하는 명백한 본문을 이해하기 전까지는 알레고리를 추론할 수 없다.

이 표면적인 이야기들을 명확히 밝히려고 시도하는 중에 우리는 보통

가장 자연스럽고, 그래서 가장 안전한 가정을 세울 것이다. 연인들과 다른 등장인물은 시인에 의해 상상된 상상의 세계에서만 존재하는 허구적 등장인물들이므로 예를 들어, 솔로몬의 결혼식을 암시하는 것으로 추정되는 시가의 의미를 밝히기 위해 흔히 시도되었던 그 옛날 솔로몬의 실제 결혼식 순서를 재구성하는 것은 의미가 없다는 것이다. 이런 점에서 우리는 역사비평적 해석을 모르는 전현대적 성경 해석자들과 결별하게 된다. 그런데도 우리는 전현대적 성경 해석학자들의 통찰력들을 다른 해석상의 필요에 따라 창조적으로 활용하려고 노력할 것이다. 왜냐하면 교부들과 다른 해석자들이 '평이한 이야기' 혹은 '역사적 의미'라고 부르는 수준의 아가서 해석에서는 그들이 당연하게도 현대의 역사비평주의의 유산을 이어받지 않았기 때문에 솔로몬을 가리키는 언급들과 솔로몬의 말들이라고 추정된 구절들을 액면 그대로 솔로몬에게 유래한 것으로 생각했기 때문이다. 3세기의 기독교 대학자였던 알렉산드리아의 오리겐은 전현대적 아가서 해석의 선구자급 해석자이다. 그는 아가서의 표면적인 이야기의 줄거리를 축혼가, 즉 솔로몬이 자기 신부를 위해 극시 형식으로 작곡한 '결혼식 노래'라고 부름으로써 많은 후대의 기독교 성경 해석학자들이 따르게 될 일반적인 해석양식을 정립했다(오리겐, 21쪽).

시들의 극단적인 관능성에도 불구하고, 우리는 성기와 그것을 사용하는 장면에 대한 언급을 어떻게든 발견해 보려는 일부 주석가들의 열정에도 공감하지 않을 것이다. 아가서의 작시법, 즉 두운법, 보다 미묘한 대구법 등(베르간트)의 형식적 분석이 그 자체로 굉장히 흥미로운 작업일 수도 있지만, 이러한 종류의 수사법에 대한 설명은 본 주석서에서는 오직 한두 번 정도에서 그칠 것이다. 그런 수사법들이 작동하고 있는 것을 알려 주는 신호들은 웬만한 독자들도 인식할 수 있을 정도로 너무나 분명하기 때문이다. 그래서 아가서의 최종 편집자 혹은 편집자들은 어떤 역사적 시점에 현재 우리가 갖고 있는 판본의 아가서를 완성했다. 하지만 이 편집활동에 대해서는 이 관찰 이상으로 더 확실하게 알 수 있는 것의 거의 없다. 특히 편집자들의 신학적 혹은 문학적 경향을 알려 주는 단서는 별로 없다. 그래

서 아가서가 현재의 모습을 갖추기까지 거쳤던 편집역사를 재구성하려는 어떠한 편집비평적 시도도 단순한 억측 이상의 확실한 결과를 제시할 수 없다.

본 현대성서주석 시리즈의 방침에 따라, 주석을 위해 사용되는 주 성경 본문은 신개정표준번역 영어성경(New Revised Standard Version)이다. 이 신개정표준번역 영어성경은 주로 6세기부터 10세기까지 활동했던 '마소라'(the Masoretes)라 불리는 유대인 학자들에 의해 표준화된 히브리어 본문을 번역한 것이다. 이 신개정표준번역 영어성경의 번역가들은 마소라 본문이 추정된 원문으로부터 너무 이탈했다고 생각되고 고대 번역성경들인 시리아어 성경(the Syriac), 그리스어 70인역 성경(Greek Septuagint), 혹은 라틴어 번역판 성서(Latin Vulgate) 등이 마소라 본문보다 더 그럴듯한 번역을 제시했다고 여겨질 경우에는 이 고대 성경역본들을 따라 최종 본문을 구성했다. 이 주석서에서, 우리는 본문이나 번역에 대한 결정이 대부분 언어학적 차원의 문제라면 신개정표준번역 영어성경을 따를 것이다. 언어학적 기준 외에 다른 경우가 중대한 쟁점이 문제가 되는 때면, 우리는 종종 신개정표준번역 영어성경 대신 현저하게 흥미로운 다른 영어 번역본들인 영국국교회 공증본(Authorized Version)이나 킹 제임스 성경(King James Version)을 따를 것이다. 우리는 번역성경 모두를 개관하듯이 다 참조하지는 않을 것이다. 야웨(YHWH)라는 단어는 하나님의 고유 이름에 바쳐진 유대인들의 존숭을 존중하는 신개정표준번역 영어성경의 방침을 따라, 그것의 고대적 완곡어법인 주(主, 'the Lord')로 표기될 것이다.

나는 아가서 주석과정에서 유대교과 기독교회의 전현대적 성경 해석의 통찰력을 되살려 활용하려고 할 것이다. 하지만 이 의도는 가끔씩 좌절된다. 초대교회에서 구약성경은 사실상 70인역이라고 불린 초기 그리스어 번역 — 심지어 당시의 구약성경 해석자가 히브리어를 읽을 수 있었을 때에도 — 이었으며, 그 후 5세기부터는 서구 교회가 실제로 읽었던 성경은 라틴어 번역 성경이었기 때문이다. 문제는 아가서의 경우, 70인역과 라틴어 번역 성경이 마소라 히브리어 본문과 너무 많이 달라 교부들과 중세기

에 쓰여진 주석들이 오늘날 우리가 가진 이 신개정표준번역 영어성경의 아가서 본문과는 사실상 다른 시가들에 대해 해석했다고 하는 것이다. 가끔, 70인역과 라틴어역 성경의 아가서 본문과 우리가 가진 영어성경의 아가서 본문은 너무 다르다. 이 차이에서 발생되는 난점들은 대체로 이 주석서에서는 다루어질 수 없다. 실제로, 본 주석가가 개인적으로 결정하지 못하고 있는 문제는 교리적 질문이다. 교회가 사용해야 하는 '권위 있는 구약성경'은 한때 존재했다고 믿어지지만, 지금은 구할 수도 없는 '원전' 히브리어 성경이어야 하는가? 혹은 6~11세기 유대인 성경전승학자들이 여러 가지 사본들을 종합적으로 연구해 재구성해 놓은 공인본 히브리어 성경인 '마소라 히브리어 본문'인가, 혹은 70인역인가? 이 질문 역시 이 주석서에서는 다루어질 수 없다.

클레르보의 버나드, 닛사의 그레고리, 그리고 오리겐의 아가서 관련 인용문들은 본 주석가가 참고할 것이다. 교부들과 중세 기독교인들의 저작들에서 따온 다른 인용문들은 아가서에 대한 교부적 · 중세적 주석서들을 한데 모아 편집한 리처드 노리스(Richard Norris)의 「아가서 : 초대교회와 중세 주석가들의 아가서 해석」(*The Song of Songs : Interpreted by Early Christian and Medieval Commentators*)에서 인용되었다.

신학적 알레고리

이어질 본격적인 주석에서 이 책은 아가서와 관련하여 논란이 되는 여러 가지 쟁점들에 대해서 대체로 최대한 신중한 입장을 취할 것이다. 그리고 오늘날 우리 시대의 주류 입장과는 지나치게 다른 입장을 취하지 않을 것이다. 즉, 구약성경에 포함되어 있는 정경으로서의 아가서는 그 자체가 알레고리적 해석을 요청한다고 가정할 것이지만, 누가 이 아가서의 알레고리적 해석을 의도적으로 유도했는지, 아가서의 시가들을 지은 최초의 시인이었는지, 좀 더 늦은 시기에 아가서를 구약성경의 정경으로 편입시킨 편집자들이었는지에 대해서는 어떤 정형화된 입장도 취하지 않을 것이

다. 이런 나의 입장 때문에 본 주석서가 아가서의 특정 본문을 주석할 때에는 보다 더 정교하고 섬세하게 접근했다는 인상을 줄 수 있다. 만일 우리가 아가서의 원저자라고 추정했던 이스라엘의 여성 시인이 처음부터 아가서를 알레고리적으로 읽도록 의도했다는 것을 확신할 수 있다면, 우리는 그녀의 의도가 어떤 모양으로든지 본문들 안에 드러나기를 기대할 수 있을 것이다. 만일 우리가 그런 의도적 시작(詩作) 신호, 암시를 찾으면서, 우리가 읽는 아가서가 본질적으로 시라는 사실을 기억한다면, 그래서 우리가 암시들과 직유와 은유의 선택들 등에 주목하면서, 어희수사법(語戱法)을 주의 깊게 관찰해 본다면, 우리는 아가서를 알레고리적으로 읽도록 기획한 저자의 의도를 정말로 찾을 수 있는 것처럼 보인다. 아가서를 쓴 원저자 시인이 그런 실마리들을 아가서의 시가들 안에 감춰 두었다는 전제, 즉 그것들이 정말로 아가서의 더 깊은 읽기를 위한 '실마리들'이라는 전제 아래에서야, 비로소 우리는 그것들을 우리의 아가서 읽기를 이끌어 줄 지침들로 간주할 수 있을 것이다. 하지만 우리는 방법론적으로 그 전제를 호소하는 것에 극히 조심할 것이기 때문에, 처음부터 아가서가 알레고리적으로 읽히도록 쓰였다는 관점을 관철시키는 아가서 해석은 그리 안전하게 진행될 수 없을 것이다.

우리가 랍비들과 교부들의 아가서 장르 규정이 아가서의 정경적 의미를 밝히는 데 도움이 되었다는 것을 인정한다고 해서, 랍비들 혹은 교부들의 특정 알레고리적 읽기에 우리의 아가서 해석이 매여야 하는가? 다행인 것은 우리의 아가서 해석을 강제로 속박할 만큼 강력하고 표준적인 랍비적 혹은 교회적인 알레고리 해석이 없었다는 점이다. 동시에 불행한 점은 우리의 아가서 해석의 안정성을 담보해 줄 만큼 강력하고 표준적인 랍비적 혹은 교회적인 알레고리 해석이 없다는 점이다. 아가서의 중심 등장인물들이 야웨와 그의 백성이라는 것은 보편적으로 받아들여졌지만, 아가서의 개별적인 장에서 야웨와 그의 백성이 중심 등장인물인지에 대해서는 일치된 의견이 없었다. 그러므로 우리는 아가서를 해석하는 데 있어서 어느 정도 자유로울 뿐만 아니라 각 시가의 내면세계로 들어갈 최선의 길을

스스로 발견하지 않을 수 없게 됐다.

아가서의 구체적 본문들의 해석 시 제시된 모든 제안들이 동등한 수준으로 적절하다는 생각을 할지 모른다. 알레고리 해석을 유도하는 듯하지만 알레고리로 읽도록 유도하는 암호들을 해독할 어떤 열쇠도 제공하지 않는 본문들은 자의적인 해석을 유발시킨다. 아가서의 해석 역사가 이런 자의적 해석의 풍부한 사례를 제공하고 있다. 이 자의적인 아가서 해석사 때문에 모든 사람들이 각각 원하는 대로 아가서를 읽을 수 있다고 생각할지도 모른다. 심지어 "아가서 해석사가 어차피 자의적인 해석의 역사라면 또다시 아가서 주석서를 새로 쓰거나 읽어 보려고 시도하는 것이 무슨 필요가 있는가?"라고 생각할 수 있을지 모른다. 실제로, 아가서를 신학적 알레고리로 읽는 방법을 제시하는 여러 가지 제안들이 다소 개인적 특징을 띠는 것도 불가피한 일일 것이다. 어떤 독자는 아가서를 어떤 특정한 신학적 이야기로 파악할 것이고, 다른 독자는 전자와는 또 다른 신학적 이야기로 읽을 것이다. 하지만 이것이 아가서 해석과 관련된 모든 제안들이 동등하다고 의미하는 것은 아니다. 여러 제안들의 효용성과 적합성을 평가하는 데 도움이 될 만한 몇 가지 규제 장치가 있기 때문이다.

우리가 만일 아가서 저자의 의도에 접근한다면, 우리는 그 의도에 의해서 혹은 저자가 책에 감춰 둔 실제적 실마리들에 의해서 신학적 알레고리에 대한 우리의 이해 수준을 조절할 수 있을 것이다. 하지만 우리는 아가서에는 저자의 의도를 발견하게 할 실마리들이 명시되어 있다는 전제에 전적으로 의존하지 않을 것이라고 천명했다. 심지어 이런 입장을 가졌음에도 불구하고, 아가서의 개별적인 이미지들이나 구절들의 경우에 때때로 본문 그 자체가 우리로 하여금 신학적 읽기를 부추기는 것처럼 보인다. 그래서 우리는 때때로 "아가서의 저자인 시인이 독자나 청중이 거의 확실히 자신이 숨겨둔 의도를 생각하면서 읽을 것이라고 기대하며 아가서를 썼을 것이다."라고 생각하지 않을 수 없다.

누가 아가서를 구약성경의 정경으로 만들었는지는 상관없이 그 정경적 편찬자의 의도에 대해서는 우리가 오히려 좀 더 확신할 수 있다. 아가서

원저자의 의도보다 아가서의 정경적 편찬자의 의도에 대해 좀 더 확실히 알 수 있다는 것이다. 즉, 우리는 그들이 아가서가 이스라엘과 야웨의 관계에 대한 사랑노래로 읽히도록 의도했다는 것을 확신할 수 있다. 하지만 이런 확신에도 불구하고, 우리가 이미 앞에서 주목했듯이, 아가서의 어떤 개별적인 단락들이 이스라엘과 야웨에 대해 말하고 있는지에 대해서는 일치된 합의사항이 없다.

그렇다면 무엇이 이제까지 제시된 신학적 · 알레고리적 제안들의 정당성과 유효성을 평가하고 규제할 수 있으며, 그렇게 해야 하는가? 그것은 흔히 말하는, 아가서에 대한 정경 자체의 고유 목적이다. 아가서를 정경으로 받아들였을 때, 구약성경 편찬자들이 아가서의 목적에 대해서 내린 판단이다. 즉, 겉으로 드러난 그 표면적인 남녀 사랑의 이야기를 하나님과 이스라엘의 사랑 이야기, 즉 신학적 이야기라고 인식하고 해석하는 우리의 작업들은 그것들이 — 역사적으로 진행된 야웨와 이스라엘 사이에 일어난 구원사와 일치한다! — 아가서 본문의 표면상의 이야기 줄거리와 어울리고, 나머지 구약성경 전체에 의해 말해지는 야웨와 그의 백성의 이야기와 일치하며, 그 이야기로부터 도출된 것이라면, 정당하고 적합한 작업들이다. 더욱이, 아가서가 유대교와 기독교의 정경들에 속해 있다는 사실이 그것을 우선적으로 해석할 해석공동체를 설정하는 셈이다. 우리는 마치 회당이나 성만찬 때 아가서를 암송하고 있는 것처럼 아가서를 읽어야 한다. 그리고 오직 그런 사건들의 틀과 수사(修辭) 안에서만 아가서의 명시적 암시들이 스스로 드러나게 해야 한다.

우리는 우리와 우리보다 훨씬 이전 시기의 해석자들 사이에 놓여진 해석학적 역사의 간극을 단숨에 건너뛸 수도 없고, 그렇게 해서도 안 된다. 불가피하고도 마땅히 현대의 '역사적-비평적' 해석의 수혜자들은 심지어 알레고리적 해석을 유도하며, 그래서 그 장르에 적합한 상상력을 요청하는 서정시를 해석할 때에도, 이전 시대의 해석자들이 인식했던 것과 다른 노선의 암시들을 인식할 것이며, 우리가 판단하기에 아가서에 흐르는 신학적 이야기의 그럴 듯한 해석도 종종 이전 시대의 해석자들의 기준들과

는 다른 기준들에 의해 지지될 것이다. 물론 그 현대적인 제안에 담겨 있는 일부 해석적 판단들은 물론 너무 현대적인 직관들이라서 타르굼의 전반적인 아가서 해석과는 충돌했다. 아가서의 해석에 비추어 볼 때 배척되었다는 말이다.

"신학적 알레고리"라는 소제목이 붙어 있는 이 마지막 단원에서 우리는 몇 가지 중요한 쟁점들을 숙고할 수 있을 것이다. 첫째, 현대 주석가들의 예리한 장르 인식 때문에 아가서 본문들의 서정시로서의 명백한 특징을 고려하지 않는 알레고리적 해석들은 받아들일 수 없다는 점이다. 이 기준에 따르면 많은 전현대적 해석은 일단 받아들이기 힘든 해석으로 보일 것임이 틀림없다. 그런데 실로, 우리가 리처드 노리스가 편찬한 교부들의 아가서 해석과 중세시대의 아가서 해석을 모아 편찬한 새롭고 탁월한 주석총람이나 본 주석서를 위해 쓰기 위해 본인이 보다 직접적으로 검토해 본 전현대적 기독교회의 주석서들에 시선을 돌릴 때, 우리는 그것들 안에서 많은 눈부신 신학과 심오한 영성을 발견한다. 그러나 다른 어떤 실마리에 의해서라기보다는 숙고되고 있는 특정 본문에 의해 그럴듯하게 정체가 드러난 알레고리의 숫자는 실망스러울 정도로 적다.

둘째, 현대 주석가들이 항상 예의를 갖춰 조심하며 경의를 표하는 시가들은 남녀 사랑을 노래하는 성애시라는 것이 즉시 관찰될 정도라는 사실이다. 만일 이 시들이 야웨와 그의 백성에 대한 것이라면, 우리가 자세히 해설해야 하는 것은 야웨와 그의 백성 사이의 성애이지, 다른 어떤 것도 아니다. 예를 들어, 기도 중에 일어나는 영혼의 분리도 아니고, 탈무드를 공부하는 학생들에 대해 적절히 관심을 쏟는 것이 아가서의 주제가 될 수 없다는 것이다. 이 두 주제 중 어떤 것도 아가서의 중심 주제가 될 수 없다. 셋째, 구약성경의 기독교회적인 순서(아가서는 지혜문서의 일부로 간주되어 전도서 바로 뒤에 배치되어 있다.)에 반영된 지혜문학과의 명시적 유사성이 아가서 안에서 구원역사의 실제 순서들을 발견하는 것을 방해한다. 지혜문학처럼, 아가서는 하나님과 그의 백성 사이에서 근본 토대가 되는 것이 무엇인지를 말하는 책이다. 따라서 아가서 전체에 걸쳐 흐르고 있다

고 추정되는 그 신학적 이야기가 일련의 구원 사건들을 순서대로 말하는 경우에도, 실제적으로 구술되고 있는 구원사는 출애굽, 그 자체일 뿐이다.

독자들은 때때로 본 주석서가 구축한 아가서의 신학적 이야기가 설득력이 없다고 확신할 것이다. 독자들은 본문의 특징을 고려하면서 본 주석서의 빈약함을 빈정대듯이 조롱하기보다는 더 좋은 해석을 시도해 보도록 초청받았다고 생각해 주기를 바란다. 아마도 아가서 본문에 대한 이 주석서의 주요 목적이 모든 사람들을 완전히 만족시키는 해석을 제공하는 것이 아니라 해석을 자극하는 것이라고 보는 것이 나을 것이다.

마지막으로, 아가서 읽기에 대한 진정한 규제 장치는 본문에 대해서 자의적으로 우리가 유일한 해석원천인 것처럼 여기며 본문에 대해 지배적인 태도를 갖지 말아야 한다는 것이다. 성령의 인도를 받아야 한다는 것이다. 현재 성경 안에 포함되어 있는 여러 가지 책들은 원래 단일 저작목적을 가지고 단일한 저자에 의해 기획되어 쓰여진 책들이 아니라 여러 가지 상황에서 여러 저자들에 의해 쓰여진 책들의 조합이다. 이 여러 가지 책들이 정경편찬자들에 의해 성서(Scripture)로 격상(格上)되었다. 즉, 성령이 교회의 성경 해석을 인도한다는 점에서, 성서는 성령이 교회를 인도하기 위한 도구이다. 그러므로 교부들은 한결같이 우리가 성서를 올바르게 해석할 때, 특히 아가서처럼 활발한 상상력을 부추기는 성서를 해석할 때, 우리가 할 수 있는 주요 과업은 성령의 통제를 받기 위해 기도하는 것이라고 주장했다. 그들은 옳았다.

이 단원을 마무리하면서, 우리는 이제 아가서의 신학적 알레고리들이 — 혹은 뒤이어 제시된 여러 가지 제안들이 — 우리의 성경적-신학적 이해에 어떻게 기여하는지를 물을 수 있을 것이다. 사실, 아가서에서 우리가 식별하게 될 알레고리들은 하나의 온전한 신학을 드러낸다. 그것은 두 가지 특징적 요소를 가진 자기 완결적인 신학이다. 첫째, 아가서가 이야기 신학도 아니고, 교훈적인 신학도 아니며, 이미지들과 암시들을 통해 약간은 애매모호하게 느껴지고, 간접적으로 인지되도록 의도된 서정시적 신학이라는 점이다. 이 시들의 아름다움은 그 신학적 의미의 한 부분이다.

둘째, 그것은 야웨와 그의 백성 사이의 사랑을 열정으로 묘사한다. 앤더스 니그렌(Anders Nygren)은 엄청난 영향력을 지닌 책, 「아가페와 에로스」(*Agape and Eros*)를 통해 자신의 당대를 포함하여 세 세대 동안이나 신학자들과 성경 해석학자들에게 영향을 끼쳤다. 자기 내어 줌의 사랑인 아가페와 서로를 소유하고자 하는 욕망인 에로스는 양립할 수 없는 두 종류의 사랑이고, 오직 전자만이 성경의 하나님과 그의 백성 사이의 관계를 특징짓는 사랑임을 그들에게 확신시켰다. 아가서 자체에 의해 그럴듯하게 포착된 어떤 알레고리도 이런 이분법에 동의할 수 없다.

하나님과 인간의 사랑을 표현하는 유비로서의 인간의 성애(性愛)

이제 우리는 최종적이며 결정적인 방법론을 논해야 한다. 우리는 아가서가 스스로를 신학적 알레고리로 읽어 줄 것을 간청한다는 전제 아래 아가서를 읽을 것이다. 그리고 우리는 그렇게 함으로써 기독교 신앙의 진리를 발견한다고 가정할 것이다. 즉, 우리는 아가서의 정경적인 평이한 의미는 인간의 성애를 야웨와 이스라엘 사이의 사랑의 유비로 간주한다고 가정하는 것이 옳다고 믿는다. 그러나 신적인 등장인물들과 행동들, 그리고 인간적 등장인물들과 행위들을 연결 짓는 올바른 유비들은 두 가지 방식으로 작동한다. 즉, 그것들은 하나님을 인간의 언어로 표현하는 것을 가능케 한다. 그리고 그것들은 우리에게 하나님을 인간언어로 표현하도록 계기를 만들어 준 인간사의 진실을 보여 준다. 현재의 예에서 생각해 보자. 만일 인간의 성애가 하나님과 인간 사이에 오고 가는 사랑의 유비가 될 수 있다면, 그것은 반드시 그 신적 사랑과 상관성이 있어야 하거나, 있을 수 있다. 이것은 고전적인 철학, 즉 그리스 철학의 개념으로 형성된 초기 기독교 신학의 원칙이다. 즉, 이생에서 우리는 전통적인 언어로 하나님과 같이 된다는 것이 무엇인지를 알 수 없다. 우리는 그분의 '본질'을 알 수 없고, 하나님께서 사랑하시듯이 사랑한다는 것이 어떤 것인지도 알 수 없다. 따라서 우리는 어떻게 우리의 최고 절정 바로 직전 수준의 사랑, 즉

인간의 사랑이 하나님의 사랑과 비교될 수 있는지도 모른다. 그러나 우리는 그런 사랑이 있다는 사실을 알 수 있고, 그로 인해 우리의 사랑에 대한 진리를 알 수 있다.

아가서의 표면적인 이야기, 즉 남녀 간의 사랑 이야기가 하나님과 인간의 사랑 이야기를 말하고 있다고 본 초창기 기독교회의 성경 해석자들은 어김없이 여기에서 멈췄다. 그들은 실로 이 유비의 두 측면들을 이해했다. 따라서 성 티에리의 윌리엄(William of St. Thierry) 같은 성경주석가는 "비록 사람이…… 영적이지만, 그럼에도 불구하고 육체적 기쁨은 인간에게 자연스럽다……. 그리고 일단 그들이 성령에 사로잡히면, 성령은 그들을 영적인 사랑에 투신된 헌신의 일부로 그 육체적 기쁨을 껴안는다."라고 말했다(노리스, 17쪽). 그러나 그들은 이 껴안음이 육체적 기쁨을 창조하는 사랑 행위에 대해 무엇을 의미하는지에 대해서는 논의를 전개시키지 않는다.

육체적 기쁨을 주는 사랑 행위의 함의를 더 이상 다루지 않는 데에는 유감스러운 신학적 이유가 있다. 희랍 교부들은 자신들의 사상세계의 모태가 되는 그리스 사상가들의 철학적 전제들과 언어를 복음 이해와 전파의 목적을 위해 아주 능숙하게 수정했다. 그러나 약간의 영역에서는 교부들에 의해 개작된 개념들이 기독교 복음 안에서 충분히 세례받지 못한 채 남겨지게 되었다. 그중 한 가지가 영혼과 몸의 이원론이다. 영혼과 육체가 어떤 맥락에서는 다른 것일 뿐만 아니라 정반대의 것으로 여겨지는 일이 교부들의 사상 안에 잔존하게 된 것이다. 그래서 위대한 닛사의 그레고리는 4세기에 "비물질적인 영혼이 물질적인 것과 무슨 상관이 있는가? 저 지식의 내적 샘은 그 자신을 그것에 대해 낯선 것, 즉 육적인 문제들에 대해 낭비되어서는 안 된다."라고 말하기까지 했다(그레고리, 9, 277). 따라서 교부들과 중세 사람들에게 있어서, 일단 성경 독자가 영적인 성경 읽기의 산에 오르고 나서, 다시 내려가 육체적인 문제들을 고려하며 성경 읽는 것은 퇴보로 간주된 것이다.

그 이유 때문에 보다 이른 시기의 성경 해석학자들은 실제로 아가서 해석에서 큰 실수를 범했다. 현대의 아가서 해석자들에게는 바로 아가서

에 가해진 이 실수를 바로잡으려는 반발이 있다. 이런 점에서 현대의 아가서 주석에는 진리를 찾으려는 결정적인 움직임이 있다고 말할 수 있다. 왜냐하면 아가서의 시들은, 그 시들이 기술하는 것이 누군가의 사랑 사건이든지 상관없이 엄연히 관능적인 사랑시로 남아 있기 때문이다. 그 시들은 성욕을 일으키는 장소들, 유혹적인 향기들, 혼자 있기 위한 장소를 찾고 있는 연인들, 사랑의 좌절, 그 좌절 후에 맞이하는 아침에 대한 것이다.

시인이 그것을 의도했든 정경화 과정에서 무리하게 아가서 안에 끼어들었든 상관없이 구약성경의 일원으로서 아가서는 정확하게 인간 연인들 사이에서 경험되는 사랑과 성애를 하나님과 그의 백성 사이에 오고 가는 사랑 관계에 대한 유비로 전제한다. 토마스 아퀴나스에 의해 가장 명확하게 발전된 창조자와 피조물의 유비에 대한 고전적 이해에 비추어 볼 때, 이것은 인간의 성애가 더 원래적이며 하나님과 그의 백성의 관계를 표현하기 위해 인간들의 성애를 하나님과 인간의 관계에 이차적으로 투사시켰다는 것을 의미하지 않는다. 최근에는 이런 경향을 좀 유치하기는 하지만 '은유신학'이라고 부른다. 아가서가 인간들의 본래적 성애를 하나님과 인간의 사랑을 표현하기 위해 동원한 유비가 아니라 오히려 정반대로 생각하는 것이 옳다. 인간 연인들이 서로에 대해서 느끼는 진정한 성적 친밀함과 흥분은 자기를 온전히 내어 주시면서 희열을 느끼시는 하나님의 사랑이라는 원천에서 흘러나온 것이다. 하나님이 느끼시는 사랑의 몰입적인 희열과 흥분이 인간 연인들의 성적 친밀함과 흥분 경험의 원천이라는 것이다. 그것은 전체적으로 우리의 의(義)가 누추하고 흠이 있지만, 마침내 하나님의 종말론적인 의에 참예할 것을 즐겁게 예기하는 것과 같은 상황이다. 하나님의 의를 나누어 가짐으로써 우리의 의가 완전케 되듯이, 우리의 덧없는 성적 친밀함과 흥분은, 서로를 향한 사랑의 열정을 품고 있는 하나님과 그의 백성이 그들의 사랑을 궁극적으로 실현시킬 그날을 사모하는 열정으로 승화된다.

또한 "하나님과 인간의 사랑을 표현하는 유비로써의 인간의 성애"라는 표제 하에서, 우리는 "전체 성경 내에서 아가서가 기여하는 바는 무엇인

가?"라는 질문을 던질 수 있다. 여기서는 간단하게 대답해 보자. "지금 위에서 제시된 우리의 숙고가 정확하다면, 아가서는 신학적 알레고리의 빛 아래서 모두 신학적으로 해석되고, 여전히 인간의 성애에 대한 신앙적 이해, 즉 '하나님이 창조하신 남자와 여자'로 살아가야 하는 인간의 삶을 이해하는 데 중요한 성경적 원천자료를 제공한다."

주석 계획

본 주석서는 구절이나 장 단위로 주석하지 않을 것이며, 독립된 시가 단위로 주석할 것이다. 우리가 개별 시들로 다룰 단락들은 종종 본 주석가보다 구절들 사이의 연속성을 더 많이 인식하는 다른 주석가들이 나눈 단락들보다 짧을 것이다.

각각의 시에 대해서 우리는 앞서 제시한 분석에 따라 세 단계의 해석 양식을 따를 것이다. 첫 번째 부분은 필요한 만큼, 그리고 가능한 만큼 겉으로 드러난 표면적 이야기를 설명할 것이다. 두 번째 부분은 신학적 알레고리로 각각의 시가를 해석하려고 시도할 것이다. 지금까지 우리는 닛사의 그레고리가 제시한 방법론적 지침을 따라온 셈이다. "우리는 먼저 구절들 그 자체에 나타난 의미를 도출해야 한다. 그리고 이 영감받은 단어들을 그것들 안에 상상되고 그려진 상황과 연결시켜야 한다"(그레고리, 6, 173). 그리고 세 번째는 해석 대상이 되는 구체적인 시가에 의해서 활용된 하나님 사랑과 인간적 사랑의 유비적 상응 관계에 비추어 하나님에 의해 창조된 인간의 성과 성적 사랑 표현에 대해서 필요한 논의를 이어 갈 것이다.

하나의 개별 시가에 바쳐질 분량과 위에서 말한 세 부분들에 바쳐질 분량의 균형은 각각 개별 시가의 상황에 따라 상당히 다양할 것이다. 비록 우리가 세 단원을 뚜렷이 구분하여 작업할지라도 세 부분의 논의들을 분리시키는 것이 항상 편리하지는 않을 것이다. 처음 두 편의 시가들에 대한 해설은 다른 시가들에 대한 해설보다 훨씬 분량이 많을 것이다. 왜냐하면 여기서 우리는 이 서론을 진전시켜 과장하지 않으면서, 주석의 적용과 관

련된 몇 가지 특별한 문제들을 논의할 것이기 때문이다. 독자들은 아마도 그들의 관심을 끄는 다른 단락들로 넘어가기 전에 이러한 논의들을 읽고 싶어할지도 모른다. 마지막 장인 8장의 상태에 대한 총론적 언급은 개별 단락들에 대한 주석이 착수되기 전, 중간에 끼어들 것이다.

전현대적 기독교회의 성서해석으로부터의 인용들은 아가서의 앞부분에 나오는 시의 주석작업에서 집중적으로 소개될 것이며, 뒤에 나오는 시가들의 주석에서는 거의 소개되지 않을 것이다. 왜냐하면 가장 중요하다고 생각되고, 가장 많이 인용된 세 사람의 아가서 주석은 모두 다 미완성 작품이기 때문이다. 닛사의 그레고리와 클레르보의 버나드는 그들의 아가서 강해를 마치지 못했으며, 오리겐의 아가서 강해서의 경우, 마지막 2/3는 상실되었기 때문이다.

괄호 안에 있는 출처나 쪽수를 언급할 때 저자나 편집자의 이름만 같이 나올 경우, 그 언급들은 일반적인 인용을 의미하거나 명기된 그 쪽수에서 따온 인용문이라는 뜻이다. 고대 문서들의 경우에 주로 그렇듯이, 닛사의 그레고리와 클레르보의 버나드의 저작물의 경우, 다양한 편집판본 사용을 허용하고, 표준적인 편집판본의 순서를 명시하기 위해 숫자가 인용된다. 아가서에 대한 오리겐의 저작에는 이런 종류의 유용한 판본 식별 체계가 없다. 그러므로 오리겐은 로손(Lawson)의 번역본에 있는 쪽수 단위로 인용될 것이다.

같은 주인공들과 같은 수준의 성애적 분위기를 풍기면서도 전체적으로는 특별히 극적 전진감이나 개념적인 진전을 보이지는 않는 사랑 서정시들의 집성물인 아가서의 특징상, 이 단락에서 저 단락으로 넘어가며 주해할 때 주석가는 앞 장의 주석에서 한 말을 뒷장의 주석에서도 되풀이할 수밖에 없다. 그리고 가장 신학적으로 압축된 시가(8 : 6-7)의 위치가 아가서의 마지막 부분이라는 사실은 중심문제들을 마지막에 가서 다루지 않을 수 없게 만든다. 따라서 독자들은 개념적으로 진전되는 강해를 기대해서는 안 될 것이다.

마지막으로 드리는 두 가지 권고사항

아가서의 시가, 그 자체를 한 번 이상, 그리고 큰 목소리를 내서 먼저 읽기 전에는 어떤 아가서의 시가에 대한 주석도 읽지 말기를 권고한다. 그리고 교회의 오랜 전통에 따라 아가서를 읽고 해석하는 작업에 동참하기를 희망한다면, 아가서가 예찬하는 사랑을 위해서 모든 일이 이루어지도록 기도하는 마음으로 아가서에 다가서라. 클레르보의 버나드는 아가서 강해에서 "아가서 모든 구절에서 말하는 자는 오로지 사랑이다. 누군가가 자신이 읽고 있는 것이 무엇을 의미하는지를 이해하고 싶으면, 그로 하여금 사랑하게 할지어다. 반면에 사랑하고 있지 않은 누군가는 이 사랑의 노래를 아무리 듣고 읽어도 헛될 것이다."(버나드, 79, 1)라고 말했다.

INTERPRETATION

제1부

아가 1 : 2~7 : 13

제1부

아가 1 : 2~7 : 13

1 : 2~4

입맞춤들

I.

아가서는 사랑에 대한 추상적인 찬미로 시작하거나 정신적으로 한 차원 승화된 사랑으로 시작하지 않고 입맞춤을 요구하며 시작되는데, 좀 더 분명히 말해 입맞춤 이상의 사랑 행위를 재촉하는 말로 시작한다. 입맞춤과 입맞춤 이상을 요구하는 행위는 둘 다 아가서 전체에 걸쳐 지배적이고 더 열정적인 목소리를 내는 인물인 여자에 의해 간청된다. 그런 그녀의 외침은 앞으로 아가서에 자주 나올 사랑의 탄원들의 서론일 뿐이다. 6 : 13이 되서야 그녀의 이름이 알려진다. 그저 '술람미 여인'(the Shulammite)이라고 불리며, 술람미 여인은 아가서에 나오는 다른 시들의 등장인물과 동일한 여인이라는 가정이 일반적으로 받아들여지고 있다.

2~4b절은 여자의 목소리고, 4c~f 소절은 몇몇 시들에서 나타날 여성 합창단의 목소리이다. 그녀의 애인을 3인칭으로 불렀다가 2인칭으로 부

르는 여성 화자의 호칭 변동이 처음에는 우리를 당황스럽게 한다. 그러나 우리는 아마도 2~3절을 사랑하는 사람의 육체적 부재 상황에서 발설된 여인의 독백이자 동시에 남자 연인의 현실적 부재와 남자 연인의 상상 속의 현존, 둘 다를 내포하는 것으로 생각해도 좋을 것이다. 어쨌든, 그런 3인칭과 2인칭의 자유로운 교체 사용은 고대 중동의 연애시 장르에서 흔히 있었던 표현관습일 수도 있다(머피). 이런 가정에서 보면, 4절에서 비로소 여인의 연인이 등장하는 것으로 볼 수 있다.

어떤 주석가들은 이 시가에서 아가서의 연인들은 그들의 사랑을 완성하지 못한다고 생각하고, 심지어 이것을 도덕적 교훈으로 읽을 것을 제안한다. 그러나 여자의 재촉과 여자와 남자, 둘 모두의 기억 속에 있는, 혹은 둘 모두의 상상 속에서 그들만의 방으로 들어가는 상황 — 이 상황의 시간적 순서는 불분명하다 — 은 분명히 적어도 그들의 사랑이 결실되는 방향으로 진전이 이루어지고 있음을 암시한다. 남자 연인이 왕적 존재라는 사실은 아가서의 표면적 이야기 줄거리에서 그렇게 큰 의미를 갖지는 못한다고 본다. 우리는 그것을 단지 연애시의 표준적인 수사법 정도로 간주할 수 있을 것이다. 아가서에는 그를 사랑하는 다른 사람들이 있다는 점이 인정되고 있으며, 독자들은 그들도 얼마든지 그를 사랑할 수 있는 위치에 있다는 것을 듣는다. 술람미 여인의 연인으로 설정된 그 남자 연인은 정말 사랑스러운 사람이라는 것을 듣게 된다.

Ⅱ.

따라서 우리가 아가서를 이스라엘과 야웨 사이에 이루어지는 사랑 이야기로 읽을 때, 그 사랑 이야기는 하나님의 주도권으로 시작되지 않고, 이스라엘의 주도권으로부터 시작된다. 야웨의 흠모할 만한 매력을 이스라엘이 사모함으로써 이스라엘과 야웨의 사랑이 시작된다. 이와 같은 신학은 성 어거스틴에 의해 시작된 전통 안에 있다. 즉, 그의 「고백록」(*Confessions*)의 유명한 구절 안에 이 신학이 언표되어 있다. “당신은 당신 자신을 위해

서 우리를 만드셨고, 우리의 마음은 당신 안에서 쉼을 발견하기 전까지 쉴 수 없습니다." 만일 그 갈망을 가능케 하고 추진시키는 것이 바로 은혜라면, 이 은혜는 성서의 이야기와 예언서들에서와 같은 하나님의 구체적인 역사적 활동이 아니라, 지혜문학들에서처럼 아가서에 걸쳐 있는 등장인물들의 활동을 위한 분위기 조성이다. 아가서에서 여자 연인이 남자 연인을 향해 애모의 감정을 발산하게 만드는 환경이 바로 하나님의 은혜로 나타난다. 그리고 우리가 반드시 자기를 내어 주는 사랑인 아가페와 연인을 갖고자 하는 욕망인 에로스를 구별해야 한다면, 아가서에서 작동되는 알레고리는 아가페만이 하나님과 하나님의 백성 사이에 승인된 유일한 사랑이라고 전제하지 않는다. 우리가 다루는 바로 이 시가에서는 이스라엘이 간절히 야웨를 원한다. 이 이스라엘의 사랑은 정확하게 연인을 차지하고자 하는 에로스적 열망의 분출이며, 조금 후에 우리는 야웨께서도 이스라엘을 간절히 원하는 장면을 보게 될 것이다.

따라서 1 : 2~4의 연애시가 펼치는 구원론은 교부들의 구원론, 특히 동방교부들의 구원론이다. 실제로 아가서 강해는 동방교부들이 하나님의 구원을 묘사할 때 가장 즐겨 취하던 방식이었다. 이스라엘은 여기서 죄의 용서나 재앙으로부터의 구출을 원하지 않으며, 만물의 공급자이신 하나님으로부터 받을 수 있는 다른 선물들을 구하지도 않는다. 서방신학이 구원을 인식하는 것과는 다른 방식으로 구원을 갈망하는데, 단순히 야웨, 그분 자체를 갈망한다. 더욱이, 그 갈망은 윤리적이라기보다 미학적이다. 즉, 그것은 야웨의 애무와 입맞춤과 야웨의 향기에 대한 갈망이다. 야웨는 그냥 매력적인 하나님이시다. 구원은 그분과의 연합이다. 이 연합을 표현하고 이해시키기 위한 유비가 남녀 인간 사이에서 경험되는 성애적 연합이다.

하나님이 이스라엘의 연모의 대상이 되는 연인이며, 이스라엘이 하나님과의 성애적인 관계를 열망한다는 점에서, 이 시의 현실 인식은 '종말론적'이라고 불릴지도 모른다. 종말론은 하나님의 구원이 이미 실현되었으면서도 미래에 완성될 실재라고 본다. 즉, 왕은 이미 이스라엘을 자신의

방 안으로 데려오셨다. 하지만 현재 그녀는 다시 그를 간절히 원한다.

현재 시제의 언어로 우리는 향유(香油)들과 연인들의 사랑이 이루어졌던 은밀한 내실(內室), 그리고 여인의 연모를 불러일으키는 미지의 '그 왕'에 대해서 듣는다. 이런 단어들이 아가서의 표면적 줄거리 안에서는 인간 연인들의 이야기에 등장하는 본질적인 문학장치들이라는 것은 의심할 여지가 없다. 즉, 모든 사랑하는 사람은 왕이고, 모든 사랑받는 사람은 공주라는 것이다. 영혼을 이완시키는 향기들과 성교 사이의 연결고리는 고대에도 그랬듯이 오늘날도 마찬가지다. 그리고 키스를 나눈 다음 단계에는 당연히 더 개인적인, 사적인 공간이 요청된다. 그러나 아가서의 원저자인 시인이나 아가서를 구약성경의 일부로 받아들였던 정경편집자들에 의해 예상된 청중들과 독자들은 이미 그 당시 읽히고 있던 구약성경의 여러 책들의 언어에 친숙해져 있었기 때문에 '그 왕'이라는 말을 하나님과 관련시키지 않고 듣거나 읽었을 가능성이 거의 없다. 즉, 결국 여기서 말해지는 진실은 '왕권은 야웨께 속해 있다.'라는 말(시 22 : 28)이었다. 향유들을 고려해 볼 때 우리는 메시야, 즉 이스라엘의 종말론적 왕에 대한 암시를 발견할 수도 있다. 메시야는 향유를 그 머리에 부음받은 자라는 뜻을 의미한다는 점에서 향유들이 메시야에 대한 암시라는 것이다. 그리고 이스라엘과 야웨가 들어가 사랑을 나누던 은밀한 내실은 성전 가장 내부에 있는 방, 지성소가 아니겠는가? 성전 지성소를 연상하지 않고 하나님과 피조물 사이의 연합을 위한 은밀한 방을 우리가 달리 생각해 낼 수 있겠는가?

2세기 즈음, 명확하게 70년에 로마군에 의한 마지막 성전 파괴(바벨론에 의한 파괴까지 고려하면 두 번째 성전 파괴)로 성전을 잃은 후, 랍비들은 이스라엘과 야웨의 키스를 "야웨께서 얼굴을 마주대고 우리와 말씀하셨던"(타르굼) 시내 산상의 율법전수로 해석했다. 토라는 신성한 예루살렘 성전과 달리 이스라엘이 유배되고 유랑하는 모든 장소들로 가지고 갈 수 있다. 랍비들의 아가서 주석을 모아놓은 「아가서 랍비주석집」(*Canticles Rabbah*)은 이렇게 말한다. "계명 그 자체가 이제 이스라엘 각 사람에게 와서 말했다. '너는 나를 기꺼이 나를 지켜 줄 것인가?' [이스라엘 각 사람은] '예! 예!'라고

대답했다. 그러자 곧장 그 계명이 각 사람의 입술에 입맞춘다"(타르굼).

여기서 우리는 잠시 멈춰 아가서를 한편으로는 남녀 간의 사랑 이야기로 해석하고, 또 다른 한편으로는 하나님과 이스라엘의 사랑 이야기로 해석하는 입장의 총괄적인 의의를 좀 더 부연 설명하는 것이 좋을 듯하다. 아가서에 나오는 연인들이 누구든 상관없이, 우리는 항상 아가서가 서정시라는 점을 기억해야 한다. 시인들과 문학 이론가들은 서정시를 산문으로 해설하면서 해석하는 것을 경고한다. 아가서의 사랑시가 무엇인지, 그 시를 이루는 부분들은 각각 무엇을 의미하는지를 산문으로 풀어 해석하는 것은, 시를 치명적으로 손상하는 것일 수 있다고 말하는 그들의 경고는 정당하다. 실제로, 아마도 암송용으로 쓰여진 시를 소리 내어 낭송하는 것만이 서정시를 해석하는 최고의 방법이다. 그러나 이 주석서의 저자와 독자들이 이미 산문으로 쓰여진 주석을 십수 쪽이나 읽어 여기까지 왔기 때문에, 아가서의 장르에 맞게 해석하는 데 적합한 태도를 견지하기에는 너무 늦었다. 만일 산문 해석이 있어야 하고, 그 산문 해석이 아가서의 서정시적 본질을 크게 훼손하지 않는 선에서 이루어져야 한다면, 우리는 적어도 서정시가 현실을 담고, 포착하고, 표현하는 방식을 고려해야 한다. 서정시는 희미하고 간접적인 언급을 통해 현실을 드러낸다. 산문적 생각을 가진 사람은 어쩌면 서정시적 애매모호함과 간접적 우회기법을 이해하지 못한 채 질문을 제기할 수 있을 것이다. 예를 들어 "본문의 시가 가 말하는 그 은밀한 내실은 '정말로' 지성소인가? 심지어 알레고리적으로도 성전 지성소를 가리킨다는 말인가? 그러나 누가, 어떻게 그 질문에 답할 수 있을까?" 1 : 2~4의 단락에서 사용된 히브리어 단어의 사전적 의미를 결정하는 방법들이 있다. 그러나 이 시가가 언급한 '내실'이 단지 하나의 뜻만을 가졌다고 주장하기 위해서 어떤 방법들이 사용될 수 있을까? 혹은 만일 '그 왕'이 우리로 하여금 메시야를 생각하게 한다면, 그렇다면 그것은 그런 의미를 가진 말로 이해할 수 있다는 말이다.

이 문단의 기독교적 해석은 무엇보다도 먼저 듣는 사람들이 하나님의 현존을 갈망하도록 하나님의 아름다움을 묘사하는 데 초점을 두어야 한다.

이 기독교적 해석은 요한복음의 그리스도, 즉 하나님 영광의 계시자를 선포해야 한다. 그것은 이 복음서가 약속하는 바로 그 하나님과의 연합에 대한 열망을 불러일으켜야 한다. 그리고 그것은 그 자체의 수사적 기예와 성서의 아름다움의 사용을 통해서 아름다운 하나님의 현존을 입체적으로 드러내야 한다. 이 모든 것을 이해하기 위해서는 18세기 미국의 1차 부흥운동의 지도자인 설교자이자 교사인 조나단 에드워즈의 도움을 받아야 한다. 조나단 에드워즈는 그의 「개인적 신앙 이야기」(*Personal Narrative*)에서 그의 회심에 대해서 다음과 같이 기록했다. "나는 옛날 한때에 거룩함에 대해서 가졌던 생각을 기억한다. 마치 거룩함 안에는 다른 아무것도 없고 매우 아름답고 사랑스러운 것만이 가득 차 있는 것 같았다." 에드워즈의 방대한 신학 전체는 하나님의 거룩하심에 대한 사모와 열망에서 비롯되었다. 그래서 하나님의 거룩하심에 대한 그의 비전(vision) 때문에 이 주석서에서 이따금씩 그가 등장할 것이다.

실로, 이 문단을 공예배 시간에 낭독하는 것을 듣는 사람들은 이 시가를 들을수록 하나님을 만지고 싶은 열망을 느끼게 된다. 그리고 성경의 하나님은 바로 그 살가운 접촉을 통한 친밀한 교제를 위해 필요한 것들을 공급하시는 분임을 기억해야 한다. 즉, 우리의 입술이 그의 몸을 부드럽게 애무하고, 우리가 하나님의 입맞춤에서 풍기는 포도주 향취를 음미하도록 필요한 분위기를 만들어 주신다는 것을 기억해야 한다. 클레르보의 버나드는 대부분의 기독교회의 아가서 해석 전통에 따라 아가서의 여자 연인을 교회와 동시에 믿는 자의 영혼으로, 사랑하는 자는 그리스도로 읽었다. 누가복음 7 : 36~50의 장면과 성만찬을 염두에 두고, 그는 다음과 같이 썼다.

> 그녀는 말한다. "그가 그 입술로 내게 키스해 주지 않는 한…… 나는 평화로울 수가 없다." "나는 그가 자신의 발과 손에 입맞추도록 허락해 준 것에는 감사를 드린다. 그러나 그가 나를 조금이라도 생각한다면, 그가 그 입술로 내게 키스해 주기를! …… 내가 고마워할 줄 모르는 사람은 아니지만, 나는 사랑하고 있다. 나는 내게 과분한 것을 받았다. …… 그러나

> 내가 원하는 것에 미치지 못한 것을 받았다. 그를 갖고자 하는 열망이 나를 움직인다. 이성이 아니라 열망이 나를 뒤흔든다. 예의를 차리는 마음은 실로 이 열망을 자제시키지만, 사랑은 모든 염치와 자제심을 정복해 버린다(버나드, 9, 2).

그리고 오리겐은 그리스도 안에서 일어난 하나님의 계시를 생각하면서 여기서 하나님의 백성의 극한으로 치닫는 하나님과의 살가운 접촉 열망을 논한다.[1] "그를 향한 내 사랑을 불쌍히 여기셔서 그를 보내 주세요. 그래서 그가 더 이상 나에게 그의 섬기는 천사들과 예언자들만을 통해서 말하지 않도록. 오히려 그가 친히 올 수 있도록. 그리고 '그의 입술로 친히 내게 키스하도록. 즉, 그의 입에 있는 말씀들을 내 입 속으로 쏟아부어 주시도록'"(오리겐, 60쪽).

Ⅲ.

1 : 2~4의 시가는 달콤한 육체적 키스처럼 이루어지는 사랑에 대해서, 그리고 그런 사랑을 간절히 나누어야 할 필요에 대해서 말한다. 그리고 그 표면적인 이야기 배후에 작용하는 알레고리는, 이 사랑시를 야웨와 그의 백성의 관계를 표현하는 이미지로 이해하게 한다. 남녀의 연애감정을 표현하는 이 시적 표현들이 야웨와 이스라엘의 관계를 표현하기 위한 유비로 사용될 수 있다는 가능성이 그 이미지 자체에 대해서 우리에게 알려주는 것은 무엇인가?

만일 육체적 사랑이 하나님과의 연합을 표현하는 정형화된 이미지일 수 있다면, 우리는 사랑이 육체적 접촉을 배제함으로써 더 순결하고 고귀해질 수 있다고 전제해서는 안 될 것이다. 만일 육체적 접촉을 필요로 하지

---

1) 역자주 : 이 절은 하나님의 백성이 하나님 아버지께 육신이 되어 자신들에게 와 달라고 기원하는 상황을 묘사한다는 것이다. (이하 본서의 각주 내용은 모두 역자주이므로 '역자주' 표기는 생략한다.)

않는 사랑 같은 것이 있다면, 그런 사랑은 이방 종교들이나 철학자들이 말하는 신들과 인간의 사랑에 대해서는 해당사항이 있을지 모르지만, 단연코 아가서에 나타나는 이스라엘의 하나님과 그의 백성 사이에 경험되는 사랑은 아니다.

'성애의 자유를 선언하는 요즘의 성 혁명' 분위기에서 우리는 때로 엄청난 간음과 매춘 행위를 일삼는 사람들이 자기들의 행동을 정당화하기 위해 "그것은 결국 단지 몸으로만이었어."라고 말하는 것을 듣게 된다. 물론 장난삼아 여자들을 희롱하는 남자들은 오랫동안 "육체적 성교, 그것은 별일 아니야."라고 말해 왔다. 정확하게 바로 이런 의견은 오늘날 우리를 괴롭히는 악의 자기현현이다. 바로 키스와 그 다음에 이어지는 더 심각한 육체적 접촉, 혹은 다양하고 간편한 행동들로 표현되는 열망 교환, 어깨를 어루만지는 것, 눈으로 빤히 쳐다보는 행위, 통화 시의 유혹적 목소리, 이 모든 것들이야말로 하나님과의 연합을 표현할 때 동원되는 배타적인 사랑의 유비 행위들이다. 이것은 심지어 바울이 지적했듯이 부정하고 퇴폐적인 접촉에 대해 부정적인 의미로도 진실이다(고전 6 : 15-20).

하지만 아가서의 윤리에서 서로의 현존을 소유하고자 하는 간절한 열망은 나쁜 것이 아니다. 만일 이스라엘이 야웨를 간절히 연모한다고 말해질 수 있고 야웨께서 그런 열망을 받아들이신다면, 어느 한쪽의 다른 쪽에 대한 열망은 선한 것임에 틀림없다. 성적 표현이 활발한 요즘과는 달리 얼마 전까지만 해도 연인을 향한 개인적인 열망을 갖는 것은 약점으로 여겨졌다. 더군다나, 여성이 남성에게 느끼는 강한 애모의 감정 — 아가서에서는 용납되는 — 이 여성이 남성에 비해 열등한 존재라는 것을 보여 주는 표지로 여겨져 왔다. 아주 최근까지도 사람들은 이성(異性)을 간절히 열망하는 것을 실제적 악덕으로 간주했다. 이 책이 쓰여지기 몇 년 전에, 행복한 결혼생활을 하는 부부는 그들의 '상호의존'의 중독성을 방지하기 위한 해독제로 갈등 상황을 일부러라도 찾아야 한다는 말을 들었다.[2] 이런 점에

2) 상호의존을 악덕이라고 본 시대풍조가 반영된 현상이었다.

서 아가서는 훨씬 더 현명하다. "우리는 하나님을 위해서, 뿐만 아니라 이성을 위해서도 창조되었다. 그래서 하나님도 필요하지만 이성도 간절히 원한다. 하나님과의 합일이라는 절정의 연합의 예비단계로써 우리의 심장은 이성 간의 사랑과 접촉을 통해 모종의 쉼을 누린다."

1 : 5~6

햇볕에 그을렸으나 아름다운

I.

이 부분 전체는 여성합창단에게 말을 거는 여자 주인공의 목소리이다. 여성합창단원들은 예루살렘 여인들로 밝혀지는데, 문맥상 그들은 예루살렘 상류층의 도시풍 여인들처럼 보인다. 이 두 절 사이에 흐르는 표면적인 이야기도 분명하지 않아 아마도 약간의 설명이 필요할 것이다. 이 단락의 직유법들은 눈에 보이게 햇볕에 탄 피부를 가진 한 부족 집단을 전제하고 있다. 최근의 서구사회에서와는 달리, 대부분의 그런 사회들은 햇볕에 그을린 여성 피부를 낮은 사회계층의 표지로 간주해 왔다. 햇볕에 탄 얼굴은 주인공인 여자 연인이 실내에서 피부를 보호하면서 지내는 대신 야외에서 일해야 하는 농민임을 무심코 드러낸다. 예루살렘 여인들은 아가서의 주인공인 여자 연인이 검게 그을린 얼굴을 가졌음에도 불구하고 당당하게 자신을 옹호하는 모습을 보고 그녀를 예의주시한다. 그녀는 그녀의 오라버니들이 — 중동 지역 사회에서는 오빠들이 그들의 여자형제들을 훈육했다고 전해진다 — 어떤 이유들로 인해 그녀를 가족 소유의 포도원에 보내 일을 시키며 벌을 줬다고 말한다. 그렇다면 그녀의 탄 피부는 그녀가 어떤 잘못을 범해 받은 벌의 흔적이지, 사회적 지위를 가리키는 표지는 아니다. 더욱이, 그녀는 자신의 오라버니들이 내린 벌이 그녀의 아름다움

을 조금도 빼앗아 가지 못한다고 선언하면서, 아름다움에 대한 사회통념을 아예 거부한다. 오히려 반대로, 그녀는 자신의 얼굴이 햇볕에 탔기 때문에 더욱 아름답게 되었다고 주장한다. 그녀가 받은 벌이 그녀를 더 아름답게 만들었다는 것이다.

그녀가 자신의 탄 피부를 찬미하기 위해 사용하는 직유법들은 아마도 어떤 독자들에게 당황스러움을 안겨 줄지도 모른다. 그녀의 검은 피부가 유목민족인 '게달'의 장막(만일 '게달의 장막'에 대한 우리의 이해가 정확하다면)과 같고 혹은 '솔로몬의 휘장'과도 같다고 말하기 때문이다. 첫 번째 당황스러움은 직유법의 본질에 있다. 자신의 피부가 검다는 것은 결코 자랑할 일이 아니다. 오늘날 대부분의 여성들은 그들의 피부색이 염소털로 만들 천이나 햇볕에 말리지 않은 동물 가죽, 즉 고대의 사막 거주자들의 장막 재료를 닮았다는 것을 자랑하지 않는다.

여기서 우리는 아가서의 직유와 은유 표현의 일반적인 특징을 말해 두는 게 좋을 것 같다. 고대 시작법(詩作法)을 이해할 때 우리가 염두에 두어야 할 사실은, 비교할 대상들이 때로는 매우 제한되었으며, 현대인들이 예상하지 못한 방식으로 비교가 이루어졌다는 사실이다. 1 : 5~6의 시구에서 직유표현들은 여자 연인의 검은 피부색을, 즉 여성합창단에 의해 비천한 사회계층의 표지로 간주되었던 검은색 피부를, 세상에서 위세를 떨친 부족의 검은색 천막과 솔로몬과 같은 영광스러운 인물의 궁전에 쳐져 있었을 법한 검은색 휘장과 비교하고 있다. 더 이상의 말이 필요 없다. 그녀는 이 직유를 통해서 자신의 아름다움을 적극적으로 옹호하는 것이다. "나의 탄 얼굴은 내 지위를 낮추는 것이 아니라 오히려 높인다."는 것이다. 왜 그녀의 검정색 피부가 그녀를 권세와 영광의 지위로 격상시키는지에 대해서는 알 수 없다. 겉으로 드러난 이 단락의 이야기에서는 왜 그녀가 자신의 검은색 피부를 게달의 장막과 솔로몬의 휘장에 빗대어 말하는지가 나타나지 않는다.

한 직유표현은 재료와 관련된 질문을 제기한다. 그 질문에 대한 그럴듯한 대답은 1 : 5~6을 신학적 이야기로 읽도록 이끈다. '솔로몬의 휘장'은

무엇일까? 독자 혹은 청중은 그들이 현대인이든 고대인이든 상관없이, 성경을 읽으며 얻어진 상상력 덕분에 여기서 반드시 솔로몬의 성전에 매달려 있는 휘장을 떠올릴 것임이 틀림없다. 실제로 여기서 사용된 '휘장'이라는 단어는 출애굽기에서 제작되었던 광야의 장막(이 장막은 성전을 위한 원본 설계도로 간주되었다.)에 쳐졌던 휘장을 지칭할 때 사용한 단어와 똑같다. 따라서 성전 혹은 장막 사이에 병행관계가 성립된다. 장막은 유목민의 천막 성소였으며, 유목생활 혹은 반(半)유목생활을 하던 게달의 장막과 성전 사이에 유사성이 있는 셈이다. 그리고 장막 혹은 성전의 휘장들은, 비록 염색에 의해서 만들어진 검은색은 아닐지라도, 검은색과 상당히 관련될 수가 있다. 이런 관련 사항들이 주목된다면, 우리 역시 햇볕에 탄 얼굴에 대해 갖는 여인의 자부심의 이유를 희미하게 볼 수 있다.

그리고 마지막에 가서 여자의 대사는 직유에서 은유로 방향을 바꾼다. 여자는 자신의 포도원을 갖고 있지만, 그녀는 그것을 즐겨 돌보지 못했다. 이 포도원은 포도를 심어 놓은 좁은 땅일 수가 없고, 그래서 그녀가 강제노동을 하도록 투입된 그런 농장일 수는 없다. 부모의 집에 의존해 살던 고대 중동 여인은 그런 땅을 소유할 수 없었다. 따라서 이 포도원은 실제 포도농사를 짓는 포도원일 수가 없다. 아가서 전체에 걸쳐 나타나는 성적 연상들을 고려해 볼 때, 이 포도원은 여인의 몸을 가리킨다고 보아야 한다. 아가서 전체에서 우리는 여인이 자기 포도원을 돌보지 못했다는 말을 할 때, 그것은 곧 자기 몸을 보호하는 데 실패했다고 고백하는 것으로 이해하는 것 말고는 달리 생각할 수 없다.[3] 그래서 아마도 오빠들이 그녀에게 벌을 줬을 것이다.

Ⅱ.

예언자들의 반복된 외침 중 하나는 "이스라엘은 그녀의 포도원을 지키

---

3) 포도원을 지키지 못했다는 것은 자신의 몸을 지키지 못했다는 것을 의미한다.

지 못했다."였다. 예언자들의 또 다른 반복된 외침은 "이스라엘의 간통, 부정이 참을 수 없을 정도가 되었을 때, 이스라엘은 벌을 받게 되었다."였다. 이스라엘은 낯선 강제노동 현장으로 유배당하고 야웨의 눈에 자신을 아름답게 보이도록 만들어 줄, 찬양과 장신구로 치장한 채 드리는 성전예배를 더 이상 드리지 못하게 되었다. 하지만 바로 이 지점에서, 아가서의 주인공인 이스라엘은 놀라울 정도로 기뻐한다. 왜냐하면 바로 그녀가 받았던 징벌이 그녀를 아름답게 하고 고양시켰기 때문이다. 이런 알레고리의 신학은 1 : 5~6에서 손쉽고 분명하게 식별되고 재빨리 진술된다. 하지만 그 깊이는 헤아릴 수 없이 심오하다. 이스라엘 혹은 교회에게는 자신이 초래했던 징벌들, 즉 세상 눈에 자신을 추하게 보이도록 만든 징벌들이 선한 결과를 낳는다. 바로 그 징벌들이 주께서 그녀를 영광스럽게 하기 위한 수단이기 때문이다.

요한복음에 의하면, 예수 그리스도를 최고의 위치로 고양시킨 것은 정확하게 바로 그 자신이 당하신 십자가 고난이다. 바울도 그의 약함을 기뻐한다. 모든 기독교 신비가들은 "어두움은 빛이다."라는 고백을 했다. 이런 성찰들이 우리를 어디로 인도하는지를 기꺼이 알기를 원하는 사람들은 저 유명한 마틴 루터의 하이델베르크 신조 19항과 20항을 생각해 볼 수 있을 것이다. "그는 피조세계에 알려진 하나님의 불변적인 속성들을 보는 신학자로 불리지 않는 것이 마땅하다. 그는 고난과 십자가의 죽음 안에서 드러난 하나님의 가시적이고 점잖지 못한 부분들을 보는 신학자로 불리는 게 마땅하다." 혹자는 여기서 심지어 부활절 전야예배의 전례문에 나오는 그 악명 높은 영탄(詠歎)문을 생각해 볼 수 있을지도 모른다. "오! 복된 아담과 하와의 죄여, 그토록 위대한 그리스도의 속량을 요청하게 했으니!" 그리고 클레르보의 버나드는 교회와 (혹은) 믿는 영혼에 대해서 이렇게 말했다. "게달의 장막과 동시에 하나님의 성소! 지상 거처와 동시에 천상 궁전! …… 죽음의 몸과 동시에 빛의 성전! 고만한 자들에게는 멸시당한 자이면서도 동시에 그리스도의 신부가 된 영혼"(버나드, 27, 14).

추악한 죄인이 어떻게 아름다울 수가 있는지에 대해서 닛사의 그레고리

는 "야웨께서 약간 검은 영혼을 당신 자신에게 이끌어, 그 자신과의 친교를 하게 하심으로써 그 검은 영혼을 아름답게 변화시키신다."라고 논평했다(그레고리, 49쪽). 만일 우리가 이 놀라운 변화가 어디에서 일어나는지를 묻는다면, 그 직유들이 우리로 하여금 성전의 아름다움을 생각나게 할 것이다. 성전에 있는 휘장으로 가려진 지성소는 이사야가 환상 중에 높이 들린 보좌 위에 앉으신 야웨를 뵈었던 곳이다(사 6장). 이런 연상들을 생각해 가다 보면 그리스도인들은 주 예수 그리스도의 약속을 기억할 수 있을 것이다. 그의 몸, 곧 교회가 그들을 위한 성전이 될 것이라는 약속 말이다(요 2 : 19-22).

타르굼은 5절을 쉽게 풀어쓴다. "이스라엘 백성이 금송아지 우상을 만들었을 때, 그들의 얼굴이 게달의 장막에 거하는 구스인의 얼굴처럼 검었으나, 그들이 회개하고 돌아와 용서받았을 때에는, 그들의 얼굴빛 광채가 천사들의 광채만큼 위대해졌다. 그들은 일찍이 성막을 위해 휘장들을 만들었고, 그들 중에는 야웨의 영광 쉐키나가 그들 중에 거하셨기 때문이었다"(타르굼).

Ⅲ.

그렇다면 이 유추를 거꾸로 돌려 생각해 보자. 이 세상에서의 예쁜 것에 대해 어떤 생각을 가져야 할까? 아가서의 노골적인 이야기에서 드러나듯이 두 가지 방향 모두에서 그 아름다움이란 지위와 관련되어 있다는 사실은 부인할 수 없다. 즉, 세상이 아름답다고 하는 것은 적어도 부분적으로 계급에 의해 결정되어지며, 마찬가지로 사람이 가꾸는 미가 그가 속한 계급을 드러낸다. 어떤 부족사회들에서는 현대인들이 요염하고 외설적 특성이 풍성한 음식을 획득하는 능력을 보여 준다는 점에서 미의 중심부분으로 인정되어 왔다. "검은 것이 아름답다."라는 구호도 피억압 민족으로서 미국 흑인들이 흑백분리정책을 부술 때 공공연히 선포될 수 있었다. 그전에는 상대적으로 하얀색 피부가 흑인들 중에서도 더 아름답다고 간주되었다.

이 단락의 신학적 이야기 내내 이 연결들은 남아 있지만 어디까지나 그것은 처음된 자가 나중되고, 나중된 자가 처음이 된다는 원칙에 종속되는 한에서이다. 그런 역전의 어떤 부분이 신자들의 지상적인 아름다움들에 대한 지나친 집착을 또한 약화시킬 것임에 틀림없다.

아름다움이 아무것도 아니라는 말은 아니다. 우리의 우의적 풍유에 나오는 이스라엘 또한 야웨 앞에서 비치는 자신의 외모에 신경을 쓴다. 그러나 그녀는 세상의 평가를 대수롭지 않게 생각한다. 이스라엘이 궁극적으로 아름답다고 알고 있는 것을 세상이 모르는 것이다. 이 점이 얼굴, 몸, 그리고 옷에 대한 우리들의 잠정적인 아름다운에 대한 지나친 집착을 경계한다. 상대적으로 사소한 예이긴 하지만, 부자들이 입는 값비싼 옷들을 선전하는 광고모델들은 대개 우중충하고 외면당하는 얼굴을 가진 사람들을 위해 선택되는데, 이 우중충하고 외면당하는 얼굴은 믿음의 눈에 보기에는 아름다울 수 없다.

여인의 연인은 이 시구에는 나타나지 않지만, 확실히 그녀는 자신이 그 연인에게는 아름답게 비친다는 것을 알고 있다. 야웨께서는 이스라엘이 궁핍하고 초라한 처지에 빠져 있을 때에도 그녀의 아름다움을 보신다. 그래서 우리의 시가는 연인들에게 사랑의 기술을 가르친다. 다른 사람들이 보기에는 연인의 약점들이라고 할 수 있는 것들도 또한 고요히 바라보라는 것이다. 햇볕에 그을려 약간 검게 된 피부, 약간 불룩해진 남자 연인의 배, 그리고 여자 연인의 너무 짧은 코도 사랑스럽게 쳐다보라는 것이다. 그 결점들이 우리들을 멀어지게 할 수는 없으며, 애정의 은혜에 의해 소중한 사랑의 향미를 돋우는 계기로 변화될 것이기 때문이다. 물론 불룩 튀어나온 배를 낮추는 노력이 사랑을 얻기 위한 적절한 몸짓이 된다는 것을 부인하는 말은 아니다.

그렇다면 이보다 훨씬 더 결정적인 문제인 연인 간의 정절 파기와 용서의 주제를 어떻게 생각해야 하는가? 언제 사랑받는 연인이 몸이라는 포도원을 지키지 않았던가? 본문의 풍유에서는 징벌과 용서가 동시에 일어나는데, 이것은 실로 하나님의 구속사역의 두 가지 측면들을 보여 준다. 그것이 인간

연인들 사이에서도 동일하게 작동할 수 있는가? 혹은 작동하는 것인가?

배반당한 연인이 하나님이 아니라서 징벌과 용서 사이의 간극을 충분히 뛰어넘을 수 없다. 인간 연인은 완전히 갈라서는 행동을 강요하는 극단적인 순간을 제외하고는 정절을 파기한 연인을 징벌할 권리나 소명을 갖는 것도 아니다. 그러나 배신당한 연인은 어쩔 수 없이 배반한 연인과의 관계에서 이전과는 달라질 수밖에 없다. 이 점은 심지어 의도하지 않았다 하더라도 배반한 연인에게는 하나의 벌이 될 것이다. 배반한 연인을 용서하고 싫든 좋든 징벌하는 고통과 수고 속에서도, 하나님의 경우와는 달리 용서와 징벌은 동시에 성취될 수 없을 것이다. 다만 그것은 연인들 사이를 조절하는 데 도움이 될 비전으로 남아 있을 수 있을 수 있고, 또 남아 있게 될 뿐이다. 우리 인간들에게 징벌과 용서는 엄연히 서로 다른 두 가지 행동이며, 그 둘 사이를 자유롭게 왕래하는 것은 신적 완벽에 가까이 접근하는 셈이 될 것이다. 이 신적 완벽의 경지는 우리가 하늘에 계신 우리 아버지의 자녀로서 영접될 때 도달될 수 있는 수준이다.

1 : 7~8

양치는 여인들

I.

확실히 여기에는 베르사이유 궁전의 놀이농장에서 목자들을 부리는 마리 앙투아네트적인 분위기가 보인다. 이 시 구절에 나오는 염소들은 그것들 자체로는 은유가 아니라 여인과 더불어 이 은유의 한 측면을 구성하는 본질적인 요소다. 그것들은 그녀가 기르는 진짜 염소들로 간주되어야 할 관계에 놓여 있다. 누구도 연극에서가 아니라면 그런 양 떼를 기르는 '세상에서 가장 아름다운 여인'의 존재를 믿지 않는다. 만일 아가서에서 그려지

는 한 무리의 하얀 앙고라 털 염소 떼를 — 다소 멀리서 보면 은유와 직유를 구사하기에 아름다운 광경을, 하지만 목자의 활동반경에서는 전혀 다르게 보일 그 광경을 — 우연히 만나 보지 않았다면, 이런 아가서의 표현은 실감나지 않을 것이다. 앞의 시구에서와는 달리 여기에는 벌을 받고 있다는 느낌이 전혀 나타나지 않는다. 물론 가상적인 목자와 목녀는 많은 문화들에서 나온 연애 이야기에서 전형적으로 나타나는 소재이다.

가축을 기르는 목동이 등장하는 허구적인 이야기, 그 자체는 대부분 뚜렷한 줄거리를 갖고 있다. 여자 연인은 남자 연인에게 목가적인 연애시를 읊어 달라고 청하고, 남자 연인은 수줍어한다. "다른 목자들을 따라가라."는 말은 금방 튀어나오지 않는다. 이 점은 애매모호하고, 아마도 애매모호한 상태로 남아 있게 될 것 같다. 여인은 자신이 바람직하지 못한 존재가 될까 봐 두려워하여 어디로 가야 할지 방향을 찾을 필요가 있다. 그러나 히브리어 본문이 그것을 표현하려고 의도하고 있는지에 대해서 우리는 추측할 수 있을 뿐이다. 즉, NRSV의 '휘장에 가리운 자'라는 번역은 추측일 뿐이다. 왜 NRSV가 나쁜 번역인지를 논하는 주석가들의 설명들 역시 추측일 뿐이다. NRSV와 다른 대안적인 번역들의 경우 더 불명료하다. 예를 들어 '몸을 돌이켜 버린 자'라고 번역한 AV는 더 불명료한 번역이다.

Ⅱ.

이 인습적인 연애 장면을 두고 신학적인 이야기를 짤 수 있는 토대가 있는가? 랍비들과 교부들은 확신을 주는 어떤 신학적 해석들의 모범들을 주지 않는다. 다만 우의적으로 풀어 버린다. 가장 세련된 현대적 감수성에 비추어 볼 때도 이 장면은 명확하게 이해를 거부하고 있다.[4] 그래서 타르굼은 다른 양 떼들을 피하려는 여인의 욕망을 정확하게 그것들과 어울리고

4) 성경 구절도 가끔씩은 이런 애매모호함에 갇혀 있는 점이 있다는 사실을 말해 두자.

싶은 욕구를 억누르라는 하나님의 명령으로 만들어 버리며, 이스라엘이 피해야 할 다른 양 떼들이란 기독교와 이슬람을 가리키는 말로 만들며, '염소 새끼들'은 탈무드를 공부하는 어린 학생들로, 그녀가 염소 새끼들을 데리고 와야 할 장막은 탈무드를 공부하는 슐(shul : 이디쉬어로 '회당'을 가리키는 말)로 만든다(타르굼). 어거스틴은 놀랄 정도로 유사하게 읽었다. 즉, 그리스도와 교회의 결혼이 다른 양 떼들(그의 교구에 있는 평소의 대적자들로 판명되었는데)에 의해 위험에 처하게 되었다는 것이다(노리스).

하지만 하나의 신학적 이야기가 확실히 아주 가깝게 다가온다. 이스라엘, 교회, 또는 개별신자들이 야웨를 찾는 것은 신구약성경 모두에서 진리다. 성경에 기록되어 있듯이, 그것은 모든 유대인들과 그리스도인들의 경험적 사실이다. 야웨를 찾는 방법을 알려 주는 야웨의 지침들은 때때로는 전혀 직설법적으로 간결하게 말해지지 않거나 도움이 전혀 안 된다. 이사야와 바울이 동의하듯이, 야웨의 행적과 종적은 왕왕 찾을 길이 없다. 예를 들어 보자. 성경에 정통한 예레미야 시대의 유대인들은 예레미야가 받았다고 주장하는 그 야웨의 명령(렘 29 : 7) — 이제는 야웨 하나님으로부터 가장 먼 곳을 상징하는 바벨론 포로의 땅에서 야웨의 현존을 구하라는 — 을 어떻게 이해했어야 할까? 정확하게 어떻게 그 일이 이루어졌을까? 그리스도인들의 경우도 아우구스부르크 신앙고백이 말하듯이, '복음이 정당하게 선포되고 성례가 합당하게 베풀어지는 곳'으로 다른 신자들과 함께 오라는 명령을 순종하려고 노력하는 게 좋다. 그러나 개별 신자는 이것이 일어나는 곳이 정확히 어딘지를 찾아야만 한다. 우리는 실로 야웨께서 때때로 우리와 거리를 두고 계신다는 사실을 믿어야 한다. 현재 상황에 대한 다른 대안적인 진단들은 훨씬 더 놀랍다.

이 본문을 설교하거나 가르치는 사람은 하나님의 모든 행적들을 정당화하려는 시도를 버리는 용기를 가져야 하며, 소위 신정론(神正論) 문제에 대한 해답을 제시하려는 생각을 포기해야 할 것이다. 본 주석자도 그런 문제들에 관해서는 마틴 루터의 말을 인용하고 싶다. 이 주제에 관한 마틴 루터의 성숙한 판단은 "노예의지론"(The Bondage of the Will)이라는 소

논문에 나타난다. 만일 우리가 하나님이 피조물을 다스리는 명료한 방식을 고려하여 우리가 활용할 수 있는 기준으로 판단해 본다면, 우리는 "하나님이 악의에 가득 차 있거나 존재하지 않는다."라고 결론을 내리지 않을 수 없다는 것이다. 혹은 우리는 도스토예프스키의 「카라마조프 가의 형제들」(*The Brothers Karamazov*) 속에 나오는 이반 카라마조프의 평결, 즉 자신은 하나님이 존재하지 않는다고 반드시 믿을 필요는 없겠지만, 심지어 어린아이들에게까지도 가해지는 무고한 악행들을 허용하시는 그런 신과 도무지 어떤 관련도 맺고 싶지 않다고 말한 평결을 생각해 볼 수 있을 것이다. 이런 판단을 단지 회피하는 유대교 신학이나 기독교 신학은 자신의 신학을 진지하게 경청해 달라는 어떤 요구도 해서는 안 된다. 적어도 유혈낭자한 무고한 희생자들의 세기였던 20세기 직후에는 더더욱 안 된다. 하나님의 선하심에 대한 믿음은 항상 위대하고 해방적인 "그럼에도 불구하고……."의 신앙이다. 특별히 현 시점의 역사에서는 더욱 그렇다.

가끔씩 이런 일도 있을 것이다. "주님, 내 영혼이 사랑하는 당신을 어디에서 발견할 수 있습니까? 말씀해 주세요."라고 물으면, "네가 만일 아직도 모른다면, 널리 두루 물어서 찾아보라."고 답변하실 것이다.

Ⅲ.

아직은 혼인을 하지 않은 사랑의 과정에 뛰어든 연인들이 이 목자와 목녀 같은 방식으로 서로 놀면서 사랑해도 되는가? 혹자는 '오직 그들이 서로에 대하여 확신이 있다면' 괜찮다고 생각할지도 모른다. 앞 단락들에서 제시된 모든 각각의 경우에도 불구하고, 야웨와 그 백성이 서로에 대하여 확신하듯이 양자가 서로에 대하여 확신한다면 그런 사랑의 놀음이 허용된다는 것이다. 충분한 상호 신뢰를 확보한다면 그런 짓궂은 사랑놀이도 좋을 수 있다.

이는 어디까지나 명랑한 분위기에서만 가능할 것이다. 하지만 우리는 또한 하나님의 짓궂은 사랑놀이에 매료당한 그 마음이 얼마나 빠르게 하나님의 공정하심에 대한 불신앙으로 돌변할 수 있는지도 고려해야만 한

다. 이 문제에 대해서도 역시 우리의 두 잠정적인 연인들은 하나의 유비를 제공한다. 우리는 항상 서로에 대하여 투명할 정도로 공평할 수 있는가? 확실히 그렇지 않다. 만일 우리가 때때로 하나님의 불명료하고 불확실한 정의를 믿지 못해 하나님과 관계되는 것 자체를 거부하는 이반 카라마조프에게 그래도 하나님을 한 번 믿어 보라고 요구해야 한다면, 우리는 때때로 우리 인간들끼리도 똑같은 방식으로 믿어 주어야 한다. 하지만 이런 일은 연인들 사이에서도 일률적으로 일어나기 힘든 일이다. 내가 내 연인에 대하여 품는 악감정이 정당하다고 생각하면 할수록, 그만큼 나의 궁리는 파괴적이 될 것이다. 정의로운 앙갚음을 했든 하지 못했든 상관없이 "분노를 품은 채 하루를 넘겨서는 안 된다."는 말은 실로 오랜 세월 동안의 현자들이 말했던 것처럼 거의 강제적인 명령이다.

게다가 이 신학적 이야기와 그것이 창조한 유비 사이에 있는 연결은 이 경우에는 인과관계에 놓여 있다. 이반과 함께 우리가 하나님은 어떤 일이 있어도 공평해야 한다고 요구하면, 우리는 궁극적으로 그분으로부터 이탈해야 한다. 우리가 하나님을 떠나면 우리는 서로에 대해서도 떠날 것이다. 세속적 도덕가들의 최선의 노력에도 불구하고 이반의 창조자는 항상 옳다고 판명된다. 즉, 만일 하나님이 없다면 모든 것이 허용된다는 것이다. 이 일이 나타날 것이며, 나타나는 첫 장소가 바로 하나님과 맺은 우리의 관계이며, 우리의 성적생활에 대한 가장 가까운 유비이다.

야웨와 이스라엘은 야웨의 의도적인 은닉과 이스라엘의 부정(不貞)에도 불구하고 서로 사랑할 수 있었다. 그들은 언약에 의해 서로 묶여 있었기 때문이다. 결혼제도를 비하하는 많은 사상가들의 생각과는 달리, 배우자들이 법적으로 서로 묶여 있을 때 세상에서 사랑의 열정을 더 많이 방출한다는 증거가 많다. 심지어 법적으로 묶여 있는 배우자들의 음행이나 간음이 더욱 많은 사랑의 열정을 배출한다는 것이다. 적어도 교회에서 축복하는 결혼의 인격적 결속력이 — 아마도 본문의 요점에 더욱 가깝게도 — 강하고 지속적임이 틀림없다는 것이다.

1 : 9~17
서로에 대한 감탄

I.

비록 어떤 주석가들이 9~17절을 세 개의 독립된 시의 합성시로 읽는다고 할지라도 우리는 하나의 긴 시로 읽을 것이다. 이 구절들은 연쇄적으로 이어지는 칭찬과 찬탄의 시어들이며, 남녀 연인 사이에 오고 간 말들로 너무 쉽게 읽힐 수 있기에 우리 또한 그렇게 읽으려고 한다. 연인들 간에 오고 간 서로에 대한 칭찬들 중 일부는 거의 설명이 필요 없을 정도로 명백하다. 아무리 줄여 말해도 확실한 것은 이 상호 칭찬에는 한쪽이 다른 한쪽을 매료시키는 힘이 묻어난다. 그것들 중 더러는 확실히 야웨와 그의 사랑받는 신부인 이스라엘 백성(교회) 사이에 오고 갔을 법한 칭찬임이 분명하여, 이 시가 야웨 하나님과 그분의 백성 사이에 오고 갈 법한 사랑의 연시로 읽히기를 바랐을 시인의 의도를 부인하기가 힘들 정도이다.

이번에는 남자 연인이 주도하는데, 그 사랑의 주도 행위가 놀랄 만한 생생한 직유로 묘사된다. 현대문학에서는 두 가지 설명들이 경합한다. 어떤 학자들은 여인의 아름다움과 암말(암탕나귀)의 아름다움을 직접 비교하는 관행들은 고대 시가세계에서는 알려지지 않은 것이 아니라고 주장한다. 이 주장에는 두 가지 난점이 있다. 즉, 그들은 실로 더 먼 자료까지 참조할 필요가 있다. 고대 이집트인들은 암말을 병거를 매고 달리는 데 결코 사용하지 않았던 것처럼 보인다. 따라서 아무리 독특한 고대 서정시에 등장하는 직유법에도 병거를 끄는 암말의 이미지는 수용하기 힘들었을 것이다. 다른 학자들은 아주 오래된 잠언이 언급하는 한 사건에 호소한다. 이집트 왕 파라오에게 적대적인 한 장군이, 뜨거운 대낮에 한 암말이 파라오의 준마가 끄는 병거들의 공격을 피해 가로질러 가도록 풀어놓은 사건이다. 만일 이 이야기가 하나의 직유법 상황이라면 — 우리가 지금 이 주석

에서도 그렇다고 가정하듯이 — 우리는 이제 어떻게 여자 연인이 그녀의 연인을 처음에 매료시켰는지를 알게 된다. 그는 그녀를 한 번 보자마자 넋을 잃었던 것이다. 여자 연인의 보석들에 대한 남자의 찬미와 더 많은 보석들을 주겠다는 그의 약속들은 물론, 그것들을 착용하는 사람을 돋보이게 할 목적으로 제공된다. "나의 사랑하는 이여, 보석들로 치장한 그대는 얼마나 아름다운고!"

그렇다면 12~14절은 여인의 목소리이다. 12절의 영어번역들은 추측에 의한 번역들이다. NRSV가 '긴 안락의자'(couch)라고 번역하고, AV가 '식탁'이라고 한 히브리어 단어는 직역하면 '둘러싸고 있는 장소'로 표현될 수 있을 것이다. 12절은 어떤 번역도 신뢰할 만한 정확한 번역이라고 볼 수 없으므로, 우리는 여인의 나도 기름을 쏟아지게 한 상황이 무엇인지 모른다. 어떤 경우든 여인이 사랑과 향기의 주제를 이어 가며 말한다는 것은 분명하다. 연인의 가슴에 파묻힌 남자는 여인에게 몰약과 헤나만큼이나 향기로운 존재였다. 아마도 그 자신이 몰약과 향료에 흠뻑 젖었는지도 모른다. 15절에서 남자는 처음에 비해서는 약간 직유적으로 사랑을 표현한다. 여기서 비교의 초점은 비둘기들의 아름다움과 추정된 비둘기의 온순함, 그 이상이 될 필요가 없다. 어떤 사람들은 이집트 여인들의 조각품에서 발견되는 이집트 여인의 비둘기 같은 눈의 아름다움에 초점을 맞출지라도 여기서는 그렇게까지 세부적으로 비교할 필요가 없다.

남자 연인이 여자의 보석을 갖고 여인을 칭찬했듯이, 16~17절에서는 여자 연인이 그들이 사랑을 나누던 침상 분위기를 소재로 남자를 칭찬한다. 그녀의 은유들은 합성적이다. 첫 줄에서는 그들이 푸른 침상에서 사랑을 나누고, 둘째 줄에서는 귀하고 또다시 향기 나는 숲 속의 방에서 사랑을 나눈다.

Ⅱ.

여인의 은유들은 복합적이다. 만일 사랑의 행위를 하는 장소가 백향목

과 레바논의 성애를 북돋우는 목재들로 지어지고, 하나의 정원처럼 장식된 성전이 아니라면 이 은유들은 여러 가지가 섞여 있는 은유들이다. 17절에 대한 타르굼의 풀어쓰기는 인상적이다. "예언자 솔로몬은 말했다. 백향목으로 만들어진 야웨의 성전은 얼마나 아름다운고! 하지만 메시야 왕의 시대에 지어질 성전은 훨씬 더 아름다울 것이다. 그것들의 기둥들은 에덴 동산에서 자란 백향목 목재들일 것이며, 기둥과 서까래를 잇는 목재는 삼나무, 참나무, 그리고 백향목이리라."

이 단락을 여는 직유법에 의해 우의적(友意的)으로 제기된 질문은 "왜 야웨께서 이스라엘을 선택하셨는가?"이다. 그 직유는 신명기 신학과 이스라엘이 열방 중에 가장 우월한 족속이라서가 아니라 야웨께서 일방적으로 사랑했기에 야웨께서 이스라엘을 당신의 특별한 백성으로 선택했다고 주장하는 모세오경의 '신명기 역사' 편집층의 신학과 궤를 같이한다. 신명기는 하나님의 택함받은 백성이 된 이스라엘 백성이 하나님의 사랑에 의한 선택 이외에 다른 어떤 이유를 찾는 것을 금지한다. 야웨의 이스라엘 선택은 합리적인 선택도 아니며, 그렇다고 자의적인 결정도 아니다. 그것은 전혀 다른 차원의 결정이었다. 그가 그녀를 사랑했다는 그 결정이었다. 그의 눈에는 그녀가 아름다웠다. 연인의 매력에 너무 강렬하게 매료되어 자신의 연인을 암말(애굽의 준마)과 비교하는 이 단락의 남자 연인처럼 하나님이 이스라엘을 원하셨다. 놀랍게도 이런 사랑의 선택들에는 사랑한다는 열정 외에 다른 어떤 이유도 작동할 필요가 없다. 클레르보의 버나드는 이 사랑의 신비를 알았다. "사랑은 사랑한다는 그 자체로 충분하다. 사랑하는 사람은 자신이 사랑하기로 선택한 자를 사랑한다. 다른 어떤 것도 사랑의 감정을 움직일 수 없다. …… 사랑하기 때문에 나는 사랑한다. 사랑하기 위해 나는 사랑한다"(버나드, 83, 3-4). 사랑의 이 신비는 우리가 경험하는 사랑의 난해한 측면이 될 수 있듯이, 하나님에게도 다르지 않았을 것이다. 칼 바르트도 자세히, 그리고 심오하게 파헤쳤듯이, 하나님 자신은 하나님의 결심의 총화이시다. 하나님의 선택 외에는 하나님 자신의 결정 외에 다른 어떤 외부적인 요인이 끼어들 여지가 없다.

이스라엘에 대한 하나님의 사랑과 그 사랑에 대한 이스라엘의 응답을 노래하는 이 단락을 풍성하게 음미하려면 두 가지 사실이 추가적으로 언급되어야 한다. 첫째, 격렬할 정도의 관능적인 분위기이다. 우리는 여기서 이스라엘과 맺은 야웨의 언약을 관념적 차원으로 축소시키거나 도덕주의적 관계로 축소시키지 말라는 경고를 받는 셈이다. 야웨와 이스라엘, 그리스도와 교회는, 연인처럼 서로를 사모하고, 서로의 아름다움에 탐닉하여 즐거워하는 사이이다. 혹자는 여기서 본 단락에 나오는 남자 연인처럼 하나님께서 교회가 하나님께 나아가기 위하여 꾸미는 온갖 보석 치장들과 그릇들, 성화가 그려진 유리창과 모자이크 그림들, 정교한 교직물과 프레스코 등을 좋아하신다는 말까지 할지도 모른다. 둘째, 야웨와 이스라엘이 격정적인 사랑을 나누는 장소가 성전이라는 사실이 암시된다는 점이다. 성전이 파괴되고 난 후에는 그리스도의 몸 혹은 토라 두루마리라고 불리는 이동식 성전이 이 강렬한 연합이 일어나는 장소가 되었다.

게다가 이 시 단락이 끌어들이는 이 우의적 표현을 가르치거나 설교하는 경우, 우리는 현대 기독교가 외면하고 싶어하는 몇 가지 어려운 진실들을 대면하지 않을 수 없다. 성경의 하나님은 순전히 지극히 우발적인 사랑의 하나님이라는 사실이다. 하나님은 자신이 선택하기로 결심한 자를 선택하시는 분이다. 이 선택에는 사실(사랑)과 이유(사랑받을 만한 매력)의 일치는 전혀 필요 없고, 오로지 하나님의 자유만 중요하다. 따라서 이스라엘과 교회와 하나님의 관계는 선택이나 예정 혹은 사랑이라는 지극히 주관적인 자유의 개념들로만 참되게 묘사될 수 있다. 이 사랑이 어떻게 작동하는가를 묘사하는 고전적인 신학진술은 바울의 갈라디아서와 성 어거스틴의 「고백록」이다. 바울의 서신은 교회를 하나님의 사랑의 우발성을 다루고, 어거스틴의 「고백록」은 개인들을 향한 하나님 사랑의 신비를 다룬다.

바로 이런 이유로, 자신의 백성들을 선택하신 야웨의 결단은 자연스럽게 백성들의 야웨 찬양을 불러일으킨다. 그 찬양은 그들이 표현할 수 있는 한, 혹은 그들의 표현 역량을 뛰어넘는 수준의 시적이고 생동감 넘치는

어휘로 가득 차 있다. '현대적 열린 예배' 때에 많이 불리는 짧은 노래들도 예를 들면, "야웨는 엔게디 포도원의 고벨화송이로구나."(14절의 AV 번역)라는 시적 표현들에는 미치지 못한다는 점을 주목하는 것이, 확실히 오늘날의 문제들에 대한 너무 직접적인 언급은 아니다.

대부분의 중세기 기독교회의 주석은 우리가 이 책에서 따라가고 있는 해석 방향과는 약간 다른 길을 취했다. 여인을 믿는 개인 신자라고 보고, 남자 연인을 그리스도라고 보았다. 이 절에 대한 전근대적인 주석의 예로 닛사의 그레고리가 한 14~15절의 해석을 들 수 있다. "친히 몰약 향낭이 되어 내 마음속에 거하시는 주님 자신이 내 의식의 중심부를 차지하신다." 그런 영적인 포획은 "인간이 거울과 같은 존재라서 그것이 비추는 대상을 반영하기 때문에 일어난다"(그레고리, 94, 104). 모든 성경의 교차언급을 파악하고 있었던 오리겐은 즉각 "먼저 자신의 나도향 같은 믿음의 선물을 하나님께 바쳤다가 그 대신 성령의 은혜와 영적 교훈의 향기를 받았던 여인"에 대해 생각했다(오리겐, 160쪽).

Ⅲ.

만일 성전이 야웨와 이스라엘의 사랑이 이루어지기에 적합한 에덴 동산으로 꾸며졌다면, 우리는 에덴 자체를 이 지상의 잠정적인 기쁨이 수수되는 가상적인 보금자리라고 간주할 수 있을지 모른다. 성전에서 열정적으로 사랑을 나누는 야웨와 그의 백성에 대하여 말하기 위해 지어진 아가서 안의 순전히 육체적인 행복의 노래시는 우리가 에덴 혹은 성전으로 묘사된 동산에 있었던 연인들이라면 나누었을 법한 사랑을 떠올리게 한다.

에덴과 성전은 이제 더 이상 존재하지 않으며, 세상적 환희가 이루어질 구속받은 동산은 종말론적인 실재다. 그래서 아가서의 사랑 묘사 또한 종말론적이다. 지금 경험되고 실행되고 있는 인간의 성애는 분명히 종말에 실현될 하나님 사랑의 희미한 이미지라는 것이다. 실로 서양 사람들은 인간의 성애를 사탄적인 증오의 이미지로 만드는 데 익숙하다. 그 이미지는

하나님 나라에 가서야만 분명해질 것이지만, 그 분명함도 지상적인 성애가 모방할 수 있고, 모방해야 하는 한계 안에서의 분명함일 뿐이다.

그런 분명함이 어떻게 접근될 수 있을지에 대해서는 우리가 아가서의 관행을 참조할 수 있을 것이다. 현재 모습에서 우리는 하나님과 그의 백성들 사이에 이루어지는 사랑의 유비들을 제공하는 두 가지 요소들을 주목할 수 있다. 사랑하려는 의지 외에 다른 어떤 원인도 없는 사랑의 자기충족성과 그 결과 양자 사이에 오고 가는 화려한 칭찬언어들이 그것이다. 이것들은 그 자체로 거룩하게 성화되어 있다.

첫 번째 요소에 관해서는 두 사람이 부부로 선택되는 방식에는 여러 가지가 있을 수 있다는 점이 중요하다. 서구사회의 현대문화는 이 사랑에 질서를 강요하려고 애써 왔으며, 사랑의 역사는 일정한 형식에 맞는지 여부를 검증받아야 한다고 생각해 왔다. 즉, 우리가 진실로 서로 사랑하는가를 묻기를 요구했다. 우리는 정말 각자 한 사람만을 사랑하기로 선택했는가? 우리가 사랑함으로써 우리 자신의 기존 생활방식이 조정될 수 있다는 사실을 받아들이는가? 우리는 정말 하나가 될 준비가 되었는가? '상호투신'이라는 검증을 통과하여야만 사랑은 공적인 인정을 받게 된다. 야웨와 이스라엘은 그런 방식으로 서로 하나가 된 것이 아니었다. 실로 야웨와 맺은 언약관계를 이용해 자신들의 행동을 합리화하려고 했던 이스라엘의 시도들이 이스라엘이 광야시절에 저지른 죄의 큰 부분이었다. 그러므로 사랑하는 연인들로 하여금 그들이 사랑의 관계로 엮이게 된 데에는 우발적인 요인들이 작용했다는 것을 믿고 받아들이게 하라. 그것이 암말을 보고 발정을 느낀 수말 같은 열정적 방출이었든 부모가 마련해 준 중매에 의해 성립된 결혼이든 상관없이, 어쨌건 그것은 양자 사이에 연속성이 있었던 셈이다. 그 후 시간이 지나 사랑이 무르익으면 그때 가서 그들의 사랑이 어떻게 결실을 맺었는지를 크게 웃으며 이야기하고, 그들의 사랑 결실에 관여한 우발적 요인들마저도 즐거워하게 하라.

사랑하는 자와 사랑받는 자가 어떻게 서로에게 배우자로 선택되었든지 상관없이 그들로 서로를 칭찬하게 하라. 그들로 하여금 "나는 네 몸의 향기

를 좋아한다. 너의 얼굴, 너의 감촉, 너의 목소리까지 좋다."라고 큰 소리로 소리치게 하라. 이 단락보다 앞선 단락에서 '햇볕에 그을려진 얼굴'이 언급되었음을 기억하고, 그들로 하여금 심지어 추한 외모나 좋지 않은 냄새나 소리마저도 애정으로 변화시켜 즐기게 하라. 만일에 그들이 그럴 마음이 있다면, 그들로 하여금 이런 상호 간에 칭찬의 말들을 주고받기 위해 아가서 연애시 같은 시가들을 지어 봄으로써 아가서의 연인들을 모방하게 하라. 우리 중 아무리 시적 감수성이 모자란 사람이라 할지라도 연인을 암말에 비유하는 아가서 수준의 시적 이미지 정도는 발견할 수 있으리라.

심지어 연인들로 하여금 아무 거리낌 없이 "내가 네게 준 목걸이가 아름답구나."라고 말하게 하라. 보석 선물 전부가 다 거부될 필요는 없으며, 가난한 자들에게 주어진 돈이 거부될 필요가 없듯이, 보석 선물은 호소력을 가진다. 물론 많은 보석 선물은 거부될 수 있을지도 모른다.

2 : 1~7
상사병에 걸린 행복한 연인들

I.

다시 연인들 사이에 오고 가는 칭찬들을 담고 있는 1~3절은 앞 절의 연장으로 간주될 수 있다. 그러나 3절에는 이미 충족된 만족감에 대한 언급이 있는데, 그 만족감의 성취는 4~6절에서 구술되어 있는 것처럼 보인다. 그래서 우리는 2 : 1~7을 하나의 자기완결적인 단락으로 본다. 첫 줄의 화자가 누구인지는 분명하지 않다. 여인이 스스로를 칭찬하고 있는가? 아니면 남자가 자신을 장미와 백합화에 비유하고 있는가? 2절은 확실히 남자의 목소리이며, 3절은 여자의 목소리이다. 3절의 비유는 아가서의 기준으로 볼 때는 이상하게 전개된다. 그것은 아가서에서 익숙하게 나오는 유형의 간단한 직

유로 시작된다. 여인의 남자는 아무런 열매를 맺지 못하는 관목더미 가운데 돋보이는 유실수이다. 그러나 여인은 이 사실을 이야기로 만들어 펼치며 자신이 연인의 그늘에서 피하여 그의 열매를 맛보았던 달콤한 경험을 말한다. 이 절을 다음 소절들에서 보다 더 직접적으로 묘사되는, 성교의 환희를 가리키는 표현으로 읽는 것 외에 달리 읽기는 어렵다. 원시문화보다 더 복잡해진 현대문화에서 공히 통용되는 견해, 즉 여자는 성교 시 어떤 쾌락도 누려서는 안 된다는 견해가 우리 본문의 시인에 의해서는 지지받지 못한다.

남자는 자신의 연인을 파티를 열 어떤 그윽한 장소로 데리고 갔다(파티 연회장이라고 보는 AV의 번역은 신축적인 번역이지만, 동시에 원래 맥락에 더 잘 어울리는 직역이기도 하다). 그곳에는 '나의 연인' 혹은 '사랑의 집'이라는 글자가 쓰인 깃발이 걸려 있다. 얼마 후 여인은 맛있는 음식들로 원기를 회복할 필요가 있다. 왜냐하면 그녀는 "사랑하다가 병이 났기 때문이다". 사랑으로 원기를 다 소진해 버렸기 때문이다. 상사병은 그것이 사랑의 박탈에서 비롯되었든지, 과잉충족 때문에 비롯되었든지에 상관없이 보편적이다. 이 소절의 상사병이 어떤 원인에서 비롯된 상사병인지는 다음 절의 해석을 어떻게 하느냐에 달려 있다.

NRSV는 6절을 소원으로 번역하고, AV는 이미 성취된 사실의 선언이라고 본다. "그의 왼팔이 내 머리를 고이고 오른팔로는 나를 안는구나."가 히브리어 원문에 대해 보다 충실한 번역처럼 보인다. 만일 우리가 NRSV를 따르면 여인의 상사병은 연인의 부재 때문에 생긴 것이라고 볼 수 있다. 만일 우리가 AV를 따르면 그것은 연인과의 주체할 수 없는 압도적인 사랑행위 때문에 생긴 것이라 볼 수 있다. NRSV의 번역은 외견상 그 단락에 있는 보다 더 큰 문제를 피하려고 하는 것처럼 보인다. 즉, 적어도 5~6절은 예루살렘 여인들로 구성된 합창단에게 여인이 하는 말이기 때문이다. 그들이 진짜 남자 연인이 연인을 실제로 껴안는 현장에 와 있는 것으로 전제되어 있는가? 그러나 우리는 아가서가 사랑 서정시라는 점을 기억해야 한다. 즉, 예루살렘 여인들이 그녀가 자신의 상상 속에서 여인들에게 자신의 사랑의 감정을 토로하는 현장에 꼭 와 있을 필요가 없다는 것이다. 아니면 5~6절이

기억을 생생하게 상기하기 위한 시적 현재시제로 표현되어 있을 수도 있다. 그것도 아니라면 여인들이 그 부부에게 수종 들기 위해 첫 밤을 보낸 그 다음날 아침에 도착해서 포옹의 현장에 와 있었다고 추측해 볼 수도 있을 것이다. 이런 가능성들이 실제로 어떤 순위로 매겨질지라도 우리는 6절을 사랑의 압도적 경험을 서술한다고 보는 AV를 따를 것이다. 그 포옹의 성격 — 그것이 상상 속에서 희구된 포옹이든, 실제로 이루어진 포옹이든 상관없이 — 과 관련되어 하나의 고대 메소포타미아의 병행문서가 있다. 많이 인용되는 메소포타미아의 사랑시에도 '왼손'으로는 머리를 고이고, 오른손은 "나의 음부(陰部)를 잡는구나."라는 구절이 있다. 이것과 비교해 보면 우리는 아가서가 여인의 성기에 대한 언급을 자제하고 있음을 알 수 있다. 이 사실은 우리가 6절의 장면을 어떻게 평가해야 하는지를 시사해 준다.

7절의 두 소절도 어렵다. 노루와 어린 사슴이 아름답기는 하지만 어떻게 그것들을 두고 맹세한다는 말인가? 현대의 여러 주석서들에 제시된 설명은 대부분 설득력이 없다. 아마도 여기서는 어희(語戲) 수사법을 발견하여 해석한 타르굼의 해석이 맞을 것이다. 노루와 어린 사슴으로 번역된 히브리어들(쯔바오트, 야여로트)이 각각 '만군의 야웨'라는 호칭에 있는 '만군'(쯔바오트)과 그 만군의 '능한 자들'(아일로트)과 아주 비슷하게 들린다(타르굼). 게다가 70인역 번역자들도 이 절을 번역하면서 똑같은 어희 수사법을 발견한 것처럼 보인다는 점이다. 그리스어 번역은 '들판의 힘센 자들과 능한 자들에 의해'라고 번역한다. 아마도 이 맹세는 한 단계 더 진전된 완곡어법을 제거하고 나면 포로기 후기의 이스라엘에서 통용되었던 맹세문이었을 것이다. 포로기 후기의 이스라엘 사람들은 야웨의 이름을 대고 맹세하기보다는 야웨의 특정 속성(예를 들면, 성전, 토라 혹은 여기서는 천군천사)에 대고 맹세했다.

예루살렘 여인합창단들이 제발 하지 말아 달라고 부탁받는 내용이 무엇인지, 또 누가 그 호소형 명령을 내리고 있는지에 대해서는 세 가지 가능성들을 생각해 볼 수 있다. AV는 여자 연인이 호소에 가까운 명령을 내리는 주체이며, 합창단이 하지 말아야 할 일은 '내 사랑'이라고 지칭된 남자 연

인의 잠을 깨우는 일이라고 본다. "그(내 사랑)가 원하기 전에는 흔들지 말고 깨우지 말지어다." 이렇게 읽으면 모든 것이 분명해진다. 여인은 성교 후 나누는 포옹이 마땅히 끝나야 할 때가 되기 전에 미리 끝나 버리는 것을 원하지 않는 상황이다. 그런데 이 AV 번역의 난점은 '원하다'라는 동사의 주어를 남성대명사('그')라고 보는데, '원하다'라는 동사는 3인칭 여성단수형 어미로 끝난다는 점이다.[5] NRSV는 "사랑을 나눌 준비가 되기 전까지는 사랑을 깨우지 말라."로 번역한다. 이렇게 읽는 경우에 대해 한 명의 주석가는 나름대로 그럴 듯한 해설을 내놓는다. 데이비스(Davis)는 왜 사랑의 행위가 너무 빨리 시작되면 안 되는지에 대해 여러 가지 생각들을 제시한다. 그러나 이 특별한 시적 맥락에서는 사랑 행위의 속도나 지속 문제가 중요한 쟁점일 가능성은 거의 없어 보인다. 실로 NRSV의 번역이 올바른 번역이라면 도대체 이 시 구절이 무엇을 의미하는지를 종잡기 어렵다. 마지막으로 몇몇의 중세기 주석가들은 화자를 남자로 보고 번역할 수 있는 가능성을 주목했다. 남자가 여성합창단들에게 자신의 연인을 깨우지 말아 달라고 권고하는 장면이라는 것이다(예. 버나드, 51, 10). 이것은 AV가 제기한 성의 일치문제를 깨끗하게 해소하면서 동시에 어느 정도 문맥을 잘 밝힌 면도 있으나, 왜 갑자기 화자가 여자 연인에서 남자 연인으로 예고 없이 바뀌는지를 설명하여야 하는 난점을 제기한다.

Ⅱ.

우리는 2장 첫 단락에 사용된 직유법들 중 하나에 대해 잠시 생각해 보아야 한다. 클레르보의 버나드는 "숲의 나무들 중에 가장 돋보이는 나무인 주 예수께서는 열매를 맺는 유실수이며, 그 열매는 그의 인성에 따라 맺히는 열매다."라고 말한다(버나드, 48, 4). 이 논평을 이해하고 나면 이 우의적 연애시의 위대한 주제를 다룰 수 있다.

---

5) 주어와 동사의 성이 일치하지 않는 것이다.

우리는 이스라엘을 야웨 하나님을 향해 상사병에 걸린 여인으로 볼 수 있는가? 많은 랍비들은 그렇게 생각했을 수도 있다. 타르굼도 5 : 8에 있는 병행 이미지에 대해서 동일한 생각을 할 수 있었다. "이스라엘 총회는 말했다. '오, 예언자들이여 우리는 당신들께 간청합니다. …… 만일 자비로운 주께서 당신 자신을 여러분들에게 계시하신다면 그분께 우리가 그의 사랑을 쇠약할 정도로 사무치게 그리워하고 있다고 말씀해 주십시오.'" 이 말을 이해하기 위해서 우리는 이스라엘의 예언자들이 야웨를 대신하여 이스라엘에게 말했을 뿐만 아니라 이스라엘을 대신하여 야웨께 말했다는 사실을 기억해야 한다. 이산(離散)과 유랑의 세월 동안에 성전도 없이 신앙생활 하던 유대인들의 신학에 적절하게도 이 상사병은 연인의 부재에 의해 유발되는 사랑의 병이다.

"나는 사랑에 의해 상처를 입었다."고 말하는 70인역 본문은 대부분의 기독교 주석가들로 하여금 이 본문이 상사병 상황임을 고려하는 것을 막았다. 그러나 알렉산드리아의 오리겐은 이미 잘 알려진 큐피드의 화살에 관한 연극 때문에 이 상사병 수준의 사랑열병을 거의 온전히 이해하기에 이르렀다. 만일 신부 자신이 "사랑의 화살들에 맞아 상처를 입고", "연인과의 성교라는 사랑의 단창에 깊숙이 찔려 큰 상처가 났을 정도가 되었다면", 그녀는 "밤과 낮, 가릴 것 없이 연인을 사모할 수밖에 없다. 그를 보고 싶고 그와 사랑을 나누고 싶은 욕구 외에는 어떤 다른 욕구도 의욕도 없는 게 당연한 것이다"(노리스로부터 인용). 우리는 여기서 타르굼에서보다 더 실현된 종말론에 가까운 종말론을 엿볼 수 있다. 이미 신랑 되신 주님이 교회 안에 현존하시는 상황의 묘사에 가깝기 때문이다.

포옹하는 연인들을 상상하면서 그 상황이 야웨와 이스라엘의 상황이라고 생각하는 한, 우리는 아가서의 이 알레고리가 매 단계에서 제기하는 문제를 회피할 수 없다. 아무리 우의적으로 해석한다 하더라도 야웨가 사람들을 포옹하신다면 그가 몸을 갖고 있다는 말인가? 그리스 종교사상가들의 좋은 점과 나쁜 점을 두루 계승한 우리 서구신학자들은 이 질문에 대해 당연히 "물론 그렇지 않다."라고 생각할지도 모른다. 그러나 구약성

경은 야웨 하나님의 육체적인 기관들과 신체적 활동들에 관한 언어로 가득 차 있으며, 우리가 그것들 모두를 신인동형론적인 표현이라고 뭉뚱그려 말해 버리고 그것들을 대수롭지 않게 생각해 버린다면, 하나님에 대한 구약성경의 담론과 진술들 중 남는 게 거의 아무것도 없게 된다. 그리스도인들에게 성육신은 이 쟁점을 타결 짓게 한다. 하나님은 진실로 육체를 가진 사람이 되셨다. 그리스도인들은 마리아가 잉태한 그 몸, 본디오 빌라도가 십자가에 못 박은 그 몸을 가진 그분, 이제는 죽은 자 가운데서 다시 살아나셔서 권능의 우편에 앉으사 영원히 사시는 사람을 주와 그리스도로 고백한다. 게다가 바울은 우리가 그의 몸이라고 말하는가 하면(고전 10-11장), 혹은 다르지만 동일한 취지로 우리는 그 안에서 살고, 그가 우리 안에 거한다고 가르친다. 이런 가르침들은 그가 육체적으로 우리를 포옹하신다는 가르침과 거의 같다. 이 마지막 요점들을 형이상학적으로 자세히 파헤치는 것은 본 주석서의 과제가 아니지만, 그런 작업에 몰두하는 사람들도 있다. 독자 여러분들 또한 원하면 그렇게 해 볼 수 있을 것이다.

Ⅲ.

우리는 이제 서론에서 이미 언급한 불가피한 반복들 중 하나를 다룰 때가 되었다. 이 시가를 주석할 때, 이 단락 직전에 무엇이 말해졌는가를 말해 두는 것이 아주 중요하다. 아가서가 하나님과 그의 백성 사이의 사랑을 유비적으로 표현하기 위해 구사한 사랑이 얼마나 대단히 육체적 사랑인가가 말해졌다. 육체를 긍정하는 히브리적 사상의 원천인 성서로부터가 아니라 육체를 경시하는 헬레니즘 사상에서 유래한 전통적 서양사상의 많은 부분은 인간 상호 간의 사랑은 '순수해져야 하고', '고결해져야 하며', 달리 말하면 육체적 매개 없이 이루어지는 사랑으로 성숙해져야 한다고 전제해 왔다. 하지만 아가서는 이런 전제에 동의하지 않는다.

우리는 아가서 주석 작업 내내 이 아가서의 중심사상을 반복해서 말하지 않을 수 없다. 이성 간의 육체적인 포옹과 육체적 하나님이야말로 정확

하게 하나님의 사랑의 유사성 때문에 성화된다. 실로 사랑의 핵심은 '육체인가, 정신인가?'가 아니라 사랑의 중심자리가 어디인가에 달려 있다. 사랑은 손과 관련된 활동이며, 그것들을 어디에 두느냐와 관련된다. 입술을 포개는 육체적 접촉, 환희와 생식활동을 동반하는 서로 짝을 이루는 성기들의 결합, 그리고 혀와 혀의 포갬으로 이루어지는 깊은 입맞춤. 이것들이야말로 적어도 아가서가 찬양해 마지않는 사랑의 진수요 심장이다. 아가서는 온통 육체가 매개된 사랑을 노래하는 것이다.

더 나아가 이 시가에 나오는 연인들은 그들이 각각 하나님과 이스라엘이든, 아가서에 명시적으로 드러난 연애 드라마의 남녀주인공이든 상관없이 확실히 구제불능의 낭만적인 연인들이라는 점은 부인할 수 없다. 요즘 서양사회는 이 낭만적 운동을 주변으로 몰아내려는 기세로 가득 차 있다. 그렇기 때문에 성애 문제에 관해서 상사병적인 몰입, 연인을 유혹하기 위한 특별한 환경을 준비해 두는 섬세한 사랑연출, 감동적인 사랑고백 등은 아예 철 지난 유행에 불과하다. 사랑하는 연인을 위해 샴페인을 준비하고, 촛불을 켜 두고, 그리고 음악을 틀어 놓으며 사랑에 빠진 사람의 이야기를 다루는 옛날 영화의 장면들은 정상적으로는 더 이상 매력적이지 않다. 아주 왜곡된 방식으로만 우리를 놀라게 할 뿐이다. 즉, 서양사람들도 한때는 청순한 사랑을 하던 때가 있었음을 회상하며 놀랄 뿐이다. "나는 너 없이는 살 수 없다."는 식의 소위 청혼제의는 이제 "우리 한번 같이 사는 것이 가능한지 탐색해 볼래?"라는 말로 대체되었다. 만일 누군가가 낭만적인 소설을 쓰거나 영화를 제작한다면 그 낭만적 정서는 그것을 여러 번 반어적으로 빗댐과 모방적 사랑 속에 포장해 둠으로써 용납될 수밖에 없을 것이다.

이러한 최근의 반낭만주의 정서, 이것은 결코 사소한 문제가 아니다. 서구문명의 낭만주의 시기는 특수하고, 비실제적이고, 그리고 역사적으로는 우발적인 것들, 예를 들면 특별하신 하나님, 주, 그리고 아주 우발적으로, 그리고 꽤나 비실제적인 이유로 선택된 그의 백성 사이에 일어난 사건들, 그리고 사랑하는 연인들 사이에 일어나는 유비적인 사건들의 가치를 유지하려는 최후의 필사적 노력이었다. 기독교 신앙은 그리스도인

들로 하여금 '냉정한' 무신론을 간파하고, 그것에 영향을 받지 않고 조심할 수 있도록 하며 사랑하는 신자들이 서로 간의 낭만적 사랑 열정을 신뢰하도록 격려한다.

2 : 8~17
비둘기 울음소리 같은 연인의 목소리

I.

이 절들이 하나의 자기완결적인 연애시가를 구성한다는 것은 보통 문단을 구성하는 수미쌍관적 내포구조에 의해 드러난다. 8절에서 남자 연인은 산을 타고 달려오는데, 17절에서도 베데르 산의 노루와 어린 사슴처럼 산을 타고 빨리 달려온다. 이것은 독립된 시의 시작 부분과 종결부처럼 보인다. 그러나 다만 17절에서 산을 타고 달려오는 존재가 남자 연인인지 아닌지는 다소 불분명하다. 산을 타고 오는 여정들이 우연히 서로 배치되어 있거나, 다른 두 시가 이 행동의 연상작용에 의해 나란히 앞뒤로 배치되었을 수도 있다. 하지만 8절의 산-동물군 묘사와 17절의 동물군-산 묘사는 너무나 정확하게 분명한 교차대조를 이루는 점으로 보아 이 두 절의 상응관계를 우연으로 보기에는 무리가 따른다. 남자 연인의 봄 찬가를 포함하여 전체 단락은 여인의 독백이다. 그녀는 산을 넘고 자신에게 달려와 부모님 방의 창문을 통해서라도 자신을 보고자 하며, 어서 나가서 봄의 아름다움을 만끽하자고 애원하는 연인을 상상하고 있다. 그녀는 부서진 바위틈, 은밀한 낭떠러지에 있는 둥지를 떠나 창공을 날아오르는 모험을 하는 비둘기처럼, 부끄러움도 개의치 않고 연인이 기다리는 창가로 내달리고 싶을 지경이다. 16절에서 그녀는 봄날에 무르익어 가는 자신들의 사랑을 상상한다. 그녀의 백합꽃 만발한 목장에서 연인이 양 떼를 먹이는 은유는 지극히 투명하다. 마침내 17절에서 그녀는 자신을 향해 달려오는 연인을

상상한다. 노루나 어린 사슴처럼 동물적인 열정으로 달려오는 연인을.

사랑을 나누는 행위는 단 한 번만 묘사되어 있으나 그들의 연합은 지속된다. 16절에서 여인은 이제 은유법을 포기하고 단도직입적으로 배타적이고 영구적인 상호속박적인 사랑을 고백한다. 히브리어 원문에 보다 충실하게 번역하면 "내 사랑은 나의 것, 나는 그의 것"이다. 15절은 아주 흥미로운 절이며, 앞으로도 계속 그렇게 남을 것이다. 자의적이고 가끔씩은 도덕주의적이고 설교적인 주해들이 이 절을 혹사시켰다. 이 절의 의미에 접근하기 위한 열쇠가 없다. 아마도 '여우들'은 여인의 포도원 — 확실히 그것은 그녀의 육체라는 포도원을 가리키리라 — 을 어떤 모양으로든지 위협하는 존재로 보인다. 이 상황은 여인이 누군가가 이 상황을 끝내 주기를 희구하는 상황이다. 그렇다면 이 여우들은 도대체 누구를 가리키는 것인가? 그들이 가하는 위협은 무엇인가? 여기서 문제를 해결해 달라고 요청받는 사람이 남자 연인인가? 어떤 사람들은 15절이 독립된 시구인데, 우연히 연상작용에 의해 여기에 배치되어 있을 뿐이라고 추측했다. 그러나 이 절을 고립된 시구로 이해하는 것은 그것을 더더욱 애매모호하게 만들 뿐이다.

어떤 독자들은 현대 영어번역본들에 AV에 나오는 '칭송받던 그 노래하는 비둘기'가 사라진 것을 슬퍼하는 본 주석가의 입장에 확실히 동감할 것이다. 그러나 그를 구출해 줄 길이 없어 보인다.

Ⅱ.

왜 봄의 아름다움을 찬양하는 남자 연인의 긴 시가 여기에 등장하는가? 그것 자체가 하나의 은유 아닌가? 혹은 봄 찬양이 성애적 감정을 찬양하는 이중적인 기능을 수행하는 것은 아닌가? 이 단락은 비록 어떤 부분에서 과장되기는 했지만, 봄이 주는 모든 경험적 기쁨들에 대한 직설적인 찬양시다. 봄 찬양을 통해 이 시는 아가서의 현실 이해라는 밑바탕의 동기를 표면에 부각시킨다. 즉, 아가서에서 연인들이 문 밖을 나서거나 야외에

있다고 상상하는 순간은 언제나 그들이 에덴 동산에 들어가는 정경이라는 것이다. 에덴 동산은 아름답고, 향기로운, 유실수들이 풍성히 자라는 동산이며, 피로 물든 빨간 이빨과 발톱을 가진 잔인한 야생동물들과 전혀 다른 평화롭고 앙증맞은 동물들이 뛰노는 동산이며, 심지어 비마저도 꽃들을 피워 놓고는 금방 사라지는 낙원으로 묘사된다. 예를 들면, 남성적 완력을 미화하는 사회에서는 남자 연인을 훨씬 더 위대한 동물들인 사자나 준마와 비교하기보다, 수사슴과 영양과 비교하는 것 또한 죄가 침범하기 전에 에덴 동산 안에 노닐던 짐승들의 자유와 평화를 시적으로 상기시킨다.

야웨와 이스라엘의 사랑은 우리 시대에 연출되고 있는 모든 사랑과 갈등하는 것처럼 보인다. 아가서의 다른 사랑시가들이 이 점을 보여 준다. 하지만 야웨가 있는 곳, 그리스도인들이 '천국'이라고 부르는 곳에서 하나님의 최종 왕국은 실현될 것이다. 아름답고 평화로운 왕국은 에덴동산의 좌절된 꿈이 완전히 실현되는 곳이 될 것이다. 야웨가 오시는 곳, 우리가 토라를 읽을 때나 성만찬을 나눌 때, 그의 백성들 가운데 거하시는 사랑의 현존을 경험하는 숱한 사건들 속에서 우리는 하나님께서 최초로 의도했던, 그리고 최종적으로 완성시킬 그 평화가 우리에게 열리는 것을 경험한다. 마틴 루터가 교회를 가리켜 묘사하던 바로 그 '천국의 문턱'에 도달한 느낌을 갖는다. 우리는 이미 완전케 된 에덴 동산에 한 발을 디딘 것 같은 느낌에 사로잡힌다. 그리고 심지어 우리는 거기서 주님과 하나가 된다.

우리는 또한 이 시에서 아가서의 다른 시가들과는 달리 당신 자신과 이스라엘의 함께 가는 사랑 여행을 주도하시는 분이 야웨라는 점을 주목해야 한다. 야웨께서 이스라엘에게로 달려오고, 어린 들비둘기처럼 연인의 창가에 서서 이스라엘이 밖으로 나오기를 애원하신다. "볼지어다 내가 문 밖에 서서 두드리노니……"(계 3 : 20)라는 부활하신 주님의 이 거룩한 음성이 자아내는 경건한 분위기만이 우리 기독교 신앙의 진수를 드러낸다고 생각할 필요는 없다. 이 아가서의 구절에 의해 우의적으로 간청되어지는 신학은 아가서 2장의 첫 시작 시가에 비해 하나님 편에서 선행적(先行的)으로 베푸시는 은혜의 신학이다. 토마스 아퀴나스나 존 칼빈은 이 은혜의

신학에 완전히 몰입했을 것이다.

타르굼은 이 구절을 완전히 풀어 쓴다. "이스라엘 족속이 이집트에 있었을 때에 그들의 탄식이 하늘에 상달되었다. 그때 야웨께서 산들(mountains)로 비유된 열조들의 믿음과 공로를 기억하시사 약속의 기한이 차자 이스라엘에게로 달려오셨다. 언덕들에 비유된 믿음의 모(母)가장들인 사라와 리브가 등의 의로움을 기억하시사 190년의 이집트 노예살이 후에 이스라엘에게로 달려오셨다. …… 그분은 이스라엘의 집에 도착해서 그 집의 창문들을 들여다보시고 격자모양의 문을 통해 내실을 들여다보셨다. 그리고 마침내 문설주에 뿌려진 유월절 어린양의 피를 보시고 우리를 불쌍히 여기셨다. …… 다음날 아침이 되자, '아 오래 전부터 내 사랑하는 연인이었던 이스라엘 총회여, 일어나자. 자 이집트 노예살이를 박차고 떠나자.'라고 말씀하셨다."

오리겐의 타르굼의 경우처럼 우의적 해석도 구원사적인 해석에 가깝지만 다만 교회적 관점의 구원사 해석이 그의 아가서 해석의 특징이다. "교회는 오로지 그의 음성으로만 그리스도를 알아본다. 왜냐하면 그는 당신의 예언자들을 통해 그의 음성을 보내시기 때문이다. …… 그래서 얼마 동안에는 신부, 즉 교회는 그의 음성만 들었다. 그리고 마침내 눈으로 그를 보게 되었다"(오리겐, 208쪽). 다시 오리겐의 해석을 보자. 성육신하신 그리스도가 말씀하신다. "일어나자, 나의 비둘기야. 겨울이 지났다. …… 죽은 자 가운데서 다시 살아난 나는 폭풍을 잔잔케 하고 평화를 회복했다"(오리겐, 302쪽).

마지막으로 가장 중요한 점은 여인의 말 중, 아주 강한 어조의 배타적인 상호소유의 주장은 구약성경 전체에 흐르고 있는 계약체결 공식구문, "나는 그들의 하나님이 되고, 그들은 나의 백성이 되리라."라는 문장을 직접적으로 상기시키는 말이라는 점이다. 여기서는 이 계약체결 공식구문이 하나님의 입술이 아니라 이스라엘의 입술에 위탁되어 있다. 그녀 편에서 계약적 속박을 공인하는 셈이다. 랍비들은 여기서 이 점을 잘 주목했다. 「아가서 랍비주석집」은 이 절에 대해 "그는 우리의 하나님이시며, 우리는 그의 백성이라."는 말로 해설했다(타르굼). 이스라엘의 이 계약체결 공식

구문 채택은 아가서에서 여러 번, 그리고 약간 다르게 반복될 것이다. 이런 사실 때문에 아가서가 우의적으로 표현하려고 하는 신학의 핵심이라고 보는 주장도 일리가 있다.

클레르보의 버나드는 대부분의 기독교회의 아가서 주석 전통과 마찬가지로 이 적극적인 사랑 표현의 주인공인 여인을 교회와 개별 신자로 본다. 그리스도와 교회(개별 신자들)의 신비한 연합에 과감하게 심리학적이고 인식론적인 통찰력을 적용함으로써 그는 다음과 같이 말했다. "여인이 '그는 내게 속했고 나는 그에게 속했다.'라고 말할 때, 그녀는 무슨 진실을 말하는 것인가? 그녀가 무엇을 느끼는지 알지 못하기 때문에, 우리는 모른다. 오, 나의 영혼이여, 너에게 '그분'은 어떤 존재이며, 너는 '그분'에게 어떤 존재인가? 나는 간절히 알고 싶다. 그리스도와 내 영혼 사이에 얼마나 많은 은혜와 사랑이 오고 가는지를! 그분은 네게 속했고, 너는 그분께 속했다. 그러나 무엇이 오고 갔는가? 그분이 네게 늘 어제나 오늘이나 신실한, 동일하신 그분이듯이 너도 그분에게 신실한 영혼으로 남아 있는가? 아니면 낯선 자가 되어 버렸는가? 우리가 이해할 수 있도록 말해 줄 수 있는가? 내 영혼아, 네가 무엇을 느끼는지 말해 보라. …… 아니면 예언자들의 말로 표현해 보면 네가 느끼는 그 은밀한 사랑의 감정은 너만을 위한 비밀이더냐? 내가 판단하기로는 이렇다. 차가운 지성이 아니라 사랑의 감정이 말했다. 그분의 음성은 차가운 이성을 향한 호소가 아니었다. 그럼 무엇을 위한 것인가? 그녀가 기적적으로 즐거워했다는 사실을 제외하고는 어떤 것도 침묵을 지킬 수 없었고 그렇다고 그녀가 무엇을 느꼈는지 말로 표현도 할 수 없었다. …… 그녀의 입술은 그녀의 가슴에 복받쳐 오르는 풍요로운 사랑에 추동되어 말했다. 풍요로운 사랑을 얻기 위해서가 아니라 사랑에 복받쳐 말했다. 사랑의 진수가 여기서 자기 언어를 찾은 셈이다"(버나드, 67, 3).

Ⅲ.

만일 봄날의 에덴 동산 같은 야외에서 이루어진 공공연한 이 사랑 행위

가 야웨와 그분의 백성 사이에 일어난 사랑 행위를 묘사하는 것이라면, 왜 에덴에서 추방당한 우리는 우리의 성교 행위가 남들에게 보이는 것을 부끄러워하는 것인가? 그것이 전혀 타락한 행위가 아닌데도 말이다. 본문의 사랑시에서 한 가지 분명한 사실은 그 야외의 성교 행위에 어떤 수치감도 끼어들지 않는다는 것이다. 창세기 주석에서 마틴 루터는 아담과 하와가 타락하지 않았더라면 성교 행위는 공공연히 즐기는 순전한 유희였을 것이라고 말했다. 부끄러워서 숨길 필요가 없었을 뿐만 아니라 최근 모더니즘 예술에서 흔히 수치심을 극복한다는 명분으로 시도되는 악마적 노출주의에도 빠지지 않았을 유희였다는 것이다.

우리는 실락원 시대에 살고 있다. 하나님 나라 안에서 이루어진 에덴 회복과 변화는 아직은 기대되는 미래이며, 우리를 앞서 간 성도들을 위해서 예비되어 있다. 심지어 이스라엘의 안뜰이라고 할 수 있는 성전도 사라졌다. 그래서 수치감을 느끼지 않는 공공연한 사랑 행위에 대한 루터의 상상은 엄밀하게 보면 사실과 반대다. 그러나 성교 그 자체로부터 그것의 궁극적이지만 먼 훗날의 성취에 대한 기대에 이르는 사랑 행위들 자체는 사랑하는 사람들 사이에서는 부끄러운 일이 아니며, 그렇게 간주되어서도 안 된다. 그런 감정으로 실행되어서도 안 된다. 바로 이 점은 아가서 주석에서 죄에 대해 언급할 만한 장면 중 하나로 우리를 인도한다. 우리는 성애를 '더러운 것'으로 만드는 일을 결코 즐거워해서는 안 된다는 것이다. 가학적 변태성애, 피학적 변태성애 등은 아주 나쁜 일탈 행위다. 그것들은 인간성에 대한 공격이다.

교회가 주관하는 결혼식의 복은 성애를 천국문 안에서 이루어진 축제로 만든다는 것이다. 새롭게 되고 변형된 에덴의 대문 안에서 이루어진 결혼은 에덴 동산의 순수하고 무구한 성애를 회복한다. 하나님의 언약 밖에 사는 사람들이 혼인의 틀 안에서 이루어지는 성애의 수치감이 배제된 순수성과 동시에 밖에서 쳐다보는 사람들을 의식해서 느끼는 수치감을 동시에 어떻게 감당해야 하는지는, 믿는 우리 그리스도인들이 말할 바가 아니다. 그러나 사랑 행위가 성경적인 하나님의 이름으로 공증되는 사람들은

그들의 모든 침묵들과 유혹들을 물리치고 이 순진무구의 확신을 붙들 수 있을지도 모른다.

이 밀회를 누가 주도하는가의 관점에서 보면 이번에는 남자가 주도권을 쥔다. 아주 분명한 성 역할의 구분이 보인다. 결혼식에 있어서 남자가 먼저 신부에게 달려가는 것은 이스라엘과 야웨의 연합 시 야웨가 먼저 이스라엘에게 달려간 것의 유비인가? 그것이 정당화되는가? 바울과 그의 추종자들이 남자의 주도적 지위를 옹호한 것은 유명하다(엡 5 : 22-24). 우리가 이 문제에 있어서 아가서와 에베소서를 따른다면, 지금 문제가 되고 있는 선행적(先行的) 행동이 어떤 종류의 선행적 행동인지를 세심하게 살펴보아야 한다. 즉, 정확하게 그것은 은혜의 선행적 베풂이며, 타자를 위한 현존의 선행적인 베풂이라는 점이 중요하다. 누군가가 심지어 사랑 행위와 순전히 아무런 보상을 바라지 않는 현존이 그들에게 나타날 것을 원한다는 사실을 반대한다면, 그들은 그들이 하고 있는 행동의 의미를 모르고 그런 행동을 하고 있는 셈이다. 보여 주었다고 무엇인가 보상을 바라야 한다고 말한다고 하더라도 그들은 모르는 일이다.

마지막으로 가장 중요한 것은 이 단계의 해석에서도 우리는 무엇보다도 "나는 그에게 속하였고, 그는 나에게 속했다."는 표현에 주의를 기울여야 한다. 우리의 사랑 행위가 회복된 에덴 동산의 환희를 예기하고, 그래서 그만큼 순수하고 무구한 한, 그리고 특별히 그것이 교회에서 하나님의 축복 안에서 이루어지는 한, 그 인격적 결속은 배타적이며 영구적이라는 점이다. 우리의 성적 투신이 실로 배타적이고 항구적인 결속인 한, 그것은 그분의 백성과 맺으신 하나님의 끊을 수 없는 언약 이미지 외에 다른 것이 아니다. 그리고 그것이 언약 이미지로 그려지는 한, 혼인의 속박은 전적인 의무이면서도 전적인 환희로 경험되는 자유다. 버나드의 질문에서 나오듯이 그리스도와 '거룩한 영혼'의 연합처럼, 신실한 성적 연합은 비밀을 간직하고 있다. 그것은 '애정'이라는 말, 즉 사랑받는 영혼이 자신 영혼에 끼치는 순전한 감격의 언어만이 표현할 수 있는 비밀이다.

3 : 1~5

이상한 술래잡기(방황)

I.

여기서 여자 연인은 충족되지 않은 애모 감정을 주체하지 못하고 연인을 찾아 나설 기세다. 여인은 연인을 열망하다가 잠들었다가, 잠에서 깨어나 연인을 찾아보았으나 그가 가고 없다는 것을 깨달았다. 여기까지는 그럴 듯한 상황 전개다. 하지만 여기서부터 그녀의 이야기는 도저히 종잡기 힘든 횡설수설처럼 들리기 시작한다. 연인을 그리워하는 마음을 주체하지 못해 경솔하게도 홀로 한밤중의 도시를 쏘다니기 시작한다. 도저히 멈출 수 없는 '연인 찾아 삼만리'인 셈이다. 이 행동은 고대의 다른 도시들에서 못지않게 고대의 예루살렘 상황에서도 경솔하기 짝이 없는 행동이었다. 그녀 자신은 어디서 그를 찾아야 할지 몰라서 닥치는 대로 거리와 광장을 헤매고 다닐 수밖에 없었다고 말한다. 그러던 중 순찰 중이던 야경꾼을 만나 자신의 연인을 보았느냐고 묻지만, 자신의 연인의 인상착의에 대한 여인의 묘사만을 듣고서는 야경꾼이 감을 잡지 못한다. 자신이 그런 남자를 순찰 중에 보았는지 안 보았는지 기억이 나지 않는다고 응답하는 것처럼 보인다. 야경꾼의 대답을 기다릴 틈도 없이 다시 그녀는 연인을 찾아 이리저리 헤매기 시작한다. 그런데 저기에 바로 그가 갑자기 보인다! 그래서 그녀는 다시 그를 집으로 데리고 온다. 다시 둘은 그윽한 침실로 들어간다. 여기서 잠시 1 : 4에 대한 나의 해설을 참조하는 것이 좋다. 침실에서의 일을 마치고 나서 여인은 아침에 일어나 예루살렘 여인들로 하여금 우리가 2 : 7에서 이미 보았던, 동물들을 동원한 이상한 맹세를 하게 만든다.[6)]

역대의 아가서 주석가들은 이런 일련의 행동들과 상황들을 합리적으로

6) "……내가 노루와 들사슴을 두고 너희에게 부탁한다 사랑하는 자가 원하기 전에는 흔들지 말고 깨우지 말지니라"(5절).

설명해 보려고 필사적인 노력을 해 왔다. 그중 하나의 해석은 여자가 별로 알맹이가 없는 꿈 이야기를 하고 있다고 보는 입장이다. 또 다른 해석은 한때 이 시가 지하세계로 내려간 탐무즈 신을 찾아나서는 아스다롯 신을 기리는 예전문이었다고 추정하는 것이다. 마지막으로는 이 시가 정신적인 발작을 일으킨 사람의 행동을 묘사한다고 보는 입장이다. 하지만 본문 안에는 이 세 가지 입장 중 어떤 것도 옳다고 말해 줄 증거가 없다. 따라서 우리는 이 시가 도저히 현실에서는 일어날 수 없는 상황을 묘사하고 있다고 말하는 선에서 멈춰야 할 것이다.

Ⅱ.

그럼에도 불구하고 이 시에서 우리의 주목을 끄는 것은 만일 이 시의 원저자가 원래부터 독자들이 이 시를 하나님과 이스라엘의 사랑놀이로 읽어 주기를 바라는 의도를 가졌다면, 모든 각각의 세부묘사는 즉시 각기 제자리를 찾듯이 의미 있게 해석될 수 있을 것이라는 점이다. 이것이 어떻게 신학적 알레고리로 읽힐 수 있는지에 대한 고대의 한 예가 타르굼에 나온다.

> 그러나 이스라엘 가문의 족속들이 …… 하나님의 현존이 멀리 떠나 버리고 그들이 어둔 밤처럼 짙은 어둠에 내버려져 있다는 것을 알았을 때, 그들은 야웨의 현존을 찾았으나 발견하지 못했다. 그래서 이스라엘 자손들은 서로 말했다. "우리가 일어나 모세가 진 밖에 세워 둔 회막을 돌아보자. 그리고 우리를 떠났던 야웨의 거룩한 현존을 구하자." 그래서 그들은 여러 도시의 거리들과 광장들을 쏘다녀 야웨의 현존을 찾아 나섰다. 그러나 발견하지 못했다. 그리고 등등(타르굼).

우리는 이 시가에 흐르는 신학적 알레고리가, 아무리 잘 읽고 해석해도 도저히 종잡기 힘든 비현실적인 본문의 이야기에 어느 정도 잘 어울리는

읽기인지 관찰하기 위해 이 타르굼의 제안을 반드시 채택할 필요는 없다. 하지만 타르굼에 우리의 해석을 위해 참조할 만한 부분은 있어 보인다.

만일 우리가 이 타르굼의 읽기를 따르면 우리는 역시 아마도 1 : 7의 그 이상한 동물군 동원 맹세문에 나타난 신학적 어휘수사법을 상기해 볼 수도 있을 것이다. 그리고 3 : 1~5은 — 본 주석자에게는 결정적으로 중요한 사항이다 — 네 번씩이나 여인의 남자 연인의 정체성('내 영혼이 사랑하는 님')을 묘사하기 위해 완곡적 우회어법을 구사한다. '내 목숨 다하여 사랑하는 님'이라는 이 표현은 아가서가 전제하듯이 당시에 이미 성경적 권위를 갖고 읽히던 문서들을 잘 읽고 자주 들었을 법한 독자들이나 청중들에게 어쩔 수 없이 신명기 6 : 5[7]을 상기시켰을 것이다. "너는 마음을 다하고 뜻을 다하고 힘을 다하여 네 하나님 여호와를 사랑하라"(Davis). 이 부분에 대한 클레르보의 버나드의 해설은 너무 아름다워 인용하지 않을 수 없다. "'내 목숨 다하여 사랑하는 님'은 누구인가? …… 그는 이름이 없는가? 여인은 사랑하는 님의 이름을 부르지 못한다. 왜냐하면 아가서의 주제가 되는 그 거룩한 사랑은 말로 표현될 수 없기 때문이다"(버나드, 79, 1).

우리는 이제 이 여인의 이야기와 이스라엘 역사를 야웨와 이스라엘의 사랑 이야기로 정리하는 예언자들의 일반적이고 우의적인 역사 이해로 받아들이도록 거의 노골적인 지침을 받고 있는 셈이다. 이스라엘은 야웨가 자신의 옆에서 현존하신다는 전제 아래 잠이 든다. 하지만 잠에서 깨어나 보니 그분이 곁에 계시지 않다는 것을 이스라엘은 깨닫는다. 그녀는 '야웨 찾아 삼만리' 여정을 떠나지만 그것은 지혜롭지 못한 술래잡기다. 그녀는 야경꾼 역할을 하는 예언자들을 거리에서 조우하지만, 그들은 그녀에게 도움을 주지 못한다. 그런데 어느 날 홀연히 야웨께서 그녀의 뒤에 와 계시지 않는가! 이것이 구약성경 이야기 전체의 핵심 줄거리가 아닌가? 예루살렘 성전이 완전히 파괴된 70년 이전에 살던 유대인들이라면 하나님의 거룩한 현존이 성전으로 되돌아올 것이라고 기대하지 않은 사람이

7) 원서에는 5 : 6로 표기되어 있지만, 6 : 5이 옳다.

누가 있었겠는가?[8)]

기독교 신앙은 하나님의 거룩한 현존이 실로 육신이 된 성전에 돌아오셨다고 믿는다(요 1 : 14). 아니 좀 더 직접적으로 말하면 그리스도의 육체적인 현존, 그것이 바로 하나님의 성전이 되셨다고 믿는다. 하지만 이 정도의 이해를 벗어나는 경우 3 : 1~5에 대한 기독교적 주석과 5 : 2~8의 시가에 대한 또 다른 기독교적 해석은 하나의 교의적-해석학적 문제를 제기한다. 그 문제에 대한 답을 본 주석서가 주는 것은 주제 넘는 일일 수 있으나 적어도 그 문제를 직시해야 한다.

이 시의 배후에 있는 알레고리는 이스라엘 구원사를 한 번 되짚고 있다. 하지만 그것은 아가서의 장르에 걸맞게 독특한 방식으로 구원사를 말하고 있다. 전체 성경이 하듯이 실제로 일어난 사건들을 연대기순으로 말하지 않고, 그 구원사에서 늘, 그리고 모든 순간마다 발견되는 하나의 일관된 도식을 보여 줌으로써 구원사를 말한다. 따라서 아가서에 대한 기독교회의 주석은 시간적 순서에 따라 진행된 구원사에 상응하여 진행될 수 있다. 신약성경의 구원사를 구약구원사의 (최소한) 부분적 성취라고 간주하고 구약성경의 인물들과 사건들이 신약성경의 주인공과 사건들의 예표라고 보는 구원사적 주석이 될 수 없다는 말이다.

이스라엘의 구원사 도식을 교회를 위한 구원사 도식이자 하나의 모본(模本), 즉 개별적 그리스도인들이 스스로를 이해할 때 동원하는 그 구원사 모본이자 그들이 닮기를 원하는 그 모본이라고 보는 것은, 풍유적 읽기와 상당히 다른 것이다. 물론 풍유적 읽기와는 달리 이스라엘의 구원사 도식을 교회를 위한 구원사 도식으로 읽어 온 사례는 있어 왔다. 예를 들어, 출애굽을 미국 청교도들의 '사명자적' 이주의 모본이나 혹은 교회사에 명멸했던 종파주의자들의 '탈출적 행위'들의 모본으로 삼는 것의 전체적 정당성 판단은 제쳐 두더라도, 적어도 이 지점에서 경고는 해 주는 것이

8) 성전이 아닌 다른 곳으로 하나님의 현존이 돌아올 것을 기대한 사람은 없었다는 것이다.

적당할 것이다. 이스라엘의 구원사 도식을 다른 후대의 공동체들이 자신들의 행동과 사명을 이해하는 데 동원하는 것은 참혹한 결과들을 초래했다는 점이다. 유명한 사례가 바로 남아프리카 공화국의 보아(Boer)인들의 소위 그 선구자 의식이 가득 찬 선민신학(the Vortreker theology)이다. 그것은 네덜란드 백인 그리스도인들이 남아프리카 공화국에 가서 정착하면서 주창했던 최초의 백인 이주자들의 '해방신학'이자, 흑백인종 분리와 차별을 정당화하는 신학이었다.

교부들 중 더러는 이 본문을 풍유적으로 읽기는 하되 전혀 다른 방식의 풍유적 읽기를 시도했는데, 잠깐 살펴볼 가치가 있다. 그들에 따르면 여기에 나오는 밤은 하나님을 에워싸고 있는 신비한 흑암이다. 시내산 정상에서 하나님의 거룩한 현존을 감쌌던 그 흑암과 흑운이라는 것이다. 교회 또는 개별 신자의 영혼으로 간주되는 그 신부는 여전히 보이지 않는 하나님을 향해 일깨워진 **사랑** 안에서 쉬고 있다. 그러나 그녀는 친밀한 **앎**을 갈망한다. "나는 밤의 여러 경점들에 깨어 나의 침대에 누워 있을 것으로 생각하고 찾았다. 나는 그가 본질적으로 어떤 분인지, 그의 기원은 어디이며 그의 목적지는 어디인지, 그의 존재의 뿌리는 어디인지 알기를 원했다. 그러나 나는 그를 발견하지 못했다." 대신 그리스도가 나타날 때 똑같은 어두운 밤의 시점에 나타나신다. 그것도 그 자신의 독특한, 예측할 수 없는 방식으로 나타나신다. 즉, 인간의 믿음 속에 자기를 의탁하기 위해 그렇게 나타나신다(그레고리, 6, 181-182).

Ⅲ.

이 시가 해석을 위해 앞에서 제시된 풍유는 야웨에 대한 이스라엘의 허무한 상상 속에서 이루어지는 이스라엘과 하나님의 사랑과 원통한 애절함에 빠져 있는 이스라엘을 다시 찾아 하나가 되어 주시는 야웨의 사랑 안의 그 풍유에서 묘사되는 사랑의 유비를 발견한다. 그래서 이 경우에는 그런 유비의 가능성은 경고인 동시에 약속이다.

경고가 된다는 말은 최근 유행되는 성생활에 대한 정확한 분석을 통해 알 수 있다. 현대인들은 성생활에 대한 환상 속에 집착하다가 잠을 자며, 맹목적으로 성적 탐닉을 추구한다. "도시의 성생활"(Sex in the City)이라는 미국 텔레비전 연속극은 배우들의 멋진 연기들이 돋보이지만 너무 슬픈 사랑 이야기이다. 그런데 미국 사람 모두가 다 그 연속극을 자신의 이야기로 받아들이며 열광했다. 하지만 이 젊은 여성들의 자유분방한 행동들에 대한 유일하고 적절한 반응은 그들을 뒤흔들어 그들의 삶의 현실이 어떤가를 직시하도록 자극하고 싶은 충동과 순전한 연민이 뒤섞인 반응이었다.

열정적인 사랑을 찾아 도시의 거리들을 배회하는 사람들을 위해 우리는 이 아가서의 시에서처럼 사랑하는 사람이 갑자기 나타나 주기를 기도해 줄 수 있을 뿐이다. 그런데 그런 사랑이 실제로 나타나기도 한다. 실제적인 사랑이 가장 나타나지 않을 것 같은 환경에서 일어난다. 내 기억으로는 "도시의 성생활"의 마지막 에피소드에서 또한 그런 사랑이 일어난 것처럼 보인다. 야웨께서 예기치 않게 되돌아오실 수 있을 뿐만 아니라 다른 사랑도 그렇게 시작될 수 있을 것이다. 물론 무엇보다도 먼저 사랑을 찾아 어둠 속을 방황하지는 않는 게 더 좋다. 오히려 집에 머물거나 도시를 배회하는 것을 그만두고 집에 돌아와서 사랑이 나타나기를 준비하면서, 누군가가 문 두드리며 다가오기를 기다리는 편이 좋으리라.

3 : 6~11

그녀는 누구인가?

I.

이 6~7절[9]에 나오는 질문과 대답은 너무 명료해서 — 비록 곧 주목될

두 절 사이의 부조화에도 불구하고 — 우리는 어떤 주석가들을 따라 6절 한 절을 따로 구분해서 독립적인 시로 다루지는 않을 것이다. 또한 이 부조화는 NRSV처럼 6절을 고쳐서 7절과 매끄럽게 연결되도록 무리한 시도를 하게 만들 충분한 이유가 될 수 없다. 오히려 6절은 여성 주어를 상정하며 번역하는 것이 — "거친 들에서 오는 그녀는 누구인가?" — 훨씬 자연스럽다. 이런 번역이 8 : 5에 나오는 병행질문[10)]에 의해서도 확증된다. 따라서 6절의 주어가 남성인지 여성인지에 대한 질문의 대답으로, 우리는 남성 주인공 솔로몬이나 그의 신하나 그를 수행하는 수비병 중 어느 누구도 이 절의 주어로 상정할 수 없다. 거친 들에서 올라오는 사람은 남성이 아니라 여성이라는 것이다. 6절은 거친 들에서 올라오는 여인이 누구인가에 대한 답을 제시하기보다는, 그녀의 이상한 행세와 차림, 그녀의 몰약과 유향, 그녀의 화려한 가마와 그 가마의 소유자, 그리고 그녀를 따르는 호위병들에 관심을 집중시킨다. 그래서 6절 질문은 적어도 처음에는 답변이 안 된 채 남겨져 있다.

6절과 7절의 부조화는 이 시가 제기하는 유일한 수수께끼가 아니다. 이 질문을 하는 사람은 누구인가? 이것도 수수께끼다. 10절에서 언급되는 예루살렘 여인들로 구성된 합창단은 누구인가? 11절에서 '보라'의 주어는 누구이며, 독자는 누구인가? 11절의 시온의 딸들은 또 다른 합창단을 가리키는가? 우리(청중)는 지금 예루살렘에 있는 것으로 설정되어 있는가? 그렇다면 거친 들에서 올라오는 여인과 그를 뒤따르는 가마 행렬은 안 보일텐데? 그런데 여인을 따르는 호위행렬들에 대한 묘사는 두 차례 이루어진다. 한 번의 묘사는 성경의 다른 어떤 곳에서도 나타나지 않는 어휘를 사용한다. 주석가들은 여기서 하나의 보좌 닮은 기계장치가 언급되었는지 혹은 두 가지의 보좌 닮은 기계장치가 언급되었는지에 대해서도 의견 일치에

9) "몰약과 유향과 상인의 여러 가지 향품으로 향내 풍기며 연기기둥처럼 거친 들에서 오는 자가 누구인가 볼지어다 솔로몬의 가마라 이스라엘 용사 중 육십 명이 둘러쌌는데"

10) "그의 사랑하는 자를 의지하고 거친 들에서 올라오는 여자가 누구인가"

이를 수 없다. 만일 두 가지의 보좌 닮은 기계장치에 대한 언급이 있었다고 하는 경우, 두 번째 기계가 처음 것과 같은 사인교(四人轎) 가마인지 아니면 정지되어 있는 장치인지에 대해서도 의견 일치를 보지 못한다(베르간트, 38-40쪽). 본 주석가에게는 오직 하나의 보좌 닮은 기계장치만 언급되고 있으며, 그것은 여인의 사인교라고 보는 것이 가장 그럴 듯한 관찰로 보인다.

11절을 7~10절과 연결시켜 읽는 것은, 다시 불가피하면서도 동시에 이 절들이 도대체 어떤 관계로 연결되는지도 수수께끼가 아닐 수 없다. 예루살렘 여성합창단은 갑자기 그 사인교의 주인을 보라는 요구를 받는다. 그 사인교의 주인은 아가서의 표면적 줄거리에서 볼 때 역사적 솔로몬 왕이 아닌 것은 확실하다. 오히려 항상 왕적 위엄을 갖춘 여자의 연인이다. 그렇다면 이 왕적인 연인 — 그가 누구든 상관없이 — 은 그동안 어디에 있었다는 말인가? 비록 6절에는 그 사인교를 타고 있던 사람을 단수로 표시하고 있지만, 그 사인교 안에서 여인과 함께 있었던가? 아니면 그녀를 맞이하기 위해 예루살렘에서 기다리고 있었던가? 우리는 곧 이 '솔로몬'이라는 인물이 결혼식에 착용할 왕관을 쓰고 나타난다는 말을 듣는다. 그런데 이 상황도 본문의 상황 이해를 더욱 어렵게 만든다. 왕관을 쓰고 결혼식에 임하는 모습은 고대 이스라엘의 어떤 곳에서도 달리 나타나지 않기 때문이다. 아가서 이 단락을 제대로 이해하기 위해서, 우리는 어쨌든 본문의 여인과 그녀의 남자를 신부와 신랑으로 생각해야 한다. 그러나 본문이 말하는 이날이 결혼날 당일 상황인지 아니면 그 다음날 상황인지는 여전히 불확실하다.

마지막으로, 이제까지 지적된 것보다도 훨씬 더 인상적인, 그러나 잘 눈에 포착되지 않는 이상한 점이 또 한 가지 있다. 사인교에 타고 있는 여인이 '몰약과 유향'으로 온몸을 치장해 향기를 진동시킨다고 말하는 점이다. 유향은 불에 탈 때 향기를 낸다는 점에서 그 자체가 향수가 아니다. 하지만 그것은 성전예배 시 늘 사용되는 제의용품이다. 바로 이 사실은 다음 소절을 주목하게 만든다.

광야에서 올라오는 물체의 첫 모양은 연기기둥처럼 보인다. 바로 이

표현 때문에 우리는 아가서의 이 시가를 순전히 세속적인 연애시로 읽는 데 결정적인 좌절을 겪는다. 고대나 현대나 아가서를 듣는 청중의 문화적 기억 속에는 광야에서 올라온 연기기둥은 실로 딱 한 번 나타났기 때문이다. 그것은 야웨의 이동하는 임재를 나타난다. 물론 시내산에서 야웨가 강림하실 때 그의 영광을 둘러쌌던 구름과 연기가 하나의 신 현현 현상이었듯이, 밤의 불기둥의 낮시간 대응물인 '구름'기둥이 사실은 연기기둥이었다. 이스라엘이 광야를 방황하는 동안 이스라엘을 인도했던 '밤'의 불기둥과 '낮'의 연기구름은 이스라엘의 광야 여정 중 내내 인도하시고 동행하셨던 야웨의 구체적인 현존의 표지였던 그 영광(Shekinah〈쉐키나〉)의 외형적 표현이었다. 실로 연기구름기둥의 이미지의 기원이 바로 성전에 늘 피워져 있던 큰 분향단이었다는 사실이 거의 정설이다. 그래서 랍비들이 이 사실을 두 가지 방향에서 해석하는 것은 주목할 만하다. 즉, 「아가서 랍비주석집」은 아가서의 그 기둥을 광야에서 이스라엘과 동행하시던 쉐키나라고 읽는 데 비해서 타르굼은 분향단으로 읽는다(타르굼). 교회 교부들 역시 그 연기를 분향단의 연기로 이해했다(예. 노리스, 147쪽).

만일 우리가 이들의 인도를 따른다면, 본문의 대부분의 수수께끼들은 저절로 해결된다. 그렇다면 3 : 1~5과 3 : 6~11은 똑같은 방식으로 각각의 메시지를 표현하는, 두 개의 연속적인 시가로 읽는 것이 가능하다. 즉, 그 똑같은 방식이란 표면적으로 읽었을 때에는 전혀 앞뒤 문맥이 연결되지 않는 이야기이지만, 신학적으로 읽으면 일관된 이야기로 읽히는 그런 방식이다.

Ⅱ.

6~11절이 표현하는 알레고리는 거의 이스라엘 구원사의 한 부분으로 읽힌다. 아가서를 구원사를 표현하는 알레고리 장르로 읽는 것이 무리가 아닌 것이다. 이제 우리는 광야에서 올라오는 그 신부를 데리고 예루살렘에서 기다리고 있는 신랑에게 가도록 상당히 단호하게 요청받고 있다. 그 신부는 바로 광야에서 40년 동안의 방황을 마치고 예루살렘으로 올라오

는 이스라엘 백성이다. 다음 장면에서는 다시 이야기상에서 확실히 시간 순서가 약간 흐트러진다. 구약성경의 다른 곳에서 솔로몬이 레바논의 백향목으로 짓고 온갖 화려한 보물들로 치장한 유일한 구조물은 성전이라는 사실을 우리가 눈치챌 때 즈음이면, 다시 우리는 아가서보다 더 통상적인 문체로 되돌아온 셈이다. 타르굼은 이 시가의 풍유적 해석에서 틀을 벗어날 정도로 대담하고 직설적이다. 아예 "'솔로몬 왕' 자신이 레바논의 나무들로 가마를 만들었다."는 구절을 "솔로몬 왕이 자신을 위하여 레바논의 나무들로 거룩한 성전을 지었다."로 바꾸어 버린다(타르굼). 우리는 또한 전처럼 성전이 광야의 성막 식양을 따라 건축되었다는 사실을 주목해야 한다. 광야의 성막은 이동식 성막으로서 단도직입적으로 말하면 가마였다. 법궤와 쉐키나를 상징하는 다른 성물이 타고 있던 가마였던 것이다.

이스라엘의 연인은 광야로부터 오는 개선행렬에 동참하던 그녀를 데려와 예루살렘에서 그녀와 결혼식을 올렸다. 결혼식장은 광야의 성막 식양을 따라 레바논의 백향목으로 지은 성전이었다. 결국 이 시는 출애굽 구원과 성전 건축의 풍유적 표현이었던 셈이다. 이 둘은 또한 구약성경의 중심적인 신학적 사건들이다. 둘 다 이스라엘 역사의 핵심사건들로서 이스라엘 구원사는 조직신학적으로 해석되어야 한다.

광야를 거쳐 실행된 출애굽 구원은 야웨가 이스라엘 백성을 언약공동체로 창조한 사건이었다. "나는 너를 애굽 땅, 종 되었던 집에서 인도하여 낸 네 하나님 '야웨'니라"(출 20 : 2). 야웨 하나님은 항상 그분 자신을 출애굽의 하나님으로 소개하신다. 어떤 하나님이 이스라엘의 참 하나님인가? 이스라엘에게 참 하나님은 이스라엘을 애굽의 종 되었던 집에서 이끌어 내 광야를 거쳐 마침내 가나안 땅으로 인도하여 들이신 하나님이시다. 출애굽 구원이 하나님이 어떤 분인가를 규정한다면, 완성된 예루살렘 성전은 이스라엘의 정체성을 규정한다. 이스라엘에 속한 사람은 누구나 성전을 중심으로 자기정체성을 형성했다. 이스라엘 백성의 일원이 된다는 것은 야웨의 이름과 영광이 나타났던 그 거룩한 장소를 중심으로 모이는 것을 의미했다. 유대교 신학자 마이클 위쇼그

로드(Michael Wyschogrod)에 따르면 이스라엘 하나님의 독특성은 그가 이 땅에 아주 독특한 장소에 주소를 갖고 사신다는 데 있다. '예루살렘 성전 광장 1번지'가 그분의 주소이다.

기독교는 이 하나님과 이스라엘 각각에 대한 정체성 규정들을 확증하면서도 동시에 그것들에 몇 가지 요소를 추가하는 한, 새로운 사건에 의해 창조된다. 어떤 하나님이 교회의 참 하나님이신가? 이스라엘을 무덤에서 이끌어 내고 그녀가 기다리던 메시야를 무덤에서 건져 내신 그 하나님이 교회가 믿는 참 하나님이시다. 그렇다면 누가 그리스도인들인가? 그들은 이동식 성전인, 성만찬 떡으로 선사된 그리스도의 몸을 중심으로 모이는 사람들이다. 그들은 광야에서 올라온 신부이며, 세례 시 받은 성령의 기름으로 향기를 풍기며, 장엄한 예배 시 성만찬의 선물들을 감싸고 있는 분향 구름에 둘러싸여 있는 신부로서, 주 예수 그리스도와 혼인예식을 올리기 위해 대기 중인 사람들이다.

옛날 중세의 기독교 주석가들은 물론 아가서에서 나오는 그 시적인 등장인물인 솔로몬을 그리스도라고 읽었다. 그가 신부를 맞아 결혼식을 올린 그 가마에 대해, 12세기 주석가인 디에츠의 루퍼트(Rupert of Dietz)는 '솔로몬'이라는 말이 '평화의 사람'을 의미하는 것을 기억하고, 그 가마를 마리아의 자궁이라고 해석했다. "그 가마란…… 우리와 하나님 사이에 평화를 창조했던 솔로몬 왕의 그 가마는 신성이 인성에 참여하는 바로 그 자리가 아닌가? 그 가마는 오, 가장 사랑스러운 성모 마리아, 당신의 자궁이 아니고 무엇이란 말인가?"(노리스).

Ⅲ.

우리가 6~11절이 제기하는 수수께끼들을 얼마나 명확하게 해명했는가, 못했는가에 상관없이 한 가지는 분명하다. 그 여인과 '솔로몬'의 혼인예식이 대단히 장엄한 의례라는 점이다. 이 시가를 신학적으로 해석하도록 유도하고, 그 자체로도 그렇게 잘 해석되는 것이 바로 이 그들의 혼인예식이다.

성적 연합 — 혹은 가장 상업적으로나 야수적으로 획득된 경우를 제외하고는 — 은 모든 문화권에서 한결같이 화려한 의식과 절차로 진행되는 중심적인 인간사다. 심지어 유혹들과 간통을 통한 성적 결합들에도 나름대로의 의식과 절차가 있다. 우리의 본문은 이 성적 결합을 지지하고 승인한다. 반대로 최근 서구사회의 비인간화를 가리키는 대표적인 표지가 우리 사회의 여러 영역에서는 이런 장엄하고 의미 깊은 의식(儀式)들이 점점 사라져 가는 추세다. 이 단락의 주석을 집필하는 아침에 발간된 「뉴욕타임즈」의 '생활양식'란의 중심기사는 평소에는 힘이 넘치지만 성생활에 걱정이 많은 남성들 사이에 비아그라의 복용이 증가되고 있다는 소식이었다. 그 기사는 한 변호사의 사례를 소개하고 있었다. 그는 동료 여자 변호사로부터 그녀 자신이 그와 함께 '성교'해서 — 끔찍하지만 일상적인 말투로 — 어떤 사람인가를 검증해 보기 전까지는 함께 일할 수 없다는 말을 들었다는 것이다. 그녀와 밀회를 갖기 전에 그는 자신의 '성적 능력'에 대한 확신을 갖기 위해 비아그라를 복용했다. 비로소 그녀는 그의 성적 능력을 동료들에게 칭찬했다. 이것은 창녀와 창녀를 찾은 평범한 남자들의 이야기가 아니다. 그러나 인간의 기준에는 훨씬 못 미치며 오히려 악마에 훨씬 가까운 사람들의 이야기인 것이다.

왜 성교와 의식 사이에는 연결점이 있을까? 그 연결점은 이 깊이를 알 수 없는 성적 충동의 심연 이편에 있다. "남자와 여자로 하나님께서 인류를 창조하셨고", 한 남자와 한 여자가 둘이 한 몸을 이루는 것이 창조사역 그 자체를 실현하는 일이었기 때문이다. 구약성경에서 '육신'은 하나님이 창조하신 피조물을 의미한다. 창조주께서는 육신을 입은 인간들을 창조할 수 있는 분이시다. 그러므로 어떤 남자와 여자가 한데 어울려 혼인을 하게 되면 이전에는 없던 '한 몸'이 된다. 정확하게 그들의 육체적 결합을 통해 창조주께서는 또 하나의 '몸'을 만드시는 것이다. 이것은 전혀 새로운 존재다.

우리는 단순히 '이 새로운 한 몸' 창조를 위해 사용되는 하나님의 질료가 아니다. 확실히 우리는 어떤 부분을 봐도 우리 스스로를 창조할 수 없다. 왜냐하면 우리는 오직 피조물이기 때문이다. 그러나 다른 모든 것들에서

와 마찬가지로 하나님의 창조에 대해서 할 수 있는 것은 하나님의 창조 행위를 하나의 극으로 만들어 그 창조 행위를 모방하는 하는 것이다. 실로 인간의 결혼의식과 그것에 얽힌 모든 신화들은, 그것들을 끝끝내 분석해 보면 하나님의 창조 행위와 신화를 제의적으로 모방하고 실연(實演)하는 것이다. 하나님께서 남자와 여자의 성적 연합을 통해 '한 몸'을 창조하실 때 여자와 남자는 스스로 결혼식 제의를 통해 그 하나님의 한 몸 만드는 창조활동에 참여하는 셈이다.

그래서 서구사회의 결혼예식에서는 신랑이 공개적으로 의례에 맞춰 신부에게 키스하고 그녀를 통로 쪽으로 데려가게 한다. 심지어 적당한 장소가 없다면 결혼을 승인하는 치안판사의 방에서도 이런 일은 일어난다. 달리 말하면 그 예식이 혼인성사가 되게 하는 것이다.

만일 신랑 집에서 신부 집으로 가는 행진이 결혼의식의 다음 순서로 포함되어 있다면 — 나의 어린 시절에서는 대개 차량 이동 행렬이었다 — 이 행진마저도 가능한 한 가장 엄숙하고 장엄한 스타일로 진행되게 하라. 각종 부부 관련 기념일들이 축제일 중의 축제일이 되게 하고, 가장 고급 포도주나 암말의 젖이나 커피나 혹은 각 문화권에서 가장 좋은 것으로 간주되는 음료로 장엄한 건배를 들어 올리는 축제일이 되게 하라. 그리고 서구사회에서는 다시 배우자를 사별한 홀아비와 과부가 한동안만이라도 그 슬픔을 드러내기 위해 검은 옷을 착용하게 하라.

4 : 1~7
아름다움

I.

우리가 지금 읽는 이 시가는 4 : 1에서 시작해서 7절에서 끝나는가? 아

니면 8절까지 포함하는 것인가? 확신 있게 대답할 수는 없지만 1절과 7절이 아가서의 다른 여러 곳에서처럼 형식적인 서두부와 종결부를 구성하는 것처럼 보이는 것은 사실이다. 다소 고립된 8절이 어려운 문제들을 제기하지만, 그런대로 이해할 만하다. 하지만 그것은 8절이 1~7절의 시가(詩歌) 안에서 유기적으로 포함될 이유는 아니다.

이 시가 전개하는 이야기 줄거리를 이해하는 데는 거의 문제가 없다. 이번에는 남자 연인의 목소리가 시 전체를 지배한다. 그의 첫 목소리는 단도직입적인 판단이다. '나의 사랑, 너는 어여쁘고 아무 흠이 없구나.' 결국 그는 이 시의 주제를 소개하는 셈이다. 즉, 여자 연인의 고혹적인 아름다움에 대한 찬미가 이 시의 주제이다. 연인의 육체적인 관능미를 기탄없이 찬미한 고대 아랍의 연애시(wasf) 말투로 남자 연인은 그녀의 머리와 상체를 찬미하기 시작한다. 우리가 이미 아가서에서 익히 보았던 생생한 직유법들이 연인의 육체적 아름다움을 찬양하는 데 동원되고 있다. 그 중에서도 세 개의 직유법들에 대해 해설이 필요할 것이다. 첫째, 2절에 나오는 아름다운 아랫니와 윗니에 대한 찬미다. "네 이는 목욕장에서 나오는 털 깎인 암양 곧 새끼 없는 것은 하나도 없이 각각 쌍태를 낳은 양 같구나" 한 마리도 잃지 않은 바 된 두 암양에 대한 비유는 중심주제에서 약간 곁길로 새는 것 같은 인상을 줄지 모르나, 아마도 하나도 빠지지 않고 가지런하게 서로 잘 어울리게 나 있는 여인의 아랫니와 윗니를 암시하는 말일 것이다. 아랫니와 윗니가 서로 잘 어울리며 가지런하게 나 있는 모습은 치통 때문에 이를 뽑기 위해 입을 크게 벌릴 때에만 볼 수 있는 진기한 아름다움이다. 둘째, 목을 다윗의 망대라고 비유한 4절이다. "네 목은 무기를 두려고 건축한 다윗의 망대 곧 방패 천 개, 용사의 모든 방패가 달린 망대 같고……" 여기 외에는 '다윗의 망대'에 대한 어떠한 문헌적 기록도 발견되지 않았으며 고고학적 흔적도 발굴되지 않았다. 아마도 이 '다윗의 망대'라는 표현은 아가서라는 서정시에서는 허용되는 시적 허구의 산물일지도 모른다. 이 직유의 초점은 장엄한 아름다움이다. 여인의 쭉 뻗은 아름다운 목은 다윗 같은 위대한 왕이 세웠을 법한 망대 같은 장엄한 아름

다움을 가졌다는 의미일 것이다. 다윗의 망대와 여인의 목을 비유하는 데 등장하는 세부적인 소품들이 있다. 다윗의 망대에 쌓여 있는 용사들의 방패들과 여인이 착용하는 목걸이들이 서로 비유된다. 셋째, 여인의 두 유방은 이처럼 완벽하게 조화를 이루며 백합화 가운데서 꼴을 먹는 쌍태 어린 사슴 같다.

연인의 육체가 발산하는 관능적인 매력을 찬양한 후 남자 연인은 "날이 저물고 그림자가 사라지기 전에 내가 몰약 산과 유향의 작은 산으로 가리라"(6절)는 자신의 의도를 천명한다. 아가서가 상정하는 지형과 지리적 전망 안에는 몰약과 유향이 발견되는 어떤 산도 없다. 몰약과 유향은 모두 수입품들이었기 때문이다. 아가서가 통상적으로 몰약과 유향을 후각적 최음제로 부르는 경향에 비추어 본다면 아마도 이번에도 이 '작은 산'들을 여인의 복부(성기 부분)를 지칭하는 은유로 읽는 것이 옳을 것이다. 여인의 배는 여인의 성기에 가장 근접한 신체부위이다. 아주 최근의 문화에서 평평한 배('작은 산')는 여성적인 아름다움의 이상으로 간주되고 있으며, 그래서 '사랑의 언덕'(mons veneris), 즉 여성의 생식기 바로 앞부분(恥丘), 불두덩을 가리키는 말이 사용된다. 혹은 만일 오직 하나의 작은 언덕이 몰약과 유향이라는 그 두 이미지에 표현된다면, '사랑의 언덕'이라는 관용어 사용은 타당하다.

시의 종결부에 가면 남자 연인은 다시 그의 중심주제, 연인의 아름다운 육체 찬미로 되돌아온다. 중심주제는 성애 자체가 아니라 연인의 육체가 발산하는 순수한 아름다움이다. 그녀의 아름다운 몸에 대한 이런 몰입적 찬양이 아가서의 저자인 시인으로 하여금 성기에 대한 아가서의 통상적인 언급 자제를 깨뜨리게 한다. 시인은 평소와는 달리 여인의 중심적 성기 부위에 대한 은유적 — 그렇게 명시적이지는 않을 지라도 — 언급을 하기에 이른다. 그녀에게는 어떤 흠도 없다는 찬양과 함께.

Ⅱ.

이 시를 알레고리로 읽자면 이 남자 연인의 독특하고도 직접적인 연인, 찬미 담은 야웨의 신부인 이스라엘의 아름다움에 대한 하나님의 직접적인 진술로 읽어야 한다. 그래서 타르굼은 남자 연인의 첫 발언을 하늘에서 들려온 하나님의 가청 음성(bat qol)이라고 본다(타르굼).

야웨께서 이스라엘에게 "너는 너무 아름답다."라고 말한다는 것이다. 그러므로 이 시는 야웨가 이스라엘을 성애적인 열망의 대상으로 대한다는 것을 시사하는가? 그런 것처럼 보인다. 그런데 만일 그렇다면 그것은 문제를 제기한다. 그것은 이제까지 기독교 신학 전체를 괴롭혀 온 문제이며, 유대교 신학에도 유사한 쟁점들로 여겨지는 문제이기도 하다. 그리스도인들은 바울과 성경의 나머지 부분에 의거해 하나님께서 우리를 죄인인 그대로, 그리고 우리의 행위로 더렵혀진 추악한 인간들이 되었음에도 불구하고 사랑하신다는 것에 동의한다. 이 하나님의 사랑은 바울의 용어로 말하자면 '믿음으로 말미암아 의롭게 되는 경험'이다. 우리는 "너는 의롭게 되었다."라는 하나님의 일방적인 선언에 의해 의롭게 된 것이다. 다른 말로 하면, 하나님께서 "너는 아름답다."라는 선언에 의해 우리가 아름다운 존재가 된 것과 같다. 하지만 하나님께서 거짓말을 하시지 않기 때문에 하나님께서 우리가 의로운 존재가 아님을 알고도 의롭다고 말씀하신다고 가르치는 것처럼 보이는 것은 어려운 문제이다. 이처럼 실제로는 의롭지 않지만 먼저 의롭다고 선언해 주는 '단순히 법정적 칭의' 교리는 이처럼 성립될 수 없는 개념적 왜곡들에 의해 지탱되어 왔다. 그렇다면 하나님께서는 결국 우리 스스로가 보유한 아름다움 때문에 우리를 사랑한다는 말인가? 그렇다면 하나님께서 먼저 아무 공로 없는 우리들에게 거저 베풀어 주신 사랑도 우리가 가진 매력에 대한 하나님의 응답이었다는 말인가? 물론 이런 논리는 바울의 가르침에 의해 지지될 수 없다. 하나의 매우 조야한 유형론에 따르면 이 딜레마의 한 뿔은 프로테스탄트 교회의 강조점들을 치받고, 나머지 한 뿔은 가톨릭교회의 관심사들을 들이받는다.

이 딜레마는 우리가 너무 불충분한 삼위일체적 사유의 틀 안에서 하나님을 생각하는 한 — 아무리 고상하게 생각한다고 할지라도 — 해결될 수 없다. 만일 창조주가 순전히 단지 하나의 사물적 존재라면, 그래서 창조주와 창조주의 말씀이 두 개의 다른 실재들이라면 이런 딜레마는 문제가 될 수 있을 것이다. 그래서 실로 항상 하나님에 의해 창조된 우리 자신과 복음 안에서 우리가 듣고 있는 하나님의 말씀 사이에는, 우리가 피조물로서 실제로 갖고 있거나 갖고 있지 않은 아름다움과 "내 사랑하는 자여 너는 아름답다."라는 은혜의 말씀에 의해 우리에게 전가된 아름다움 사이에는 차이가 발생할 가능성이 있다. 그러나 우리에게 오신 화육(化肉)된 그 하나님 말씀 자체는 "참 하나님으로부터 오신 참 하나님이며 아버지와 하나이신 하나님이다." 우리에게 전해진 하나님의 화육된 말씀 그 자체는 창조주 하나님과 태초부터 '함께 계셨고' 그 자신이 창조자이시다(요 1 : 1-2). 만일 이 삼위일체 교리가 하나님의 존재론적인 복합성을 의미한다면, 하나님의 선언에 의해 의롭게 된 우리와 실제 의롭지 못한 우리 사이에 있는 모습도 이처럼 변증법적으로 이해되어야 한다. 확실한 것은 우리는 우리를 보시기에 좋다고 말씀하시며, 아름답고 의롭다고 말씀하신 하나님의 그 말씀에 의해 창조된 피조물이며, 그 말씀에 기대어 현재의 모습대로 살고 존재한다는 것이다. 만일 우리가 하나님께서 우리 자신의 정체에 대하여 말씀해 주신 대로 믿지 못하고 보지 못한다면 그것은 우리의 잘못이다. 그 잘못은 세상 끝 날까지, 즉 우리가 진실로 하나님처럼 변화되어 우리의 참된 존재를 회복할 때까지는 그 자체의 상대적 정당성을 유지할 오류다.[11]

Ⅲ.

사람의 몸은 아름답다. 만일 '의심의 해석학'이라는 해로운 해석학에

---

11) 즉, 우리가 우리의 비천한 존재가 하나님에 의해 영화롭게 될 때까지 우리 자신의 죄악된 모습에 좌절하며 하나님의 의롭게 해 주신 은혜를 잘 믿지 못할 때도 많을 것이다.

따라 누군가가 우리에게 단지 우리가 인간이기 때문에 사람의 몸이 아름답다고 대답할 수 있는 것이라고 말한다면, 도대체 자신들은 인간이 아니기 때문에 달리 생각하는 사람들이 어디에 있다는 말인가? 게다가 인간 몸의 아름다움과 성애적 사랑 사이에 있는 관련성을 부인할 수 없다. 하지만 이 관련성이라는 게 참 묘하긴 하다. 왜냐하면 어떤 때는 이 둘 중 하나는 있는데, 다른 하나는 없기 때문이다. 아름다운 육체를 가진 사람들에게 참다운 성애가 없는 때가 있다는 것이다. 이 사랑 서정시를 둘러싸고 있는 알레고리 안에서 보면 몸의 아름다움, 그것과 성적 갈망 사이의 관련성, 이 관련성의 묘한 본질은 다 주목되어야 한다. 모두 다 이스라엘의 아름다움에 대한 야웨의 삼위일체적 선언들과 이스라엘을 향한 야웨의 연모를 유비적으로 표현하는 셈이기 때문이다. 이 서정시는 그것들에 대해 우리들에게 무엇을 말해 주고 있는가?

아름다움, 특히 인간 몸의 아름다움은 결코 경멸당할 수 없는 신비다. 인간 몸이 아름다울 필요가 있거나 아름다울 수 있다는 가능성을 부정하는 전위적 미술 운동들이 있다. 그것들은 신체를 너무 싫어해서 그것이 추해지도록 몸을 아무렇게나 다루고 취급한다. 이것은 신체에 대한 지극히 모독적인 행위들이다. 그 미술 운동들은 아예 이 신체의 아름다움을 모독할 의향을 갖고 있다. 그럼에도 불구하고 거기에는 실로 신비가 있다. 도대체 아름다움이란 무엇인가?

임마누엘 칸트는 아름다움을 노력하지 않고 이룬 현실과 이상의 우연한 일치라고 정의한다. 아름다움이란 어떤 사물들이 뜻밖에도 이미 도달한 상태를 갖고 마땅히 도달해야 하는 경지를 보여 주는 방식이다. 마땅히 도달해야 하는 경지는 어떤 도덕적 노력들로 개선될 필요는 없는 경지인데, 아름다움이란 바로 이런 아무런 노력 없이 도달해 있는 어떤 경지라는 것이다. 기독교 신학의 용어로 굳이 말하자면 아름다움이란 실현된 종말론이다. 종말에 발현된 완전한 선이 벌써부터 그 내뿜는 광채인 셈이다. 아름다움에 대한 이런 해석은 아름다운 아네모네 꽃이나 수정 같은 보석 결정체에 잘 어울리는 해석이다. 그렇지만 그것은 작위적인 예술품에는

잘 안 어울릴지도 모르는 아름다움에 대한 정의이다. 이는 예술품은 벌써 인위적인 노력의 산물이기 때문에 그렇다는 말인가? 예술품이 인간 노력의 산물이기는 하지만, 그것들의 아름다움도 실현된 종말론이라고 불릴 정도의 순전한 아름다움이다. 이런 예술품에도 엄청난 노력들이 쏟아부어졌다. 확실히 그랬을 것이다. 하지만 아름다운 예술품을 만든 예술가들일수록 한결같이 그들이 만든 예술품의 아름다움은 그들 자신도 그 출처를 모르는 데서, 전적으로 밖에서 주어진 일종의 선물이라고 증언하고 있다. 그래서 낭만주의 예술 운동가들이 그것을 '영감'이라고 부른 것은 우연히 아니다. 현실의 상태와 그것이 종국에 도달해야 할 상태의 일치, 이것은 결코 인간적 노력의 직접적인 산물일 수는 없다. 왜냐하면 우리는 그 동일한 노력 안에서 주어진 외적인 영감을 통하지 않고는 그 종국의 상태가 어떠할지 결코 볼 수가 없기 때문이다. 아름다움은 종국의 완전한 성취를 손꼽아 기다리는 것과 같다. 그 기다림들이 나타나는 곳 어디에서든 그것들은 선물들이지만 동시에 우리가 매일 노력해서 성취해야 할 숙제일 수는 없다.

이런 변증법적 논리 안에서 인간 몸의 위치는 독특하다. 그것은 자연도 아니고 예술품도 아닌 그 무엇이다. 나는 내 몸을 선택한 것도 아니며 창조한 것도 아니다. 그것은 나무나 은하수처럼 그냥 주어진 자연현상이다. 그렇지만 나는 내 몸이 아름다워지는 데 아주 큰 관심을 갖고 있다. 이 같은 인간 몸은 자연의 아름다움일까? 예술품의 아름다움일까? 인간 몸은 이 두 가지 요소를 다 갖고 있으며, 그래서 애매모호함의 원인이 되기도 한다. 성적 매력에 대한 인간의 몸의 관계도 애매모호하기는 마찬가지다. 사랑하는 연인의 아름다움에 대한 심미적 관상(觀想), 연인의 몸에 대한 아주 감미롭고 세밀한 묘사는 성적 매력을 느낀 후에 잠시 동안 일어난 현상이면서 동시에 성적 매력을 또 한 번 만끽하게 만드는 계기이기도 하다. 그러니만큼 연인의 아름다운 몸은 연인이 서로의 연인에게 주는 선물인 동시에 두 연인에게 주어지는 하나님의 선물이기도 하다. 육체적 아름다움이 다른 사람들에게는 주어지지 않은 것처럼, 보이는 곳에서나 혹은

사라져 버린 것처럼 보이는 곳에서도 연인은 그것을 찾을 수 있다. 만일 하나님이 우리가 아름답다고 봐 주시고 선언해 주신다면, 우리가 우리의 연인에게 해 줄 수 있는 최소의 반응은 "당신은 아름답다."라고 말하는 것이 아니겠는가?

4 : 8

레바논에서부터

I.

느닷없이 등장하는 '작은 여우'에 대해 말하는 2 : 15에서처럼, 여기서도 이 시를 이해하는 데 필수적인 열쇠가 없다. 실로 우리는 아마도 한두 가지 기술적인 문제를 해명하는 일 외에는 어떤 해석도 할 수 없을 것이다. 이 시는 아가서 전체에서 가장 정교하게 짜여진 구절 중 하나다. 그것은 문법적으로 교차대구조로 구성되어 있다(베르간트). 히브리어 성경의 원래 어순을 보존하기 위해 8절의 NRSV 번역을 다음과 같이 재배열 해 보자.

> 레바논에서부터 나와 함께 내 신부야
> 레바논에서부터 나와 함께 가자!
> 내려오너라 아마나 꼭대기에서부터
> 스닐과 헤르몬 꼭대기에서부터
> 사자 굴에서부터
> 표범 산들에서부터

위에서 보는 것처럼 각각 지형 거명과 장소 부사구로 시작하는 첫 두 소절은 중간의 마지막에 나오는 동사 하나를 두고 한 문장을 이룬다. 나머

지 소절들은 동사를 앞에 두고 지명과 장소 부사구를 뒤따른다는 점만 다르고 마찬가지로 하나의 문장을 이룬다. 이 모든 구문은 대단한 문학적 기교를 보여 준다. 그런데 무엇을 부각시키기 위한 문학적 기교일까?

'신부'는 화자 — 아마도 아가서의 다른 시들에 나오는 남자 연인일 것이다 — 와 그 여인의 법적 관계를 진술하는 말로 볼 필요는 없다. 여기서 그것은 확실히 연모의 정을 불러일으키는 사랑의 대상을 가리키는 말 정도로 다소 느슨하게 사용되고 있다. 다음 문장에서 나오는 '신부'와 '누이'도 동일한 이스라엘 시가에서 보통 문자적으로 이해되지 않는다는 점을 고려해 볼 때 동일한 인물에 대한 시적 연모 감정을 부각시키기 위해 사용된 말로 보는 것이 좋다. '아마나', '스닐', 그리고 '헤르몬'은 성서에 잘 알려진 레바논에 있는 산들이다.

본문 중 한 가지 부인할 수 없는 사실만 없다면(여섯 번 반복되는 전치사 '-에서부터'[레바논에서부터]의 사용) 이 절은 4 : 8~5 : 1까지 이어지는 자기완결적인 시의 첫 절로 읽힐 수 있을 것이다(데이비스와 베르간트가 읽듯이). 만일 8절이 여인에게 레바논으로 와 달라고 요청하는 초청이라면, 그것은 뒤따르는 보다 더 긴 시의 완벽한 서두가 될 것이다. 그 초청의 성격과 이미지도 분명해진다. 고대 근동신화에 따르면 레바논 산들은 사랑의 여인인 이쉬타르 혹은 아스다롯(사도행전 19장에 나오는 에베소의 여인 아데미 혹은 다이아나)의 보좌가 있던 처소였다. 그 여신의 의전을 담은 전령 짐승은 사자와 표범이었다(데이비스). 만일 그 초청이 레바논으로 오라는 것이라면, 8절은 "자 이제 나와 함께 사랑의 여신이 앉아 있는 위대한 보좌로 나아가자."라고 말하는 셈이다. 4 : 12~5 : 1까지 나오는 정원은 아마 레바논의 보좌 산 어딘가에 소재하는 정원이라고 보면 될 것이다. 그러나 너무나 분명하게 여섯 번이나 반복되는 '……에서부터'라는 전치사들은 그냥 타르굼이 그렇게 하듯이 제거해 버리고 싶다고 제거해 버릴 수 있는 요소가 아니다. 이 전치사 때문에 8절을 레바논으로 가자는 초청의 말로 읽을 수 없다.

그래서 8절이 4 : 9~5 : 1 단락의 도입부로 의도되었든지, 혹은 앞 단락

의 마지막 결구로 의도되었든지, 혹은 4 : 9 이하에 나오는 '레바논'과 '신부'라는 단어 연상 원칙에 따라 우연히 삽입된 독립 문장으로 의도되었는지는 여전히 해결되지 않은 채 우리는 다시 원점으로 돌아왔다. 우리에게는 이 문제를 해결할 열쇠가 없는 셈이다.

Ⅱ.

확실히 우리가 이 절을 아가서 전체와 분리시켜 생각할 수 있다면, 그의 직접적이고도 신학적인 메시지를 파악하는 일은 어렵지 않을 것이다. 만일 이 절이 예언서들 중의 한 책에 있고, 그래서 레바논 산들과 이쉬타르와의 연관성을 우리가 의식한다면, 우리는 이 절을 야웨가 그의 신부 이스라엘을 소환하는 호소로 읽을 수 있다. 즉, 정욕의 여신을 예배하는 처소인 레바논 산을 떠나 회개하는 마음으로 야웨 자신과 함께 참 사랑을 이루자는 호소로 읽을 수 있다는 것이다. 아마도 이 절은 아가서의 이 맥락에 배치되기 전에는 이런 예언자적인 경고였을 가능성이 크다. 이 절이 한때는 독립적인 예언자적 경고였다가 '신부'와 '레바논'과의 언어적 연상 때문에 아가서의 현재 맥락에 들어왔다고 추정해 볼 수 있다는 것이다.

하지만 4 : 8의 앞뒤 문맥을 포함해 아가서 전체에 걸쳐서 생각해 보면 '레바논'과 관련된 이미지들이나 연상들은 긍정적이다. 아가서에서 레바논은 우상숭배의 거소가 아니라 솔로몬 왕의 광휘를 드날리게 만드는 주요 원천으로 나온다. 아가서의 시들을 정경적인 맥락 안에서 해석해야 한다는 원칙 때문에 우리는 이런 상황을 무시할 수 없다. 그러므로 우리는 8절을 레바논을 떠나라는 애매모호한 소환으로 읽으면서 소박한 신학적 메시지를 추출하는 정도에서 그친다. 즉, 야웨께서 그분의 신부를 현재 있는 그곳에서 떠나 그분과 함께 그분이 이끄시는 곳으로 가자고 하시는 초청의 말이라고 보자는 것이다. 왜 그런 소환이 있는지, 어떻게 그런 소환이 발출되었는지, 야웨가 신부를 어디로 데려가겠다는 것인지는 여전히 확실하지 않다.

Ⅲ.

8절에서 읽어 낼 수 있는 신학적 드라마는 극히 적음에도 불구하고 그것은 우리가 이 세상에서 나누는 사랑에 대해서는 중요한 쟁점을 제기한다. 우리가 다른 사람에게 "어떤 장소를 떠나…… 나와 함께 가자."라고 말하는 것이 허용되는가? 아주 최근 서구에서는 사랑하는 사람들 사이라 할지라도 한 사람이 다른 사람의 '자율성'을 침해하듯이 간섭하는 일을 아주 꺼리는 추세가 강하다. 그러나 만일 우리의 사랑이 이스라엘에 대한 하나님의 배타적 사랑을 닮았다면, 우리는 연인을 향하여 이런 수준의 요청을 말할 수 있고 말해야 한다. '이러므로 남자가 부모를 떠나 아내와 연합하여 한 몸'을 이루듯이 사랑의 완성을 위해서는 옛 삶의 터전이나 신분을 떠나는 일이 필수적이다. 따라서 누군가가 나에게 어디 어디를 떠나 어디 어디로 가자는 요청을 한다면 그것은 사랑의 완성을 위한 것이다.

우리는 이제까지 8절에서 깨달은 것보다 좀 더 많은 것을 수확할 수 있기를 원할지도 모른다. 왜냐하면 8절을 이루는 소절들이 한결같이 매혹적인 분위기를 풍기기 때문이다. 그러나 현대의 사랑 이데올로기에 비추어 볼 때, 이 세 번째 강해 단락에서 우리가 얻은 신학적 통찰만으로도 상당한 수확이라고 본다. 그것은 주류문화로부터의 거리를 두는 것에 대한 교훈이다. 떠나야 할 레바논은 주류문화의 거소(居所)요 중심지다. 다른 사람(연인)에 대한 과도한 존중으로 다른 사람이 잘못되어 가는 것을 방치한다면 그것은 사랑이 아니고 무책임이나 진배없다. 심지어 이 무책임은 미움의 다른 표현일 수도 있다. 만일 내가 나의 연인을 오래 머물면 안 되는 곳을 떠나 나와 함께 가자고 간청할 수 없을 만큼도 사랑하지 않는다면 내 사랑은 허구요 가짜다.

그래서 이런 무책임하고 자유방임적인 허구적 사랑이 최근 서구의 허무주의적이고 퇴폐적인 문화의 중심 기조다. 너무나 많은 곳에서 자주, 비열한 바람둥이들 — 이런 말은 요즘 아예 잘 쓰이지도 않는다(워낙 사람들이 다 바람을 자주 피우기 때문에) — 은 진심이 담기지 않는 말, "나는 너를

사랑해."라는 말을 남발한다. 그때마다 부모들은 자녀들에게 그런 호언장담들에 속지 말라고 경고했다. 그러나 부모들의 경고는 경고에 그치고 말았고, 거짓된 사랑들이 득세하게 되었다. 그래서 요즘 "나는 너를 사랑해."라는 선언은 부정직하고 피상적인 애정의 가장 우선적 증거로 인식되기에 이르렀다. 하나님에 대한 사랑 고백뿐만 아니라 사랑하는 연인에 대한 사랑 고백에도 진실성을 담보해야 하는 이유가 여기에 있다. "나는 너를 사랑해."라는 말이 피상적이고 거짓된 사랑의 고백으로 치부되지 않으려면, 그것은 사랑하는 사람에 대한 인격적 요구와 호소가 뒤따라야 한다. 사랑의 결실을 위해 우리는 "어떤 어떤 곳에 있는 나의 사랑이여…… 나와 함께 우리 사랑을 결실하기 위해 어떤 어떤 장소로 가자."라고 말할 수 있어야 한다.

4 : 9~5 : 1
동산

Ⅰ.

이 단락에 나오는 절들은 하나의 시를 이루는가? 아니면 두 개의 시(4 : 9-11과 4 : 12-5 : 1)를 구성하는가? 이 두 입장 중 하나를 취해야 할 결정적인 실마리가 없기 때문에 이 강해서는 하나의 사랑시로 읽기로 한다. 설령 이 아가서 저자 시인의 의도가 그것이 아니라 하더라도, 이 단락을 하나의 시로 읽는 것이 이 단락을 이해하는 데 끼치는 손해는 거의 없다. 9~15절의 화자는 남자 연인이고, 16절의 화자는 여자 연인이다. 다시 5 : 1a~d 소절의 화자는 남자 연인이며, 1e 소절에서는 아가서 저자(여성) 자신이 자신의 목소리로 두 연인에게 말하는 것처럼 보인다.

이 단락의 첫 몇 구절들에 대한 역본들과 성경사본들의 번역은 다양하

지만 아무리 다르게 번역되어도 별 차이가 나지 않는다. 사랑하는 여인을 향한 남자 연인의 호소라는 전체적인 논지 이해에는 거의 영향을 끼치지 않는다. 그래서 남자 연인의 호소는 거의 설명이 필요 없을 정도로 분명하다. 서구 낭만주의 문학시대의 어떤 시인이라도 읊을 수 있는 사랑의 노래가락이거나 어떤 보석류 장신구 등에 나타나도 이상할 게 없는 다소 평범한 노래가락이기 때문이다. '누이-신부'는 그 말이 아무리 이집트의 형제간 결혼 풍습에서 유래했을 먼 친족 내 결혼 가능성을 풍긴다고 할지라도 이스라엘에서는 동기간 결혼(형제간 혹은 사촌 간 결혼)을 지칭하는 말일 수 없다. 여기서 그 말은 단지 연인들 사이에 흐르는 가장 살가운 애정을 표현하는 말이다. 11a~b은 그들이 나누는 입맞춤의 정수를 묘사하는 것처럼 보인다. '레바논의 향기'는 아마 잣나무의 향기를 가리킬 텐데 고대로부터 그 향기로 유명한 목재였다.

이 시의 나머지 부분(4 : 12-5 : 1)은 연인들이 나누는 대화 때 교대로 활용된, 확장된 은유다. 자신의 '누이 같은 신부'의 사랑스러움을 강조하기 위해, 남자 연인은 가뭄의 위협 때문에 항구적으로 불안정한 팔레스틴 지형 조건 안에서 가장 귀중한 보물로 간주되는 물이 잘 공급되는 동산에 빗대어 노래한다. "잠근 동산이요 덮은 우물이요 봉한 샘이로구나" 여기서 우리는 '잠근'(잠겨진)이라는 형용사에 대하여 지나친 사변을 시도하지 않는다. 많은 주석가들은 이 형용사를 두고 그 여자 연인이 아직 처녀성을 갖고 있는 숫처녀라든지 혹은 남자 연인의 사랑을 오랫동안 거절해 온 상황을 암시하는 것이라고 추정해 왔다. 그런데 이 형용사가 강조하는 것은 그런 뜻이 아니라 동산이 외부의 침입자로부터 안전하게 지켜지고 있으니 참으로 귀중한 재산이라는 사실이다. NRSV가 '통로'(channel)라고 번역하고 AV가 '식물들'이라고 번역한 13절의 그 단어(쉘라하이크 : 개역개정, '네게서 나는 것은')에 대한 주석가들의 많은 번역들 중 — 심지어 번역어들이 더 애매모호한 경우가 많다 — 본 주석가가 보기에 가장 그럴듯한 번역은 '사지들'(limbs)로 번역한 경우다. 여인의 몸 전체는 동산, 즉 과수원이다(데이비스). 여기서 묘사되는 동산은 전적으로 팔레스틴 기

후상으로는 존재할 수 없는 오로지 상상 속에서 착안된 동산이다. 그 동산에서 재배된다고 거명된 식물 중에서 오직 석류만이 실제로 팔레스틴에서 자란다. 다른 모든 것들은 수입된 호화식물이다. 실로 지구 어디에도 이것들이 다 함께 재배되는 곳은 있을 수 없다. 따라서 이 동산은 상상력이 만들어 낸 동산이요 비현실적인 동산이다. 레바논의 먼 산들로부터 흐르는 물을 끌어온다고 여겨지는 샘물 또한 허구다. 석류를 제외하고는 어떤 과일도 먹을 수 없는 열매들이다. 우리는 또다시 냄새와 향기에 심취하는 아가서의 진면목을 본다. 이 모든 것은 남자 연인이 여자 연인의 아름다움을 찬미하기 위하여 구사하는 은유상의 비교대상물인 것이다. 여인은 이국적이고, 희귀한 존재이며, 압도적인 관능미를 발산하는, 참으로 사랑스럽고 탐스러운 존재라는 것이다.

남자 연인의 연인 찬미가 끝나자 여자 연인이 남자 연인의 은유를 되받아 노래한다. 바람을 향하여 자신의 향기를 연인에게 전달해 달라고 요청하며, 여자 연인은 남자 연인을 유혹해 자신의 담장 안으로 맞아들인다. 이 은유는 여기 와서야 투명하게 이해된다. 남자 연인은 이제 그녀의 최상급 과일들을 먹도록 초대받은 것이다. 그는 여자 연인의 과일들을 먹기 위해서 동산 안으로 즉시 들어온다. 하지만, 아뿔싸, 과일들을 즐기는 대신 그는 꿀, 우유, 그리고 포도주를 실컷 즐기자고 제안한다. 그런데 이것들은 여인이 준비한 과일들과 함께 준비된 음식이 아니었다. 대신 그것들은 '젖과 꿀이 흐르는 땅'이 산출하는 대표적인 축복의 산물이다. 여기서 이 여자 연인은 갑자기 땅에 있는 한 동산이 아니라 약속의 땅 자체를 상징하는 은유가 된다. 이 변화는 뒤따라 전개되는 우리의 고찰을 열어 주는 실마리가 된다.

Ⅱ.

아가서의 다른 개별적 시가들에서처럼, 우리는 또 하나의 의미심장한 신호처럼 보이는 불규칙성에 다소 놀란다. 즉, 이국적 호화물품들 목록

중에서 오로지 팔레스틴 지역에서 나는 토산물은 석류뿐이라는 사실 때문이다. 실로 이 시가에 나오는 동산이 원래는 단지 석류동산으로 묘사되고 있다는 사실이 암시된다. 예루살렘 성전이 똑같이 석류동산으로 묘사될 수 있었을 것이다. 예루살렘 성전에 오는 사람을 환영하는 가장 인상적인 부조물은 200개의 청동석류로 만든 격자 모양의 부조물이다. 그렇다면 성전 전체가 잠근 동산으로 장식되어 있는 셈이다(데이비스).

이 시가의 풍유적 해석은 이 동산을 야웨께서 주신 복으로 가득 찬 약속의 땅으로 이해하도록 이끈다. 그러면서 그 동산은 동시에 이스라엘이 남편 되는 야웨 하나님을 맞아들이는 성전이기도 하다. 동산이 성전으로 이해될 수 있는 만큼, 그것은 또한 야웨께 자신을 열어 드리는 야웨의 누이 같은 신부인 이스라엘 그녀 자신을 가리키는 것으로 이해될 수도 있다. 결국 이스라엘, 약속의 땅, 그리고 성전은 하나의 실체인 셈이다. 그것들 모두는 어떤 점에서 야웨께 선택되어 야웨 하나님을 세상에 맞아들이는 신부다.

타르굼은 이스라엘 야웨 하나님의 초청과 동산의 온갖 즐길 만한 과실들을 다음과 같이 풀어쓴다. "동산 북편에는 진설병이 있었고, 동산 남편에는 등잔대가 있었다. 성전의 제단들에서는 제사장들이 향을 피워 하늘로 올려 보냈다. 야웨의 총회로 모인 백성들은 '나의 사랑하는 자, 나의 하나님이시여 당신의 성전으로 들어오셔서 당신의 백성들이 드리는 예물을 즐거이 받으소서.'라고 외쳤다." 타르굼은 야웨의 응답도 풀어쓴다. "복되신 거룩하신 하나님께서 그의 백성들에게 대답하셨다……. 나의 누이여, 이스라엘 백성의 총회여, 너희들이 나를 위해 지은 성전에 내가 왔다…… 나는 나의 영광(쉐키나)으로 하여금 너희 가운데 거하도록 하였다."

아마도 아가서의 신학적 드라마 줄거리와 관련해 중요한 사실 하나를 또 한번 반복할 때가 된 것 같다. 아가서의 사랑 드라마 안에서는 야웨와 이스라엘 사이에 나누어진 사랑이 성애적 사랑, 에로스라는 사실이다. 우리가 굳이 에로스와 아가페를 나눈다면 아가서의 사랑은 에로스다. 물론 이 사실이 성서의 많은 다른 부분이 증거하듯이 에로스적 사랑이 반드

시 아가페를 배제한다는 것을 의미하지는 않는다. 아가서를 이러한 신학적 드라마로 읽는 데 있어서 우리는 아마도 외견상의 이야기 해설로 합당하다고 여겨지는 것보다 좀 더 진하게, 자신의 연인을 향한 남자 연인의 언어를 해석할 수 있을지도 모른다. 야웨께서 이스라엘에 오실 때 이스라엘이 그를 영접하면, 그녀는 야웨의 신부가 된다. 성서적 관용어구로는 둘이 '한 몸', '일체'가 된 것이다. 실제 역사의 경험이 어떠했든지에 상관없이 이스라엘 없는 야웨가 있을 수 없었고, 야웨 없는 이스라엘 백성도 존재할 수 없었다는 것이다.

그래서 이스라엘은 야웨의 누이다. 야웨 외 이스라엘과 함께 엮어 온 역사의 영고에 상관없이, 무엇보다 더 우선적으로 존재하는 친밀성이 야웨와 이스라엘 사이에 있었다는 것이다. 그것은 역사적으로 실현된 친밀성이 아니라기보다는 존재론적 친밀성이다. 하나님께서 이스라엘이 매력적이라는 이유로 그들을 선택한 것이 아니라는 것이다. 오히려 그분의 선택 때문에 이스라엘과 야웨 사이의 친밀성이 생겨났다. 하나님께서 이스라엘을 선택할 때 바로 그 선택이, 선택받은 자, 이스라엘의 존재의 본질을 구성하도록 작정하셨기 때문이다. 이스라엘은 야웨의 연인으로 태어났다. 그녀는 결코 그 신분이 아닌 상태로 존재한 적이 없었다. 닛사의 그레고리에 따르면, 신자들은 하나님의 부르심을 받는 즉시 야웨의 신부가 되고, 자신의 순종을 통해 그의 누이가 된다(그레고리, 9, 1973).

어거스틴도 '온전하신 그리스도'에 대해 말한 적이 있다. '온전하신 그리스도'란 교회와 함께 계시는, 교회 안에 현존하시는 그리스도를 가리킨다. 교회는 그 안에 현존하시는 그리스도와 함께 하나님 나라의 완성의 때에 하나님의 현존을 온전히 즐거워하며 누리게 될 것이다. 물론 교회는 교회사의 긴 세월에 걸쳐서 그리스도의 '신부'로 존재해 오고 있다. 5세기의 수도사였던 안키라의 닐루스(Nilus of Ancyra)는 이 아가서의 사랑시에 나오는 신부에 대하여 이렇게 썼다. 그에게 이 신부는 교회였다. "바울 사도로부터…… 교회는 그리스도와 연합하여 한 몸을 이루게 되었다는 것을 배웠다. 왜냐하면, 사람이 되신 주께서 교회를 그의 몸으로 삼으셨기

때문이다"(노리스). 그리스도와 교회는 한 몸이다. 그래서 교회는 이 혼인이 베일을 벗고 그 실체를 드러낼 때[12] 삼위일체 하나님의 생명에 참여하게 될 것이다. 그래서 아가서의 다른 사랑의 시가들보다 더욱 이 시가는 하나님의 백성들의 '하나님 닮음'(神化) 성취에 대한 교부들의 다양한 묘사들을 촉발시킨다. 하나님 백성들의 신화(神化)란, 하나님 그분의 살아 있는 현존 안으로 이끌려 들어감을 의미하며, 성령 안에서 이루어지는 성부와 성자의 사랑에 참여하는 것을 가리킨다. 여기에는 물론 멋진 교의적인 요점이 깃들어 있다. 이스라엘이 주님의 사랑받는 신부가 아닌 신분으로 존재한 적이 없었던 것처럼, 육신을 입은 하나님의 아들 신분이 아닌 채로 존재한 인간 예수는 없었다는 교리이다. 고전적인 삼위일체의 언어로 말하면 그리스도의 인성(人性)은 그냥 인간 수준의 개별적 인간성이 아니며, 하나님 아들의 인격을 대표하는 인성이다. 즉, 그리스도의 인성은 그 자체로 존재하는 정체성을 갖는 인성이 아니라 하나님의 아들과의 연합 속에 형성된 정체성을 갖는다는 것이다. 그의 제자들이 "그가 예수다."라고 가리켜 말할 수 있는 그는 하나님 아들의 성육신 없이는 존재할 수 없다는 말이다.

Ⅲ.

다른 시가들에서보다 이 단락의 동산 시가에서는 더욱 더 연인들의 강렬한 구애가 두드러진다. 물론 요즘에는 이 '구애'라는 의미심장한 옛 단어를 이해하는 사람은 극히 적을지도 모른다. 왜냐하면 잘 쓰이지 않는 이 옛 단어의 현대적 동등어는 더 이상 없다. 본문의 연인들은 서로를 탐하는 자신들의 사랑의 욕구를 충족시키기 전에 그들의 애정의 열망을 화려한 말들과 몸짓으로 다채롭게 표현한다. 굳이 말하자면 전희(前戱)를 즐긴 후에 본격적인 사랑 행위에 돌입한다. 구애의 여러 단계들은 문화권역에

12) 혼인예식이 실제로 이루어질 때를 말한다.

따라 다르게 나타나는데, 특히 그 순서가 다르다. 아주 저속한 문화들 — 다문화적 분위기를 주창하는 이데올로기에도 불구하고 여전히 저속한 구애 문화가 있다 — 을 제외하고는 대개 구애 순서는 정형화되어 있다. 연인의 열망 어린 애정의 대상이 되는 사람은 잠긴 동산으로 설정되고, 동산 밖에서는 연인을 불러내는 구애의 소리가 들린다. 그리고 동산 안에서 부는 바람들이 동산의 응답 목소리를 동산 밖에서 부르는 연인에게 전달해 주게 된다. 남자 연인은 자신이 무엇을 원하는지를 분명하게 밝히고, 여자 연인은 자신의 유혹하는 사랑의 열정을 남자 연인에게 전해 달라고 바람을 부른다. 그러나 아직은 그들은 서로를 바로 소유할 수 있을 것이라고 기대하지 않는다. 또한 상대방이 각자의 요구에 응해 줄 것이라고 전제하지도 않는다. 각각의 연인은 상대방 연인에 의해 어렵게 획득되어져야 할 연모의 대상이다. 이 '구애' 또한 하나님과 그의 백성 사이에 있는 사랑을 유추적으로 표현한 것이라는 사실에 의해 긍정되고 용납된다.

단순한 성적 욕망의 경우, 행동이 먼저 오고 말들과 몸짓들 — 굳이 있다고 해도 — 뒤에 나온다. 그러나 참된 사랑의 경우, 말과 사랑의 몸짓이 먼저 나온다. 이 구애 행위는 연인에 대한 열망이 얼마나 지극한가를 보여 주기 위한 말들과 몸짓들로 표현되어져야 한다. 본문의 구애자는 남자 연인인데, 그가 탐하는 사랑의 대상은 단지 그가 열망하는 많은 사물들이나 사람들 중의 하나가 아니다. 그녀는 이국적 정취가 가득한 동산이다. 인위적으로 만들어진 동산도 아니며, 여러 동산들 중에 하나 선택된 동산도 아니다. 그 동산에서 진동하는 향기와 향수는 도무지 지상에서는 재배될 수 없는 것들이다. 따라서 이 세상 어디에도 이 동산과 비길 수 있는 동산은 없다. 그것은 예상을 깨고 주어진 선물 같은 것이다. 마치 이스라엘 백성에게 주어진 가나안 땅이나 예루살렘에게 주어진 성전 같은 것이다. "나는 위에 계신 하나님이 당신과 나를 서로 사랑하도록 창조했음을 믿네."라는 옛날의 야영송(camp song) 가사처럼, 하나님을 믿는 연인들은 당혹감을 느끼지 말고 이런저런 다소 예스러운 구애언어를 서로 말해 주고 구애의 몸짓을 보여 줄 정도로 자유로워야 한다.

5 : 2~8

또다시 이상한 술래잡기(방황)

I.

이 시는 3 : 1~8과 짝을 이룬다. 아마도 아가서의 시인 저자는 동일한 시상(詩想)을 갖고 두 편의 시를 실험적으로 썼을 수도 있다. 아니면 두 명의 시인이 유사한 시를 썼던 것일 수도 있다. 이 단락의 시가는 뒤따라 나오는 절들과 어떤 모양으로든지 연결되어 있다. 특히 9절의 질문, "여자들 가운데에 어여쁜 자야 너의 사랑하는 자가 남의 사랑하는 자보다 나은 것이 무엇인가 너의 사랑하는 자가 남의 사랑하는 자보다 나은 것이 무엇이기에 이같이 우리에게 부탁하는가"는 8절의 호소, "예루살렘 딸들아 너희에게 내가 부탁한다 너희가 내 사랑하는 자를 만나거든 내가 사랑하므로 병이 났다고 하려무나"에 의해 촉발되었다. 그럼에도 불구하고 우리는 이 구절들을 분리해서 다룰 것인데, 그 이유들은 9~16절 강해에서 제시될 것이다.

또다시 여자 연인은 자신의 열정이 이끌어 간 것으로 여겨지는 일련의 밤중에 일어난 사건들을 말한다. 아니나 다를까 그 밤에 일어난 사건들에 대한 진술은 그럴듯하게 들리지만 다시 몽상적인 이야기로 들리기 시작한다. 따라서 우리는 3 : 1~8에서처럼 이 알쏭달쏭한 이야기를 육하원칙에 따른 이야기인 것처럼 이해하기 위해 합리적 해설을 임의로 시도하지 않을 것이다.

여인이 침대에 누워 있는 상황에서 시작된다. 이번에는 얼핏 잠들었으나 금방 깨어날 듯한 선잠이 들었다. 남자 연인이 그녀의 방 문가에 와서 문을 열어 달라고 애원한다. 이 애원은 사랑을 나누기 위한 입장 요청이면서도, 밤의 이슬로 몸이 젖지 않도록 숙소를 내어 달라고 요청하는 실제적 요청이기도 하다. 어떤 주석가들은 이 남자의 상황에는 더 깊은 성적 갈망

을 담은 애원이 엿보인다고 주장하나 우리는 동의하지 않는다. 3절("내가 옷을 벗었으니 어찌 다시 입겠으며 내가 발을 씻었으니 어찌 다시 더럽히랴마는")이 연인에 대한 여인의 응답인지 아니면 어떻게 대응할지 몰라 혼자 마음을 추스르는 동안에 내뱉은 독백인지는 분명하지 않다. 어떻든 우리는 그녀가 이미 잠자리에 들기 위해서 옷을 벗고 몸을 깨끗하게 했음을 발견한다. 남자 연인은 문에 있는 틈구멍으로 손을 넣어 문을 열려고 시도하는데, 그의 끈질김이 그녀의 사랑 열정을 순식간에 촉발시킨다. 그래서 그녀의 손들은 어디서 온 것인지는 분명치 않으나 아가서가 예의 열거하는 향료를 줄줄 흘리며 문을 열어 주기 위해 황급히 밖으로 나간다. 아, 그러나 그녀가 너무 오래 지체해서 그랬는지 몰라도 연인은 가 버리고 없다. 3 : 1~8에서처럼 여기까지가 전부다. 더 이상 이야기는 전개되지 않는다. 그러나 사건의 전모 파악은 가능하다.

그러나 3 : 1~8에서처럼 이야기의 흐름이 갑자기 뚝 끊기는 것은 분명하다. 비록 여인은 어디서 그를 다시 찾을지도 모른 채, 준비도 채 갖추지 못한 채 밖으로 뛰어나갔지만 종내 남자 연인을 찾아내지 못한다. 이야기의 정황상 아마도 여인은 벗은 몸으로 밖으로 뛰어나간 것처럼 보인다. 하지만 잠시 후 그녀는 베일 하나 정도(NRSV, '외투')는 걸쳤던 것으로 보이나 그 베일마저도 순찰 중인 야경에게 빼앗겨 버린다. 3 : 1~8에서처럼 여기서도 그녀는 순찰 중인 야경을 만난다(7절 ; 3 : 3). 이번에도 순찰 야경은 밤중에 거의 벗은 몸으로 쏘다니는 여인을 나쁜 짓을 하려는 것으로 추측하고 붙잡아 때리고 옷도 벗겨 버린다. 그 후 순찰 야경은 무대에서 사라지고, 여인은 어디서 왔는지 알 수도 없는 예루살렘 여인들을 향해 소리치며 자신의 연인을 찾는 데 도움을 달라고 요청한다. 이번에도 여인의 연인은 끝내 나타나지 않는다. 적어도 이야기의 전개상 나타나지 않았다고 보는 것이 더욱 개연성이 크다. 만일 우리가 추측하는 대로 5 : 9의 여인들의 되받아치는 질문이 새 단락을 시작하는 게 맞다면 이 마지막 장면은 어떻게 전개될지 미지수로 남는다.

Ⅱ.

3 : 1~8에서처럼 이 이야기도 신학적 알레고리로 읽으면 이해가 된다. 이스라엘이 영적 잠에 빠져 있다. 야웨께서는 멀리 떠나 계신 상황이다. 그녀는 온전히 정신이 나간 것은 아니었기에 야웨께서 그녀를 부르실 때 잠에서 깨어난다. 이 장면은 요한계시록 3 : 20 "……내가 문 밖에 서서 두드리노니……"를 생각나게 한다. 그러나 이스라엘은 야웨의 문 두드리는 소리가 실제 침입으로 바뀔 때까지도 야웨께 돌이키기를 미룬다. 문을 열기 위해 문 안으로 디밀어진 손길을 본다. 4절 하반절 '내 마음이 움직여서'는 예레미야서에서 따온 인용구처럼 보인다. 이 구절은 원래 이스라엘의 마음을 표현하는 어구가 아니라 이스라엘의 비참한 상황에 대한 야웨의 마음을 묘사한 표현이었는데(데이비스), 여기서는 이스라엘의 마음을 묘사하고 있다. 하지만 때는 늦었고 야웨는 벌써 이스라엘을 떠나 버렸다. 본문의 여자 연인은 주체할 수 없는 상사병에 걸려 신중함과 예의마저 벗어던지고 연인을 찾아 나선다. 이스라엘은 순찰 야경으로 불리는 예언자들을 거리에서 조우하지만, 이번에 그들은 그녀에게 어떤 위로도 건네지 않고 심판만 선고한다. 사랑했기에 병이 나서 기력이 쇠잔해졌다는 여인의 고백 후에는 이야기의 결말이 어떻게 전개될지 애매한 상황에서 이야기가 끝난다. 우리는 여기서 예언자들에 의해 선포되었던 전형적인 이스라엘 역사 도식을 본다. 그런데 이 도식적 역사는 유사하지만 이 시가와 마찬가지로 진정성 있는 아가서의 다른 시가(2 : 1-7)에 의해 그려진 이스라엘 역사 도식과는 다르다.

이스라엘이 과연 야웨 하나님을 향한 사랑 때문에 상사병이 날 수 있을까? 2 : 1~7 강해에서 인증(引證)된, 이 단락에 대한 타르굼의 해석은 이스라엘이 확실히 이스라엘을 떠나 계신 야웨 하나님을 향한 연모 때문에 상사병이 날 수 있다고 전제한다. 그런데 문제는 야웨께서 돌아와 이스라엘을 치유해 주실 것인가이다.

그러나 하나님을 향한 상사병 같은 연모가 이성을 잃게 만들고 이 시가

에 나오는 이스라엘의 행동 같은 사태를 유발할 수 있을까? 역사의 증언 — 이스라엘의 역사, 교회의 역사, 그리고 세계 만민의 역사의 증언 모두 — 에 따르면 확실히 그렇고, 그럴 수도 있다는 것이다. 모든 종교는 어떤 점에서는 한 분 하나님 혹은 일자(一者) 되시는 신에 대한 강렬한 연모 열정으로 정의될 수 있다. 그러나 성서의 판단에 따르면 인간의 상향적 종교 열정은 심오하기는 하지만 또한 의심스러운 현상이다. 그것은 벌거벗은 창녀가 어두워진 도시를 배회하고 다니는 것에 비유될 수 있는 현상인 것이다. 실로, 교부들은 여기서 심지어 '신부'마저도 자신의 연인을 발견하지 못하는 것에 대해 놀라지 않았다. 왜냐하면 맹목적으로 하나님을 찾아다니는 사람들은 전혀 하나님을 만날 가능성이 없기 때문이다(그레고리, 12, 357). 종교의 이런 애매모호한 현상에 대한 가르침에 열려 있는 사람들은 칼 바르트의 「로마서 주석」(*Commentary on Romans*)이나 기독교의 비종교화를 논한 디트리히 본회퍼의 후기 옥중서신들을 읽어 보면 좋을 것이다. 정확하게 신부, 즉 교회와 그리스도인들이 하나님을 향한 열망 속에서 길을 잃고 방황할 수도 있는 이 상황에 대한 클레르보의 버나드의 우의적 주석은 정확하고 심오하다. 너울을 벗고 그리스도를 환히 볼 수 있는 때는 아직 오지 않았다는 것이다. 그러나 "그때가 오기 전에는 여러 가지 경고들에도 아랑곳하지 않고 교회는 상사병 때문에 마치 술취한 사람처럼 이리저리 사정없이 방황하고 배회한다. 눈에는 보이지 않는 그분을 눈으로 찾으려고 하는 모든 시도는 성공하지 못한다. 오로지 믿음으로 볼 수 있고 찾을 수 있다"(버나드, 76, 2).

기독교회의 영적 해석은 단지 이 정도 수준에서 해설하고, 마지막 부분에서는 이런 식으로 마무리할 수 있을 것이다. 끝으로 우리는 그리스도의 재림을 끌어들일 뿐만 아니라 — 보다 더 좁은 의미의 우의적 주석에 의해 — 그리스도의 재림이 하나님 나라의 종말론적 완성에 대한 약속 성취를 가져올 것이라는 확신을 논해야 할 것이다. 이런 식의 해석이 바로 고전적으로는 '유추적' 해석이라고 불리는 종말론적인 영적 해석이다. 이 후자(종말론적 유추적 해석)의 해석이 그리스도의 재림으로 하나님의 역사 안

에서의 유대교의 역할이 종료된다는 것을 전제하지 않는 읽기의 가능성도 열어 준다. 왜냐하면 그것은 그리스도의 초림과 재림 사이에 존재하는 중간시기를 설정한다. 이 중간기 동안에 유대교와 교회는 각각 서로를 필요로 할지도 모른다. 이 문제에 대한 더 깊은 고찰은 본 주석서의 범위를 뛰어넘는 일이 될 것이다.

이 알레고리와 그것의 짝인 3 : 1~8은 또 다른 종류의 기독교적, 실로 세속화를 용인하는 해석의 여지를 남긴다.[13] 이 단락의 우의적 이야기는 실제로 이스라엘 구원사를 구술하는 것은 아니지만 이스라엘의 구원사에 반복되는 일정의 도식적인 정형을 말하고는 있다. 때때로, 교회도, 사람들도, 나라들도, 그리고 남아프리카 공화국의 보어인들이나 라틴 아메리카의 피압박 족속들처럼 이런 도식[14]들을 자신들의 역사적 경험을 이해하는 데 채택했다. 그런 도식의 채택들의 심오한 애매모호성을 보여 주는 많은 사례들이 제시되기도 했다. 이 점에 대해 더 보려면 바로 앞 단락에 대한 이 책의 주석을 참조하라.

닛사의 그레고리는 이 외견상의 본문에 대한 해석적 응답으로는 다소 뒤틀려져 있을지라도 우리가 인용하지 않으면 안 되는 아름다운 알레고리를 제공한다. "자 이제 신부(신자의 영혼)가 육신이 되신 하나님의 로고스에게 어떻게 순종하는지, 진리가 그녀 안에서 거하도록 하기 위해 그녀가 신랑에게 어떻게 문을 여는지 보자…… 죄를 짓고 난 후 몸을 가리기 위해 걸쳤던 겉옷들을 벗어 버린 그녀는 낙원을 떠날 때 묻혔던 먼지를 발에서 털어 냈다"(그레고리, 11, 327).

Ⅲ.

우리의 사랑 열정이 하나님을 맹목적으로 찾아다니다가 재난으로 끝날

13) 즉, 교회의 세속화를 예고하는 단락으로 재해석될 여지가 있다는 것이다.
14) 하나님을 찾아나서는, 그러나 허무한 실패로 끝나는 이야기이다.

수 있다면, 인간의 사랑을 찾아나서는 우리의 무모한 열정 또한 확실히 재난으로 끝날 때가 많다. 이 점에 대한 더 이상의 해설은 확실히 불필요할 것이다. 만일 이스라엘의 변덕스러운 종교열정의 결과가 그리스도의 은혜가 없어 어떻게 드러날지 불확실하다면 사랑 열정의 '충족', '친밀성', 그리고 그 비슷한 것에 대한 세상 사람들의 슬픈 추구들의 결과도 결국 마찬가지다. 심지어 참된 사랑을 찾아 위태롭게 헤매는 우리들을 찾아와 주는 참된 사랑의 사람이 베푸는 은혜가 없이는 이상적 사랑 추구는 무위로 끝난다.

이제 우리는 우리의 연인이 문가에 와서 문을 두드릴 때 준비가 되었든 되지 않았든 상관없이 우리를 향한 연인의 사랑을 영접해야 한다. 바로 그 이유 때문에 우리는 맹목적인 사랑 찾기를 시도해서는 안 된다.

5 : 9~16
그의 몸

I.

9절에 나오는 합창단의 질문은 명시적으로는 8절에 나오는 여인의 간청에 대한 응답이다. 이 9~16절 단락의 사랑시와 앞의 시는 어떻게 보면 서로 깊이 연결되어 있다. 6 : 1~3도 형식적으로는 예루살렘 여인들로 불리는 합창단의 형식적으로는 유사한 질문으로 시작된다. "여자들 가운데에서 어여쁜 자야 네 사랑하는 자가 어디로 갔는가 네 사랑하는 자가 어디로 돌아갔는가" 이렇게 읽으면 5 : 1~8, 9~6, 그리고 6 : 1~3은 같은 흐름 속에 있는 세 편의 시로 간주될 수 있다. 그러나 외견상의 유사성에도 불구하고 이 시들의 성격이 서로 너무 달라 각각의 다른 시로 다루어지는 것이 좋다고 보는 것이 본 주석자의 판단이다. 누군가 — 아가서의 저자인지

마지막 편찬자인지 상관없이 — 가 이것들을 연속적으로 배치해 둠으로써 무엇을 의도했는지는 적어도 현재로서는 분명히 드러나지 않는다.

예루살렘 여인들의 질문은 비록 약간은 적대적인 어조를 띠고 있는 것이 확실하지만 정황상 타당한 질문이다(데이비스). "네 연인이 도대체 뭐가 그리 특별하다고 이렇게 미친 듯이 찾아다니느냐?"라는 식이다. 여인은 통속적인 아랍계 연가풍의 노래로 답한다. 아가서의 다른 곳에서 남자 연인이 자신의 연인의 아름다움에 대해서 길게 묘사 식으로 여기서는 여인이 남자 연인의 육체적 아름다움을 열거한다. 그녀는 먼저 남자 연인의 생명력에 대한 총론적인 찬양으로 시작한다. 그는 생명력으로 충일하고 건강미를 풍기는 혈색을 드러낸다. 뒤따라 나오는 직유적 묘사들은 각각 아가서의 독자들에게 친숙한 유형이다. 이 단락을 곧장 읽기 시작한 독자들은 1 : 5~6에 주석을 보라. 직유들은 보통 수준보다 더 직설적이다. 비록 한 주석가는 어찌하든지 "그의 몸은 상아로 되어 있다."라는 소절(NRSV)을 "그의 사지는 상아어금니다."라는 말을 빗대어 하는 말로 읽으려고 한다. 그의 근거는 상아가 어금니로부터 채취되고, 아가서의 다른 곳에서는 부부의 사랑 행위를 위해 필수적인 물건이 반드시 언급되고 있다는 점이다(롱맨).

하지만 이 절들을 함께 읽어 보면 이 이미지들은 살아 있는 구체적인 사람을 생각나게 하는 직유법들이라기보다는 다양한 재료로 만들어진 조각상에 대한 문자적인 묘사처럼 보인다. 이런 조각상은 고대 세계에서 흔한 물건이었다. 아테네의 파르테논 신전에 있는 여신 아테나에 대한 피디아스의 유명한 조상(彫像)이 이런 유형의 조각상이며, 다니엘서 2장의 느부갓네살의 꿈 속에 보였던 조각상도 마찬가지였다(단 2 : 31–35). 아가서의 저자 시인이 실로 마음속에 이런 조각상을 두고 있었다는 사실은 그 조각상의 인물 다리들이 발과 연결되지 않고 '받침대' 혹은 '발등상' 위에 서 있는 것으로 묘사되어 있다는 점에 의해 확증된다. 따라서 그 조각상은 직유법적 묘사의 대상인 셈이다. 여인이 우리에게 묘사해서 알려 주려는 것은 거대한 남성 누드상인 셈이다. 그것은 자신의 연인의 몸이 발산하는

남성적 관능미를 발산하는 조상이다. 그런데 그런 조각예술이 고대 이스라엘에 있었는지는 의심스럽다. 우리는 여기서 미켈란젤로가 조각한 다윗 조상을 보고 약간은 뽐내듯이 "내 사랑은 저 조각상 같아."라고 말하는 한 여인을 보고 있는 셈이다.

그렇다면 16절에 있는 히코(ḥikkô)를 어떻게 번역할 것인가? NRSV는 '말' 혹은 '언변'(speech)이라고 번역한다(한글개역개정은 '입'이라고 번역한다).[15] 가장 먼저는 '입천장'이라고 정의한다 — 이 이유 때문에 어떤 주석가들은 여기서 깊은 키스를 의미한다고까지 해석하기도 한다 — 2차적으로는 이 단어를 '입'을 가리키는 말로 정의하고 — AV는 '입'이라고 번역한다 — 좀 더 확장하여 '발설 기관', 그리고 마지막으로는 다소 주저하면서도 '말' 혹은 '언변'이라고 정의한다. 타르굼은 확장적인 번역을 시도한다. '입천장의 말들'이라고 번역한다. 아마도 NRSV가 가장 확장된 의미로 이 단어를 번역하는 이유는, 시의 이 부분에서 신체기관의 일부, 그것도 신체상의 가장 윗부분에 있는 기관을 언급하게 되면 이 시가 애써 지켜온 신체기관 목록의 순서가 뒤엉켜 버린다고 생각했기 때문이었을 것이다. 결국 NRSV처럼 읽으면 이 시구절은 그런대로 산뜻하게 읽히고 이해된다. 15절 하반절은 남자 연인의 '외모'에 대한 칭찬을 집약적으로 진술한다. 따라서 16절 상반절, "그의 말은 달콤하다"[16]가 또다시 신체기관의 아름다움을 노래하는 것으로 이해되기보다는 전혀 다른 종류의 매력을 도입하는 것으로 보는 것이 타당해 보인다. 이 두 종류의 아름다움이 한데 합해져서 남자 연인을 온전히 아름답고 탐스러운 '연인'이요 '친구'로 만든다. 우리는 NRSV를 따를 것이다. 남자 연인은 비인격적인 비유물로 표현되긴 했지만, 완벽한 육체의 아름다움을 가졌고, 동시에 듣는 이를 매혹시키는 친구다. 말하자면 그는 육체와 정신 양면에서 지극히 사랑스럽다.

---

15) 히브리어 어휘사전들은 1차적인 의미와 2차적으로 전용된 의미들을 총망라한다.
16) 개역개정은 "입은 심히 달콤하니"라고 번역해서 이 주석서 저자와 다른 입장을 취한다.

Ⅱ.

70인역의 아가서는 아주 간단히 히코를 입이라고 번역해 버린다. 그래서 70인역을 읽었던 교부들은 그리스도의 말씀의 달콤함에 대하여 해설할 기회를 갖지 못했다. 아마도 그런 기회를 가졌더라면 아마 엄청나게 다채로운 신학적 신념들을 그것에다 쏟아 냈을 것이다. 왜냐하면 그들은 — 좀 더 좁은 의미에서, 그리고 기독론적 의미에서도 — 이 남자 연인의 몸을 묘사하는 직유들을 훨씬 더 큰 열정을 갖고 우의적으로 해석하는 데 앞장섰던 사람들이기 때문이다. 그들 대다수에게 이 남자 연인은 두말할 것도 없이 성육신하신 그리스도시다. 그래서 닛사의 그레고리는 "육체의 아름다움을 묘사하는 이 모든 직유법들이 하나님의 보이지 않고, 헤아릴 수 없는 속성들을 가리키는 게 아니라 로고스이신 하나님의 아들이 인성을 덧입고 이 지상에 나타나셨을 때 구원사 안에서 계시되었던 것을 가리킨다."고 말한다(그레고리, 13, 384). 물론 이 직유들이 여러 가지 요소들로 구성된 인간의 몸을 인간성의 다양한 부분을 표현하는 알레고리로 만들 수 있을 것이다. 그래서 많은 예들 중 하나면 들자면 12세기의 아우툰의 호노리우스의 해설을 들 수 있을 것이다. "그의 베는 상아다. 말하자면 그의 연약한 인성은 정결의 빛으로 환히 빛나고 있으며 모든 죄로부터 면제되어 있다"(노리스).

야웨는 이스라엘의 눈과 이스라엘의 귀에 달콤하고 감미롭다. 그는 결코 야웨를 실컷 볼 수도 없고 실컷 들을 수도 없다. 성서의 대부분에서는 듣는 것이 보는 것에 우선한다. 야웨의 말씀이 생명의 길과 죽음의 길을 가르치는 인격적인 가르침의 집성물인 토라, 예언서, 그리고 역사서로 이스라엘에게 주어졌다. 말씀이 되어 인간 가운데 오신 분이 바로 이 동일한 말씀이시다(요 1 : 1). 그런데 아무도 하나님을 보고 살 수는 없다고 말해지는 데 비해 이스라엘이 야웨의 음성을 들을 수 없을 만큼 멀리 회피할 수도 없었다. 그것은 교회에게도 마찬가지 상황이었다.

하지만 모세는 적어도 하나님의 등을 보고 살아남았다. 비록 일시적이

긴 하지만 하나님처럼 영화화되기도 했다. 그의 얼굴 광채는 그가 하나님처럼 변화되었음을 의미했다. 갈릴리와 유대 사람들도 물론 예수를 보았는데, 사도 요한에 따르면 적어도 그들 중 더러는 그에게서 하나님의 영광을 보았다(요 1 : 14). 그래서 예수는 마침내, "누구든지 나를 본 자는 하나님을 보았다"(요 14 : 9)라고 말할 수 있었다. 아버지 하나님을 본 자는 죽지 않는다. 그들은 "결코 죽지 아니할 것이다". 십자가에 달린 그리스도는 은폐된 야웨 주님이시다. 그분은 세상에 벌거벗긴 채 노출된 인물이다. 교회는 그를 가리켜 말하기를, "내 사랑은 저분과 같다."라고 말한다.

게다가 교회 혹은 대부분의 교회 — 보다 가톨릭교회적 감수성을 가진 동방교회 및 서방교회들 — 는 우상숭배라는 혐의를 받을 수 있는 모든 위험에도 불구하고, 말씀을 읽고 설교를 하는 동안에 그리스도의 말씀을 들으려고 했을 뿐만 아니라 그의 생애를 그림으로 나타낸 성화들(아이콘)을 보고 하나님을 관상(觀想)했다. 동방교회의 성상숭배가 여러 아름다운 성상들과 성화들을 산출했는데, 그 외견상의 신비로움은 온 세상 사람들을 매혹시키지만, 그것의 참된 아름다움은 주님의 신부 되는 참 신자와 교회에게만 알려진다는 점을 주목하는 것이 이 자리에서 부적절하지는 않으리라. 떡과 잔은 주님의 아이콘이 아니라 주님 자신이시다. 그러나 그것들은 먹고 마시고 소화해야 할 거룩한 음식이지만, 그에 앞서서 눈에 보여지는 성례전임을 아는 것이 중요하다. 우리는 주님의 입술에서 나오는 모든 각각의 말씀에 힘입어 살지만, 하나님을 볼 것을 예기케 하는 그 성례전을 응시하고 관찰함으로써 또한 산다.

Ⅲ.

여자 연인은 자신의 연인의 몸에 대한 찬미와 그의 말에 대한 음미함으로써 야웨에 대한 이스라엘의 예배와 헌신, 그리고 주님에 대한 교회의 예배와 헌신을 표현하는 유추들을 제시하고 있는 셈이다. 그것을 통해 이스라엘과 교회는 거룩하게 성화된다. 우리가 다른 시가들에서 보게 되겠

지만 이스라엘에 대한 야웨의 열렬한 사랑과 교회에 대한 그리스도의 열렬한 사랑 또한 각각 성화된다.

연인들 간의 상호적인 열애 표현이 하나님에 대한 그들의 열렬한 사랑과의 유추를 통해 파악되지 않는 곳에서는 — 아무리 고상한 유추라 할지라도 — 시간이 지남에 따라 우스꽝스럽게 보일 것임이 틀림없다. 그래서 근대 서양사회의 이전 풍습, 즉 사랑하는 여성을 아주 받들어 모시는 관습은 탈근대주의 시대에는 조롱받는다. 한때 진보주의적이라고 자처하는 여성들은 아름다운 여성들로 찬미받고 숭배되는 것을 피하기 위하여 일부러 자신들을 매력 없는 여자처럼 꾸미고 다녔던 적이 있다. 실로, 하나님과 인간의 사랑에 대한 유추에 의해서 성화되지 않을 때에도 한갓 피조물들 사이에 오고 간 상호적 탐닉적 사랑은 필시 우상숭배로 귀결되거나 과장된 애정표현의 수사학으로 전락할 수밖에 없다.

한편으로는 만일 우리가 피조물과 하나님의 유추적 관계를 아는 대신에 피조물들을 하나님과 동등자로 여긴다면 그것은 우상숭배가 된다. 우상숭배는 인간 마음속에서 일어나는 일들 중에서 낯선 현상이 아니다. 또 다른 한편, 만일 실로 우리가 피조물과 하나님의 유추적 관계를 아는 대신에, 피조물들은 단지 하나님으로부터 독립되어 있다고 가정한다면, 그런 형이상적으로 근거 없는 존재들에 대한 우리의 사랑은 필시 불원간에 근거 없는 것으로 발견될 수밖에 없다. 그때 우리는 최근의 현대적 예술과 문학의 경우에서처럼 그것들의 공허함 때문에 피조물들을 증오하게 되거나 아니면 절망적일수록 그만큼 더 공허해지는 수사학에 의지해 그것들을 찬양하는 사태에 빠진다. 이 페이지는 꽤 뜻밖에도 성 발렌타인데이 주제를 다루는 셈이다. 이 우연의 일치는 비록 그 정교한 의미를 다 드러내는 데는 한계가 있을지언정 위대한 기독교 성인을 기리는 축제를 찬양하는 아주 좋은 기회를 제공한다. 자, 가서 얼마간의 꽃을 보내라.

6 : 1~3
또다시 동산

I.

연속적이지만 세 번째로 사랑의 시가 합창단으로부터 제기되는 유사한 질문으로 시작된다. 이 외견상의 짜임새에 관해서는 앞의 두 시들에 대한 주석들을 참조하라. 이번에는 합창단원들이 여인의 연인이 어디로 갔느냐고 묻는다. 그들은 또한 '그를 찾는 데' 관심을 보인다. 우리가 그 질문을 오래 생각하면 할수록 그것을 이해하기가 그만큼 더 어려워진다. 동시에 그것은 여인이 그동안 자신의 연인을 찾는 데 성공하지 못했지만, 그가 어디에 있는지는 알고 있다고 전제한다. 그렇다면 예루살렘들은 진정으로 여인이 남자 연인을 찾는 데 도움을 주겠다고 제의한 것인가? 아니면 그들 스스로 이 절세 미남을 찾으려 나가겠다고 제안하며 여인과 경쟁구도를 형성하겠다고 말하고 있는가? 주석가들은 이 두 가지 가능성 모두를 인정해 왔다. 아니면 실로 그 질문은 비꼬는 질문이란 말인가? "너는 네 사랑이 어디에 있는지조차 모른단 말인가? 너는 정말 딱한 처지구나."라는 정도의 말인가?(베르간트).

아가서의 저자 시인이 예루살렘 여인들을 약간 적대적인 분위기를 띤 것으로 제시하고 있다는 점은 적어도 아가서의 보다 앞쪽에 있는 시(1 : 5-6)에서 분명히 드러난다. 그리고 그들이 덜 자비롭다고는 보는 여러 가지 해석들은 여인의 대답 중 마지막 부분에 의해 확증된다. 여인의 대답 중 제일 끝부분은 이것과 거의 복사본으로 보여지는 2 : 16에서처럼 배타적이고 항구적인 상호 귀속과 소유를 주장하면서도 확실히 수세적인 어조로, "나는 그가 어디에 있는지 몰라."라는 분위기를 풍기거나, "그는 내 것이다."라는 경고성 어조를 띠고 있다.

남자 연인이 어디로 갔는지에 대해서 굳이 말하자면, 그가 여인과 사랑

을 나누기 위해 갔다고 말할 수 있다. 하지만 아가서의 저자 시인이나 최종 편집자가 세 시들 사이에 모종의 연결이 있다는 점을 암시하려고 했는지 판단하기가 어렵다. 하지만 적어도 그것들 사이에 있는 연결점은 동산을 이 시에서도 역시 그녀의 몸에 대한 은유로 확정하고 있다. 그렇다면 왜 그녀는 새삼스럽게 그를 다시 찾아 나설 필요가 있는가? 아마도 2~3절은 원래의 전체 시였고, 1절은 편집자가 연결을 만들기 위해 어설프게 추가한 내용이라고 보는 역사비평적 견해가 옳을 것이다. 2~3절을 1절 없이 읽으면 이 난제는 제거될 것이다. 하지만 1절 없는 2~3절은 우리의 독서와 해석을 위해 제시된 정경적인 실체는 아니다.

이 수수께끼들의 어떤 경우에서도 이 시의 핵심은 2 : 16("내 사랑하는 자는 내게 속하였고 나는 그에게 속하였도다……")에서 이미 우리가 주목했던 선언적 명제의 두 번째 출현이다. 독자들은 2 : 16에 대한 주석을 참조하기 바란다. 그것은 배타적이고 항구적인 상호귀속과 소유를 선포하는 정형화된 구문이다. 히브리어 원어 구문에 보다 더 충실하게 번역하면, "나 내 사랑하는 연인의 것, 내 사랑 나의 것"으로 읽힌다. 우리는 여기서 적어도 부분적으로 방어적인 주장으로 읽을 것이다. "그가 백합화 가운데에서 양 떼를 먹이는구나"라는 은유적 문장의 경우, 별도로 주해하지 않아도 그 의미가 충분히 드러난다.

Ⅱ.

이렇게 읽힌 이 시가 표현하고자 하는 알레고리적인 의미는 식별하기가 어렵지 않다. 아가서에서는 이제 두 번째로 이스라엘이 그녀 자신을 하나님의 백성으로 삼아 주신 야웨의 언약을 그녀 자신의 입술로 발설한다. "야웨는 나의 하나님이요 나는 그의 백성이다." 하지만 이번에는 위협적인 타자들이 등장한다. 그 위협적인 타자들은 이스라엘이 환난을 당했을 때 "지금 너희 하나님이 어디 있느냐?"라고 조롱하는 이방인들일 수 있다.

아니면 아마도 교회사의 많은 기간에 나타났던, 이스라엘의 자리를 대신 차지하겠다고 나선 너무 지나치게 이방적인 교회일 수도 있다. 여기서 이스라엘은 이 둘에 맞서 자신이 하나님의 택한 백성이라는 주장을 견지하고 있다.

교회는 이스라엘의 이 주장을 가슴 깊이 간직해야 한다. 구약성경에 적대적이었던 고전적인 자유주의 신학의 쇠락 이후 이스라엘의 이 주장을 질책하는 사람들은 거의 없다. 그러나 이스라엘이 하나님의 백성이었던 경륜은 끝나고 그 자리를 교회가 대신 차지했다고 믿는 '경륜교체주의'라고 불리는 사상이 — 비록 그것이 교회의 공식적인 신조는 아니었지만 — 오랫동안 교회의 주류 의견이었다. 경륜교체주의란 교회가 그리스도의 오심으로 야웨 하나님의 사랑의 파트너로서 '혈족적인 이스라엘'을 대체했으며 세례받지 않는 이스라엘은 하나님의 역사에서 더 이상의 역할을 수행하지 못한다고 믿는 사상이다. 이 사상은 교회일치적 신학에서는 이제 폐기되었다. 히틀러의 나치체제가 범한 유대인 대학살과 보다 덜 수치스러운 이유들로 인해 그 말은 경멸적인 의미로 사용되고 있다. 실로 우리가 로마서 9~11장에 있는 바울의 고뇌 어린 성찰을 이해한다면 경륜교체주의는 거짓된 논리라는 것을 확실히 알게 된다. 확실히 "기독교 신학이 어떻게 경륜교체주의적 신학이 안 될 수 있느냐?"라는 질문에 대하여 널리 합의된 대답은 없는 게 사실이다. 만일 교회가 새 이스라엘이라면 계보상 계속되고 있는 이스라엘을 대체하는 것이 아닌가? 아가서 주석이 이 질문에 대한 답을 제시하는 자리는 아니지만 본문의 이 알레고리를 받아들이는 설교자들과 교사들은 이 질문에 대한 답을 찾기 위해 노력해야 할 것이다.

이제 이 시가의, 더 나아가서 아가서 전체의 가장 긍정적인 알레고리의 주장을 다시 한번 반복할 때다. 즉, 야웨와 이스라엘, 교회와 그리스도는 서로에 대해 깊이 결속되어 있다는 것이다. 어느 한쪽이 없으면 다른 한쪽도 존재하지 않는 셈이 된다. 만일 야웨께서 이스라엘을 출애굽시켜 주시지 않았더라면 이스라엘은 존재할 수 없고, 만일 하나님께서 그리스도를

죽은 자 가운데서 부활시켜 주시지 않았다면 교회는 존재할 수 없다. 그래서 그레고리 닛사도 여기서 마지막으로 — 그의 아가서 주석이 여기서 끝나기에 — 말한다. "정결케 된 영혼은 그 안에 하나님 외에 아무것도 갖고 있지 않다"(그레고리, 15, 439). 실로, 이스라엘은 야웨 없이, 교회는 그리스도 없이 살 수 없다. 그 결속은 성애적 열망으로 유지된다. 각각은 서로를 원하고, 서로를 필요로 한다. 만일 야웨께서 그의 양 떼를 먹이시기를 원한다면, 그의 백성들인 백합화 가운데서 그렇게 하실 것이다. 만일 유대교나 교회가 존재하려면, 그들이 자신들의 초장에 맞아들인 분은 오직 야웨 하나님 한 분뿐이어야 한다.

이 배타적인 사랑은 오늘날의 서구 교회가 주류문화에 너무 예속되어 공적으로 말하기 어려워하는 또 다른 진실이다. 하지만 아가서의 열정적으로 배타적인 사랑 알레고리는 성경의 하나님은 자신의 연인에 대하여 까다롭고 질투적이며, 그리고 둘 다를 요구하는 하나님이라는 진실을 회피하지 않는다. 이스라엘과 교회가 각각 자신의 본질에 충실할 때에는 각각은 아침과 저녁으로 "나는 내 사랑하는 자의 것이요 내 사랑하는 자는 나의 것이다."라고 말하게 되어 있다. 참된 하나님을 소유하고 있다고 말하는 모든 주장이 다 참일 수는 없다. 하나님께서는 이스라엘과 교회에게 당신 자신을 결박시켜 주셨다. 마찬가지로 이스라엘과 교회도 그들 각각에 대한 야웨의 이 배타적인 사랑의 요구를 인정하고 그 요구대로 살 때에야 존재할 수 있다. 만일 교회가 야웨를 부르면서도 동시에 덤으로 하와이 원주민의 바다 신을 부른다면 — 이 예는 본 주석가의 교단으로부터 발췌된 것이다 — 그렇다면 교회가 참된 야웨 하나님을 부른 것으로 인정받을 수 없으며 더 이상 교회라고 볼 수 없다.

그래서 타르굼은 예의 그 대담함으로 본문의 합창단을 "이스라엘 총회에게" "너희가 무슨 죄를 지어서 모든 행위에서 모든 열방들보다 더 아름다운 너로부터 야웨의 쉐키나가 떠났단 말이냐?"라고 묻는 예언자들이라고 본다. 이스라엘의 총회는 대답한다. "반역과 난동죄 때문이지요."

Ⅲ.

만일 야웨와 이스라엘의 사랑이 사랑의 참된 모본(模本)이라면, 모든 참된 사랑은 배타적이 될 수밖에 없다. "내 사랑하는 자는 나에게 속하였고, 나는 그에게 속했구나"라는 배타적 결속감은 이런 배타적 사랑의 진수다. 모든 사랑의 맹세는 "죽음이 갈라놓을 때까지" 사랑하겠다는 말로 끝난다. 사랑하는 연인에게 줄 수 있는 선물은 생명 외에 다른 것일 수 없다. 사랑한다는 말은 그 생명을 준다는 말이다. 18세기 미국의 대각성 시대의 엄중한 신학자로 알려진 조나단 에드워즈는 이 사랑 정의보다 한 걸음 더 나갔던 것처럼 보인다. 그의 마지막 유언들로 알려진 말은 다음과 같다. "나의 가장 친절한 사랑을 나의 아내에게 전해 주오. 그녀에게 '우리 사이에 그렇게 오랫동안 존재해 온 그 비상한 사랑은 내가 믿기에 영적인 사랑이었으며 그러기에 영원히 계속될 그런 사랑이었다'고 말해 주시오."

참으로 방탕하고 음란한 사람은 아무도 사랑하지 않는 셈이다. 어떤 간통 당사자들의 경우는 다소 복잡하고 흥미를 끄는 현상으로 진단되기도 한다. 바람을 피우는 남편들은 때때로 자신들이 여전히 그들의 아내를 사랑한다고 주장하며 창녀와 나누는 하룻밤의 정사나 또는 제법 오래 지속되는 정부(情婦)와의 관계도 자신들의 부부 사랑을 손상시키지 않는다고 강변한다. 아내들 또한 자신들의 바람피우는 남편을 응징하기 위해 간통을 범하는 것처럼 보인다. 이런 경우는 정부(情夫)에 대한 불타는 음욕에서라기보다는 남편을 징벌하기 위한 간통이다. 이 두 경우 모두에서 벌어지는 일은 몸과 사랑 행위의 분리다. 몸과 사랑의 분리에 대해서는 앞에서 몇 차례 암시했다.

사람들을 몸과 정신으로 분리해서 보려는 이 영지주의적 유혹은 인류 역사에서 항구적으로 작동해 왔고, 그래서 그것이 우리의 성생활에 악영향을 끼치는 것은 결코 우연이 아니다. 성생활은 하나님께서 우리의 몸과 정신을 통합시켜 참된 사람됨을 만들어 주는 지점이기 때문이다. 사람이 된다는 것은 — 모든 기독교 신학들과 최근의 세속적인 사상들도 동의하

는 바인데 — 우리가 아닌 다른 사람들과의 사귐에 참여하는 것을 의미한다. 성적인 차이는 하나님께서 도저히 피할 수 없는 방법으로 우리에게 다른 존재를 디밀어 주심으로써 사람이 되게 도와주시는 방식인 것이다. 이 연결을 탁월하게 분석한 사람이 칼 바르트다. 그의 창조론이 이 점을 잘 분석하고 있다. 몸을 갖고 산다는 것은 다른 사람의 마음과 의지에 이용당할 수 있고 심지어 그것들에 의해 상처를 받을 수도 있다는 것을 의미한다. 두 몸이 서로를 열어 연장해 문자적으로 뒤엉키는 행위는 이 지상에서 경험할 수 있는 타자성의 극대화된 경험인 셈이다. 몸과 영혼을 분리시키는 모든 이방 종교는 성애를 공격함으로써 시작된다. 심지어 성 자체를 타락과 연결시키면서도 방탕한 성 행위를 예찬하기도 한다. 이런 상황에서 배타적 사랑은 얼마나 놀라운 해방인가!

6 : 4~9
대단한 여인

I.

어떤 주석가들은 4절과 10절에 모두 나타나는 "깃발을 세운 군대같이 당당하구나"라는 소절을 문학적 골격을 세우는 지지대로 보며 10절과 4~9절을 하나의 시를 구성한다고 읽는다. 우리가 앞에서 살펴보았듯이 아가서에 이런 경우가 없지는 않다. 그러나 이 소절이 반복된다는 사실과 그것이 다루는 내용을 제외하고 나면 10절은 4~9절과는 거의 아무런 관련이 없다. 따라서 우리는 10절을 별도의 단편시 혹은 짧은 시로 취급할 것이다. 아마도 그것은 연상작용이라는 편집 원칙에 따라 아가서 최종편집자에 의해 현재의 이곳에 배치되었을 것이다.

이제는 남자 연인이 현대인의 감수성에는 다소 이상해 보일 수도 있는

직유수사법으로 자신의 연인을 부르는 또 다른 돈호법으로 노래하기 시작한다. 남자 연인은 자신의 연인을 고대의 위대한 도성들과 비교한다! 디르사는 솔로몬 제국 분열 후 생긴 북왕국의 수도였으나 우리는 그 도시에 대해 달리 아는 것이 없다. 여기서는 예루살렘과 짝을 이루며 나타난다. 이 점은 참 묘한 흥미를 끈다. 왜냐하면 아가서는 디르사가 더 이상 유명한 수도로서의 기능을 멈춘 후에 저작되었을 것임에 틀림없기 때문이다. 아니면 만일 아가서는 현재 보이는 것보다 더 일찍 저작되었으되, 디르사가 여전히 중요한 도시로 남아 있었을 때 저작되었다면 예루살렘과 분열해 간 지파들의 수도가 함께 짝을 이루어 아름답다("너는 디르사같이 어여쁘고, 예루살렘같이 곱고")고 불린다는 것은 그만큼 더 인상적인 묘사가 아닐 수 없다.

도성들은 아름다울 수 있다. 예루살렘은 과거에도 아름다웠으며, 지금도 아름답다. 아마도 디르사도 그러했을 것이다. 여기서 환기되고 있는 도성의 도회적 아름다움은 필시 구석구석이 다 아기자기한 볼거리가 많고 화려한 현대적 도시의 아름다움이라기보다는 보다 더 장엄한 위엄미를 가리킬 것이다. 왜냐하면 다음 소절에 나오는 아름다움의 비교대상이 깃발을 세운, 잘 훈련된 군대처럼 당당한 아름다움이기 때문이다. 그래서 우리는 4절 하반절 번역에 관해 논란이 되는 경우에 있어서는 NRSV[17]를 따른다는 우리의 원칙에 충실하고자 한다. 5절에서 우리는 남자 연인이 자신의 연인이 발산하는 아름다움 때문에 눈길을 둘 곳이 거의 없다는 말을 듣는다. 그것은 자신이 응시한 대상이 뿜어내는 너무 강렬한 광채 때문인지, 아니면 그것이 촉발시키는 강렬한 애모 열정 때문인지는 모른다. 4~5a절을 한마디로 요약하면 여자 연인이 남자 연인의 눈에 보기에는 엄청나게 도도하고 외경심을 자아낼 정도로 대단하다는 것이다.

5b~7절은 다시 아주 짧은 연가풍의 사랑노래이다. 이것은 이미 우리가

17) 직역하면 "군기를 쳐든 군대처럼 용맹스럽구나."로 개역개정보다는 좀 더 역동적인 번역이다.

다른 데서 보았던(4 : 1–7) 꽤나 상투적이고 정형화된 연시다. 독자들은 여기서 사용된 직유들에 대해 알아보기를 원하면 4 : 1~7에 대한 주해를 참조하면 될 것이다. 이 시에서 남자 연인은 다른 시가들에서보다는 열정이 좀 냉각된 연인처럼 보인다. 이것이 아가서 저자 시인의 의도인지, 아니면 시인의 재능이나 노력 부족으로 인한 결과인지는 알 길이 없다.

이 단락의 결미는 여자 연인을 정체불명의 한 궁녀의 사지들과 갑자기 비교함으로써 시작된다. "……여자들이 그를 보고 '복된 자'라 하고 왕비와 후궁들도 그를 칭찬하는구나" 이 전환이 너무 갑작스러워서 어떤 사람들은 8~9절을 또 하나의 독립된 시로 읽고 싶은 유혹을 느낄 정도다. 하지만 균형감각을 살려본다면 4~9절 전체를 하나의 시로 보는 것이 나아 보인다. 이 후궁이라는 말을 들으면 독자들은 아마도 솔로몬이 함께한 엄청난 숫자의 비빈과 후궁을 생각할지 모르나 비빈이나 후궁 숫자(8절)는 분명히 오류다.[18] 히브리어 구문은 세 가지 칭찬을 한데 엮고 있다. 무엇보다도 그 여자 연인은 왕의 비빈이나 후궁의 누구와 견주어도 탁월하게 아름답다. 또한 그녀는 그녀의 엄마가 낳은 다른 동기들에 비하여 유난히 아름답다. 마지막으로 그녀는 자신의 남자 연인에게 아주 특별한 연인이며, 특별한 의미에서 아름답다.

Ⅱ.

만일 우리가 이 시를 야웨께서 이스라엘에게 들려주신 사랑의 시라고 읽는다면 어떤 결과가 나올까? 확실히 우리는 다른 사랑시들에 비하여 여기에 사용된 지극히 화려한 칭찬과 예찬의 수준과 의미를 인정해야 할 것이다. 아마도 세 가지 진지한 신학적 요지가 논의될 수 있을 것이다.

첫째, 이스라엘이 야웨의 눈에 아름답게 보이는 것은 그녀의 공동체적

18) 하여튼 여자 연인의 아름다움은 당대에 가장 아름답다고 여겨지던 왕의 비빈이나 후궁의 아름다움을 능가한다.

인 삶의 질서 때문이라는 것이다. 야웨께서는 자신의 백성 이스라엘을 개인들의 묶음으로서도 아니고 군중으로서도 아닌, 조밀하게 구성된 공동체로 보시고 사랑하신다. 따라서 본 주석서가 다른 구절 주해 시 낭만적 사랑의 미덕에 대하여 한 많은 해설에도 불구하고 야웨의 이스라엘 사랑은 감정편향적인 사랑도 아니다. 예언자들과 신명기 역사가가 집요하게 주장하듯이 야웨는 의를 사랑하신다. 즉, 사회구성원 각자가 공동체 전체의 선을 위해 기여하는 공동체의 상호귀속적인 생활을 사랑하신다. 천국에 들어오는 사람들은 자신들의 개별적인 행운이나 복록 때문에 개별적으로 들어오는 것이 아니라 공동체의 일원, 즉 시민군으로 구성된 군대의 일원이거나 아름다운 성읍의 거주민의 일원으로 천국에 들어간다. 그들이 누리는 이 복은 그들이 공동체 생활을 하면서 만든 상호적 관계에 주어진 복이라는 것이다. 이스라엘이나 교회 공히 구원으로 가는 도상에 들어선 개인들의 집합물이 아니다. 공동체로서 그들은 구원의 도상을 순례하고 있다. 공동체의 구성원이라는 자격으로 구원의 도상에 들어선 것이다.

둘째, 이스라엘은 야웨의 눈에 보기에 강력하고 당당하다. 이 주제는 10절 주해에서 충분히 논의되기에 10절 주해를 참조하기 바란다.

셋째, 야웨가 선택의 주도권을 쥐었다는 점이 중요하다. 야웨에게는 많은 신부 후보감들이 있었으나 오로지 자신을 위해서 한 연인 이스라엘을 택한 것이다. 모든 나라들과 민족들이 야웨께 속했고, 실로 모든 족속들이 저마다의 다양한 역할을 맡도록 택함을 받았다고 볼 수 있다. 하지만 이스라엘은 그중에서도 특별한 의미로 선택받았다. 오직 이스라엘만이 "열국 중에 특별하게 소유된 기업의 백성이요…… 제사장 나라요 거룩한 백성"이기 때문이다(출 19 : 5-6).

야웨께서 이스라엘을 모종의 특별 목적을 위해 따로 구별하고 귀하게 여기신다는 사실이 주도면밀하게 주목되어져야 한다. 그녀는 제사장 봉사를 위해 택함을 받았다. 이스라엘이 이해하는 제사장의 역할은 하나님과 인간의 화해와 중보다. 한편으로는 이스라엘 백성 전체를 하나님께 드리는 일이 제사장의 과업이다. 각종 희생제사들과 찬미들을 통해 이스라

엘 백성을 하나님께 드리는 일이 이스라엘의 일차적 과업이다. 또 다른 한편, 현실적, 도덕적 쟁점들에 관하여 야웨의 뜻을 확인하고 분별하여 이스라엘 뿐만 아니라 열방 백성들에게 알려 주는 일이 제사장의 과업이다. 열방을 위한 이스라엘의 제사장 과업은 열방 백성들을 하나님께 인도하여 제물로 바치고 그들에게 야웨의 뜻을 해석하고 전달해 주는 일이다. 이것이야말로 인간을 창조하신 하나님께서 창조목적을 성취하시는 과정에서 그분의 도구로 이스라엘을 부르고 택하신 이유다.

만일 우리가 이 단락을 교회의 고전적인 비유 안에서 읽는다면, 그것은 그리스도의 구원사역과 교회의 선교사명을 노래하는 시로 볼 수도 있다. 그리스도의 십자가 죽으심과 부활, 그리고 열방 백성들에게 그리스도를 전하는 교회는 결국 이스라엘에게 맡겨 주신 제사장 과업의 보다 더 온전한 성취라고 이해할 수 있다. 물론 이 말은 유대교 — 기독교적인 의미에서 아직 세례받지 않은 유대인들 — 에는 하나님의 구원사의 진행과정에서 더 이상 성취할 과업이 없다는 것을 의미하지도, 의미해서도 안 된다. 제사장 공동체로서 이스라엘과 교회가 각각 서로에 대하여 어떤 관계에 놓여 있는가 하는 문제는 정확하게 이 격렬하고 생산성 있는 성찰의 대상이 되는 주제다. 이런 사상의 많은 부분에 영향을 끼친 고전적인 저작은 프란츠 로젠츠바이크의 「구속의 별」(*Star of Redemption*)이다.

Ⅲ.

사랑받는 연인인 이스라엘이 야웨의 눈 앞에서 당당하고 도도하다는 점은 6 : 10 주해에서 자세히 다룰 것이다. 여기서는 이 시의 마지막 절에 나오는 예찬들만 한정해 주해할 것이다. 세상은 사랑을 달라고 다투는 후궁들의 각축장이다 — 우리는 이 비유에서 여인들만 생각하지 말고 남자들도 생각할 수 있다 — 하지만 한 사람만 특별대우를 받는다. 본문의 여인도 마찬가지다. 다른 후궁들을 모두 제치고, 동기들을 모두 제치고 택함 받은 연인이다. 남자 연인에게 여자 연인은 경쟁 상대가 없는 배타적인

의미의 연인이다. 이처럼 우리의 사랑도 이런 신적 사랑의 이미지로 승화될 수 있고, 그렇게 된다면 그것은 그만큼 좋은 사랑이 될 수 있다.

연인들이 서로에 대하여 갖는 배타성이 유아독존적 개인들의 어설픈 제휴로 격하되어서는 안 된다. 서로에 대하여 독특한 사랑의 대상이 된다는 말이 자신만을 생각하는 독선적인 유아론(唯我論), 즉 오직 나만이 중요하다는 식의 주장을 위한 구실이 되어서는 안 된다는 것이다. 그것은 세상 안에서, 그리고 세상을 위한 제사장적인 봉사 사역을 위한 배타적 사랑연합인 것이다. 나의 사랑하는 자와 나는 오로지 서로를 위해서만 존재하는 것이 아니듯이 교회의 구성원들은 오직 서로를 위해서만 존재하지 않고 더 넓은 세상을 위해 존재한다. 교회는 그녀 안에 있는 그리스도의 몸에 의해 온 세상을 위해 자신을 제단에 드리도록 공동체로 부름받았다. 그리스도의 몸 된 교회는 세상 안에 존재하며 세상을 위한 제사장적 섬김을 위해 부름받은 것이다. 1960년 중반에 열린 로마가톨릭교회의 제2차 바티칸 공의회가 잘 언명했듯이, 교회는 "온 세상 인류의 하나 됨을 표현하고 실현하는 성례전적 존재다". 자신을 몸과 피를 주는 그리스도의 희생의 실천자라는 것이다. 나의 사랑하는 자와 나는 우리 둘만을 위해 배타적으로 존재하는 것이 아니라 온 세상에 하나님의 신실한 사랑의 신비를 알리고, 성부 하나님과 성자 하나님의 사랑을 구현하는 '성례전적 존재'로 기능하도록 부름받았다. 이 교회 안에 우리가 들어와 있다.

6 : 10
또다시 누구?

I.

6 : 10~13은 아무래도 아가서 편집자가 여러 단편적 시구들을 모아 둔

단락처럼 보인다. 10절은 독립적인 시구라고 볼 수도 있다. 아니면 11~12절 단락의 첫 절일 수도 있다. 이 경우 11~12절로 된 시일 때보다 10절이 추가됨으로써 해독하기가 더 어려워지는 것은 사실이다. 우리는 여기서 선택해야 하는데, 10절을 독립적인 절로 다루기로 한다. 이 절들을 둘러싸고 풀어야 할 난제들을 덜 만들어 내는 차원에서도 이렇게 결정하지만, 더 중요한 이유로는 이 절 하나만 갖고도 의미 있는 해석이 가능할 수도 있기 때문이다. 이 절을 아주 짧은, 그러나 그 자체로 이해가 되는 자기완결적인 시로 보자는 것이다.

이 절은 질문이지만 대답은 어디에도 나타나지 않는다. "아침 빛같이 뚜렷하고 달같이 아름답고 해같이 맑고 깃발을 세운 군대같이 당당한 여자가 누구인가?" 이 점이 우리를 짜증나게 만들지 않았으면 한다. 왜냐하면 3 : 6에 나오는 똑같은 질문에도 어차피 대답이 없기 때문이다. 적어도 겉으로는 전개되는 이야기 안에서 대답이 발견되지 않는다. 아마도 이번에도 아가서의 시인 저자는 청중 혹은 독자가 스스로 자신의 대답을 한번 제시해 보기를 의도했는지도 모른다. 아니면 이 절이 망실된 시의 한 단편이라면, 이 시의 나머지 부분이 지금은 망실된 대답을 제공하고 있을지도 모른다. 물론 이 후자의 가능성도 주석적으로는 별 의미가 없다. 왜냐하면 그런 손실이 일어난 후에 이 시구를 읽는 독자들은 대답이 아예 의도적으로 주어지지 않았을 경우의 독자들이 처한 상황과 다르지 않기 때문이다.

누가 질문하는지도 밝혀지지 않는다. 아마도 예루살렘 여인들로 구성된 합창단일 것이다. 아니면 아가서 저자 시인 자신의 목소리일지도 모른다. 질문의 초점은 한 여인에 관한 것이다. 왜냐하면 똑같은 질문들로 시작되는 다른 시가들에서처럼(3 : 6-11 ; 8 : 5a) 여기서도 질문자는 여성이다. 우리는 그녀에 대하여 이 직유법들 스스로가 말해 주는 한도 안에서만 알 뿐이다.

하지만 이 직유법들은 가히 충격적이다. 첫 세 개의 비교는 천체들의 외양과의 비교다. 아가서의 다른 데서나 구약성경의 다른 데서는 심오한 신학적 이유 때문에 달리 거명되지도 않았던 천체들이 비교대상으로 등장

한 것이다. 고대의 이방종교들은 '하늘 만상들'(태양, 달, 그리고 별들과 행성들)과 그것들의 운행 안에서 살아 있는, 우주적인 관장영역을 다스린다고 믿어지는 신들과 여신들의 공동체를 보았다. 이 하늘 천체들이 대표하는 신들 — 지상의 풍요다산제의에서 숭배되는 신들이기도 하다 — 은 나라와 종족에 상관없이 모든 이방들이 경배한 직접적인 예배대상들이었다. 이스라엘은 이 이방종교의 천체 숭배와 그것과 관련된 제의에 참여하지 말도록 엄격하게 금지를 당했던 점이 이스라엘 신앙을 이방종교로부터 구별시키는 결정적인 요인이었다(예. 신 17 : 4). 실로 이스라엘의 신앙은 급진적인 이방신화의 비신화화에 터하고 있었다. 이스라엘에게 이방인들이 섬기던, 우주를 운행하는 여러 신들은 하나님께서 일자와 연한, 징조와 사시를 구분하기 위해, 즉 인류의 편의를 위해 하늘에 걸어 두신 탁상시계들이요 등대들이었을 뿐이었다(창 1 : 14). 그런데 바로 이 하늘 천체의 아름다움과 여인의 아름다움이 비교되고 있는 것이다. 그래서 화자 혹은 화자들은 만일 금지되지만 않았다면 여인이 너무 영광스럽게 아름다워서 하마터면 경배할 정도라고 말하는 것처럼 보인다. 다음에 나오는 직유는 바로 앞에 나온 시에서처럼 깃발을 중심으로 정렬한 군대의 영광과 여인의 아름다움을 비교한다. 이 연상 때문에 아마도 이 절이 현재의 위치에 배치되어 있는 것처럼 보인다. 그렇다면 이 여인은 도대체 누구인가?

Ⅱ.

3 : 6~11 단락에서 제기된 "그녀는 누구인가?"라는 질문은 최종적으로는 약간 틀을 벗어나지만 신학적인 대답을 요청했다. 광야로부터 올라오는 그 여인은 이스라엘이라는 대답을 제시한다. 만일 우리가 추정한 대로 6 : 10이 하나의 자기완결적인 시라면, 바로 앞의 시와의 연관성과 그것 자체의 비의적(秘義的)인 불확실성 때문에 3 : 6~11 단락에서 제시된 대답과 유사한 대답을 생각하지 않을 수 없다. 만일 이 절이 하나의 망실된 전체 시가의 남은 단편이라고 하더라도 주석적인 난제라는 이 상황은 썩

다르지 않을 것이다. 결국 이 절의 비의적 모호성 때문에 우리는 신학적 대답을 제시하지 않을 수 없다. 일단 이런 신학적 읽기를 시도한다면 이 유령 같은 여인을 이스라엘이라고 보는 방법 외에 다른 선택이 없다.

그렇다면 문제는 이제 "누가 이스라엘인가?"라는 질문으로 바뀐다. 신화에 대한 이스라엘의 총론적인 관계에 비추어 볼 때 이런 신화적 직유법들을 구사한다고 해서 아가서가 이스라엘을 하나의 여신으로 만들지는 않는다. 오히려 이 신화적 직유법은 이방 종교의 여신 자리에 이스라엘을 놓는 셈이다. '장미빛 손가락을 가진 새벽', '달과 태양 광선들' — 히브리어 문장에서는 다 여성형으로 표현된다 — 이스라엘 주변의 이방종교들에서는 왕이신 태양의 후궁급 천체들인 데 비하여 이스라엘은 이스라엘 신앙 안에서는 확고한 자기 자리를 차지하고 있다. 그렇다면 이스라엘은 누구인가? 그녀는 하나님의 유일하고 독특한 신부다!

하나님의 신부는 두려워할 만한 분위기를 발산한다. 질서 정연하게 도열한 천상의 군대처럼 당당하고 멋지다. 그리고 하나님이 바로 구혼자이기 때문에 누구보다도 우선적으로 하나님의 눈에 이스라엘은 도도하고 당당한 미를 발산하고 있다. 이 도도한 아름다움으로 이스라엘은 하나님을 놀라게 하며, 하나님과 또한 화해하여야 한다. 전 대속의 신학, 즉 그리스도의 십자가 죽음과 부활신학은 하나님의 백성이 그녀의 신랑 앞에서 노정한 두려움 섞인 놀람을 중심으로 세워질 수도 있을 것이다. "아버지여, 할 만하시거든 이 잔이 나를 지나가게 하옵소서."

성서적 신앙은 규칙적으로 인간 종교의 정상적인 도식을 뒤집어 버린다. 우리는 이미 이스라엘 신앙이 하늘 천체들의 신성을 박탈하고 비신화화했음을 보았다. 그리고 만일 이 작은 시구에 대해 시도된 우의적 해석이 조금이라도 정당화된다면, 그것은 특별할 정도로 놀랍고 한 단계 진전된 전복(顚覆)을 성취하는 셈이다.

종교에 대한 현대적 연구에 기념비적인 작품이라고 인정받는 「성스러움의 개념」(*The Idea of the Holy*)에서 저자 루돌프 오토는 종교감정을 유발시키는 여러 가지 현상들의 특징들을 탁월하게 묘사했다. 그것들은

'매혹적이고 압도적인 신비감으로' 인간에게 도전한다. 종교는 우리가 눈을 거두어들일 수도 없고, 그렇다고 유한성 안에 갇힌 우리 인간이 계속 응시할 수도 없는, 즉 '신비'의 옷을 입은 현상에 의해 인간 안에 착상된다. 그러나 아가서의 알레고리에서는 — 일반 성경 전체에 걸쳐서 — 우리 인간에게 매혹적이고 압도적으로 두려운 자로 나타나는 분이 하나님이라기보다는 우리 인간 자신이다. 우리 인간 자신이 하나님께 매혹적이면서도 동시에 두렵고 외경스러운 존재로 나타난다. 하나님이 하나님이 아닌 자에 의해서 매혹당한다는 것이다. 하나님께서 그분을 매혹시키는 그 존재를 창조하신 후에는 그것을 홀로 내버려 두지 않으신다. 하나님은 그 피조물의 강력한 힘에 압도당하셨는데, 심지어 십자가에 죽기까지 압도당하신다.

물론 보다 더 정상적인 방식으로 또한 하나님께서 우리 인간을 매혹시키시고 압도하신다. 성경에서는 복합적인 양상이 나타난다. 때로는 그렇게 하시고, 때로는 그렇게 하지 않으신다. 때로는 하나님께서 자신을 한없이 낮추셔서 우리의 종교적 경험의 대상이 되기도 하시며, 때로는 범접할 수 없는 빛을 발산하시는 접근불가의 초월을 주장하기를 거절하시고, 마틴 루터의 말을 인용하자면, 엄마의 무릎 위에서 '칭얼대고 똥 싸는' 어린 아기가 되기까지 하신다. 아니면 '우리가 흠모할 만한 외양도 없고 볼품도 없이' 십자가에 힘없이 죽어 가는 사형수가 되어 주기까지 하신다.

Ⅲ.

확실히 하나님께 창조된 남자와 여자는 서로에 대하여 매혹적이고도 압도적인 신비 자체이다. 물론 이 이유 때문에 모든 종교들은 어떤 모양으로든지 풍요와 다산종교의 면모를 다 갖고 있다. 이성의 인격은 나에게 피할 수 없고 범례적인 타자이다. 너무 강력하고 피할 수 없을 만큼 집요한, 그러면서도 신비로운 타자이다. 자신에게 몰입한 나의 평화를 교란시키는 매혹적인 타자이다.

최근 철학, 특히 프랑스의 인격철학에서는 '타자'에 대하여 많은 글들이 쓰여졌다. 그중 어떤 것은 심오하지만 대부분은 수준 이하다. 이 철학적 '타자'는 단지 나의 사유의 대상이나 나의 의지에 영향을 받는 객체로 축소될 수 없는 타자다. 오히려 나의 참된 정체성 형성을 보증하는 타자다. '나의 자폐적 탐닉'으로부터 나를 구해 주는 조건이다. 보다 더 정확한 신학술어로 표현하자면 바로 루터가 선호하는 이런 표현이 타자의 의의를 적당하게 규정해 줄 수 있을 것이다. 이 타자의 철학적 의의는 철학자들에게는 거의 잘 주목되지 못했지만, 유대교 신학과 기독교 신학에서는 그렇게 낯선 개념이 아니다. 나와 다른 성을 가진 타자, 육체와 정신을 갖춘 그 타자는 나에게 피할 수 없는 끌림과 이끌림의 동력을 가해 온다. 하나님에 못 미치지만 다른 성을 가진 타자는 확실히 범례적이고 결정적인 타자이다. 나의 정체성, 나 됨을 구성하는 데 결정적으로 필요한 존재라는 것이다. 만일 내가 반대되는 성을 가진 타자가 나에게 가해 오는 그 압도적인 타자성을 잘 받아넘긴다면 나는 다른 영역에서도 나와 다른 타자의 다름, 낯섦, 그리고 대척적인 성향을 긍정할 수 있을 것이다. 만일 내가 나를 나 되게 만드는 타자성을 받아들이지 못한다면, 나는 태어날 때 그 모습 그대로 유아독존적인 존재로 남게 될 것이다. 하나님의 특별한 부름에 의하여 독신으로 사는 것은 다른 성을 가진 타자로부터의 도피가 아니며, 오히려 다른 성을 가진 타자에 대한 특별한 방식의 공경 표현이다.

우리의 본 시에서 남자에게 압도적인 외경심을 자아내는 존재는 여자이다. 실로 여성들은 비록 더 이상 매혹적이지 않을 때에도, 남성들이 여성들에게 두려운 존재로 다가오는 것보다 더 두렵고 압도적인 존재로 다가온다. 왜 그런지에 대해서는 프로이트가 대답을 갖고 있는 것처럼 보인다. 그의 이론이 전체적으로는 성공하지 못했고 그의 임상치료법도 결점이 있지만, 프로이트는 '오이디푸스 콤플렉스'(부친살해적이며, 모친유착적인 복합감정)라는 이론을 갖고 이 현상을 설명하려 했다. 게다가 다른 성을 가진 타자가 타자성의 시험자요, 타자성 경험을 통해 참된 자아 정체성 형성을 가능케 하는 존재이기 때문에 남성들에게 다가오는 여성들의 존재

감이 더 압도적이고 두렵게 느껴지는 이 현상은, 아마도 왜 여성들보다 남성들이 이성을 대하는 데 더 큰 곤란을 겪는 것처럼 보이는지에 대한 설명이 된다. "마이 페어 레이디"(My Fair Lady)에 나오는 헨리 히긴스는 왜 여자가 남자처럼 행동할 수 없었는가에 대해 궁금해 한다. 그가 이 점을 궁금해 하는 것이 바로 그의 노골적인 유아적 태도의 뿌리다. 버나드 쇼의 원래 희곡에서는 이 유아독존적 태도가 그의 마지막 재난이었다.

그래서 우리는 질문한다. 앞으로 본격적으로 사귈 사람들 또는 실제 사귀는 연인들이 "우리 사이의 차이 만세!"라고 외칠까? 아니면 그들이 그 차이 앞에서 비겁하게 뒷걸음질칠까? 당신 자신과는 무한히 다른 우리의 인간적인 유한성 때문에 조금도 뒷걸음질치지도 않았고 뒷걸음질치지도 않으시는 — 심지어 비록 그 차이가 하나님의 아들의 죽음이라는 극단까지 치달았을지라도 — 하나님에 대한 믿음은 우리에게 용기를 줄 것이다. 여기서 중요한 것은 용기가 필요하다는 점이다. 왜냐하면 우리 인간들 사이에서도 역시 참된 사랑은 자기를 죽여 가면서 표현될 수 있기 때문이다. 사랑받는 자든 사랑하는 자든 상관없이 참된 사랑은 죽일 수도 있다. 사랑과 죽음의 낭만적 관계는 이처럼 아주 뿌리가 깊고 상당히 타당한 근거를 갖고 있다. 그래서 혼인서약은 '죽음이 갈라놓을 때까지' 유효한 것이다.

6 : 11~12

암미나딥?

I.

거의 아무것도 확실한 것을 파악할 수 없는 이 혼란스러운 10~13절 안에서 10절 자체만 놓고 보면, 우리는 이 절에서 뭔가를 뽑아낼 수 있음을

발견했다. 실제로 상당히 많은 깨달음이 도출될 수 있다. 그리고 우리는 13절의 다양한 해석가능성들을 이제 살펴볼 것이다. 하지만 똑같은 보람을 11~12절에서는 기대할 수 없다.

실로 본 주석서가 채택하기로 한 절차들(문자적, 문학적 읽기를 시도한 후의 신학적, 우의적 해석 시도 절차)은 이 두 절에는 도저히 적용할 수 없다. 왜냐하면 겉으로 드러나는 어떤 뜻이나 의미가 도무지 식별되지 않기 때문이다. 우리가 아주 작은 실마리를 찾아도 그런대로 만족하면 이해하고 지나쳤던 몇몇 다른 곳에서와는 달리, 여기서는 아주 적은 해석의 실마리나 흔적도 발견되지 않는다. 결국 신학적 알레고리로 읽는 길 외에는 달리 다른 방법이 없다. 여기도 문제는 남는다. 이번에는 인간적 사랑을 묘사할 유추물이 전혀 없는 상황이다.

아무리 기지가 넘치는 주석이라 할지라도 — 본 주석가의 주석도 마찬가지 — 11절의 의미에 대해서는 어떤 개연성 있는 해석도 제공하지 못했다. 누가 호도 동산으로 갔으며, 왜 그가 혹은 그녀가 거기로 갔는가, 왜 그 호도 동산이 '계곡'에 있는 것이 중요한가? 12절이 전혀 도움이 안 되는 상황이기 때문에 거기에 무슨 일이 일어났는가도 모른다. 다음으로는 12절의 히브리어 구문이 너무 많이 부식되었다는 점은 널리 알려져 있기에 (머피) 어떤 그럴 듯한 본문 수정을 위한 토대도 전혀 없는 실정이라는 점이 고려되어야 한다. 그럼에도 불구하고 우리는 많은 사본들과 역본들은 구약성서 번역자들이 빈 칸으로 남겨두지 못하는 상황에서 확정한 본문들에 근거하여 이런저런 본문을 재구성해 제시했을 것이라고 본다. 그래서 AV가 "내 영혼이 나를 암미나딥[19]의 병거들처럼 만들었다."라고 번역한 곳에 — 그 의미가 무엇이든 상관없이 — NRSV는 "나의 상상이 나를 나의 왕자 옆 병거 안에 몰아넣었다."라고 번역한다. 이 두 번역의 유일한 공통점은 '병거'라는 번역어인데, 그것마저도 병거의 수에 있어서는 서로 차이

19) 개역개정에서는 암미나딥을 '내 귀한 백성'이라고 번역한다. '암미'는 '내 백성', '나딥'은 '귀한'의 의미가 있기 때문에 무리하게 번역한 듯하다.

를 보인다.[20] 아니면 라틴어역 불가타역을 살펴보라. 현재 마소라 히브리어 본문과 거의 같은 히브리어 본문을 갖고 번역한 것 같은데, 그것은 "나는 모른다. 내 영혼이 암미나딥의 병거들 때문에 나를 괴롭히고 있다."라고 번역된다. 12절의 상황을 고려하건대 11절의 해석불가능성 또한 심각한 본문 훼손으로 인한 것이라고 볼 수 있다.

물론 여기서 다른 몇 군데에서처럼 우리가 현재 갖고 있지 않아서 모를 뿐이지, 한때는 이 단락의 의미를 열어젖히는 데 결정적으로 중요한 열쇠가 있었을 가능성도 배제할 수 없다. 하지만 지금은 한때 존재했다고 여겨지는 그 열쇠는 이 절을 둘러싸고 흐르는 이야기도 해결해야 하지만, 그것에 앞서 언어 자체를 해결해야 한다. 그러나 문제는 그런 열쇠를 우리가 갖고 있지 못하다는 점이다.

Ⅱ.

그럼에도 불구하고 신학적 주석을 맡은 사람은 정경의 한 단락이 도무지 이해가 안 된다는 식으로 말할 수는 없다. 다만 그것이 오늘을 살고 있는 우리들에게는 납득이 잘 안 된다고 말할 수 있을 뿐이다. 주석의 역사에서 오늘날 우리의 위치에 놓여 있는 사람들 — 현대 주석가이든 직전 시대의 주석가이든 상관없이 — 에게 있는 각각의 이점과 불리한 점을 다 함께 계산해 보더라도 우리는 이 본문에 대해 어떤 주석이나 해석도 시도할 수 없다. 우리가 주석을 시작할 때 붙들어야 하는 최소한의 이해 가능한 논리나 정황이 사본전승 과정의 사고로 인해 우리에게 더 이상 알려져 있지 않기 때문이다. 하지만 이 주장은 성령께서는 이 단락을 사용하셔서 각기 우리 시대와 다른 장단점을 각각 가졌을 법한, 다른 시대를 살았던 독자들에게 영감을 고취시켰거나 깨달음을 주셨다는 것마저도 부인하는 것은 아니다. 또는 성령께서 앞으로도 이 단락을 사용하셔서 독자들을 깨

20) AV는 병거의 복수형을, NRSV는 단수형을 쓴다.

우치실 일은 없을 것이라고 말하는 것도 아니다. 결국 성령은 이렇게 불완전한 본문 훼손 상황에서도 그분의 기쁘신 뜻대로 독자들을 감동시키거나 깨달음의 빛을 던져 주실 자유를 갖고 계신다.

그러므로 본 주석자가 제시할 어떤 잠정적 해석안을 대신하여, 우리는 역사비평 이전의 중세 주석가들은 우리와 또 다른 상황에서 이 단락을 어떻게 해석했는가를 보여 주는 한 가지 해석 사례를 고찰해 볼 것이다. 기독교회의 주석가들은 대개 이 단락의 화자를 남자라고 간주했는데, 이를 우의적으로 해석하자면 이 남성 화자를 그리스도라고 보았다. 이런 반경 안에서 12세기 수도사였던 아우톤의 호노리우스는 11절의 불가타역을 다음과 같이 해석했다. "나는 호도 동산으로 (일하러) 내려갔다. 즉, '나는 종의 형체를 취하였다'(빌 2 : 7). 나는 '계곡들에서 자라나는 사과들을' 보기 위해 이 세상으로 들어왔다. 즉, '겸손하고 비천한 영혼들의 행위들을 보상해 주기' 위해 왔다"(노리스). 놀라운 것은 이런 중세적 해석의 영향을 받았을 가능성이 전무한 타르굼도 이와 유사하게 읽는다. 성육신적이고 도덕주의적 관점에서 이 단락을 해석한다. "이 세상 대주재께서는 말씀하셨다. '나는 나의 쉐키나(영광)로 하여금 둘째 성전에 거하게 하였다…… 내 백성의 선한 행실을 볼 수 있도록 하기 위하여'"(타르굼).

Ⅲ.

여기서 이제 우리는 더 이상 앞으로 나아갈 터전이 없는 상황이므로 더 이상 해석을 시도하지 말고 그냥 지나가야 한다. 우리는 이제 더 이상 전근대적, 역사비평 이전의 주석의 예를 제시할 수 없다. 왜냐하면 유대교 중세 주석가들이나 기독교 중세 주석가들 중 어느 누구도 이 단계 이상 더 내려간 사람은 없었기 때문이다. 그들 모두는 이 단락에 대해 더 이상 주해를 시도하지 않았다.

6 : 13
춤추는 술람미 여인

I.

이 절은 아주 짧은 시라고 해도 혹은 전체 시의 남아 있는 이해 가능한 단편이라고 해도 주석이 가능하다. 어느 정도 자기완결성을 갖춘 것처럼 보이기 때문이다. 바로 이런 이유로 — 물론 가장 큰 이유로는 편의상 — 독립적인 시로 취급할 것이다. 하지만 이 절은 뒤따라 나오는 보다 더 긴 시를 여는 개시절이라고 보아도 또한 무방할 것이다. 이 경우 여인의 몸을 찬양하는 목록을 가진 보다 더 긴 시가는 춤추는 사람을 묘사하는 것으로 보지 않으면 안 된다. 이 후자의 읽기를 보다 더 그럴듯하다고 생각하는 사람은 이 절에 대한 주해를 7 : 1~5의 주해에 갖다 붙여 읽어도 된다.

우리는 비록 13절의 끝 소절에 나오는 '두 군영 앞에서'(before two armies)라는 말(개역개정은 마하나임이라고 번역한다. 마하나임이 '두 군영'을 의미한다.)의 문법적 연결이 그렇게 분명히 해결되지 못한 점은 있을지라도 여기서 NRSV를 따를 것이다. 해당 단어에 필요한 성(性) 표시어를 고려해 번역하면 다음과 같이 읽힌다.

> "돌아오고 돌아오라[여성 단수] 술람미 여자야 돌아오고 돌아오라 우리가 너를 보게 하라 너희가 어찌하여 두 군영 앞(마하나임)에서 춤추는 것을 보는 것처럼 술람미 여자를 보려느냐[남성 복수]?"(13절)

이 절은 아무리 짧아도 대화로 구성되어 있음을 알 수 있다.[21] 이 절의 상황을 간략히 정리하면 이렇다. 남성합창단이 술람미 여인으로 하여금 자신들에게 돌아오라고 호소한다. 그들은 그녀가 돌아와 자신들 앞에서

---

21) 여성 단수와 남성 복수가 교체되어 있는 것을 볼 때 그렇다.

춤추는 것을 보여 달라고 호소한다. 아마도 '두 군영 앞에서의 춤'이라고 하는 특별한 춤을 공연해 달라고 요청하는 것이다.[22] 두 군영에 해당되는 남은 관람 청중을 의미하는지, 아니면 남성합창단 자체가 바로 두 군영을 구성하는 청중인지는 모른다. 다음 소절(너희가 어찌하여 두 군영 앞[마하나임]에서 춤추는 것을 보는 것처럼 술람미 여자를 보려느냐?)의 화자 또한 불확실하지만, 아무래도 그들 앞에서 춤추기를 거절하는 술람미 여인 자신으로 보아야 할 것이다.

확실히 여기에는 풀어야 할 두 가지 문젯거리가 있다. 누가 혹은 무엇이 술람미 사람인가? '두 군영 앞에서' 추는 춤은 어떤 종류의 춤인가? 술람미 사람이 누구인가에 대한 설명들은 굉장히 다양하다(베르간트를 보라). 그것은 고고학자들이 술람이라는 지역을 찾아낼 수만 있다면 '술람 출신의 여인'으로 볼 수 있다. 술람이 어딘지는 아직도 밝혀지지 않았다. 모음을 약간 바꾸어 수넴으로 읽을 수도 있다. 이 경우 술람은 수넴이 되는데, 이 도시는 구약성경에서 알려져 있다. 미녀들의 성읍이다. 늙은 다윗 왕의 임종 직전에 그의 몸을 덥혀 달라고 침실로 보내진 동녀가 수넴 여인 아비삭이었다(왕상 1 : 1-4). 이처럼 '술람 사람'(슐람미트)이 가리킬 수 있는 피지시물, 발음, 그리고 동등어를 둘러싼 그런 구약성서적 암시들을 총망라하여 그것이 무엇을 의미하는지를 역으로 추적하는 일이 불가능한 일은 아니다(데이비드). 그럼에도 불구하고, 이야기의 외견상 전개과정의 측면에서 보면 가장 간단한 해결책은 따로 있다. 슐람미트(shulammite)를 솔로몬(Shelomon)의 불규칙 여성형으로 보는 방법이다. 아가서의 다른 곳에서는 주인공 남자 연인이 솔로몬임을 가리키고 있듯이 — 이런 사랑노래의 모든 남성 주인공은 위대한 왕이다 — 여기서 여성 주인공은 솔로몬의 여성형 동등자가 되는 것이 자연스럽다. 모든 사랑노래의 여성 주인공은 위대한 황후이기도 하다.

남성합창단은 술람미 여인에게 '돌아와' 자신들 앞에서 춤 공연을 해

22) 두 군영이 무엇을 의미하는지는 확실하지 않다.

달라고 간청하거나 혹은 명령한다. 그들이 누구인지는 밝혀져 있지 않으나 그들이 암미나딥과 그의 난봉꾼 친구들 외에 누구도 아니라는 추측(게르레만)은 기발하기는 하지만, 그 해석의 무게는 우리가 모르는 암미나딥을 해석자가 얼마나 알아내느냐에 달려 있다. 우리는 돌아와 달라는 요청을 받은 술람미 여인이 어디로 돌아와 달라고 요청을 받았는지는 모른다. 아마도 자신의 연인으로 돌아와 달라고 요청받았다고 보는 것이 자연스러울 것이다. '두 군영 앞에서 추는 춤'이 어떤 종류의 춤인가에 상관없이 그것은 그녀가 만일 춤추기로 동의했다면 대면하게 되었을 실제적 혹은 암묵적인 청중 앞에서의 공연이었을 것이었다. 아마도 이 청중들의 존재가 그녀가 춤추기를 거절하는 이유인 것처럼 보인다. 이 절이 실로 7 : 1~5과 함께 읽혀야 한다면, 그녀의 거절 이유가 좀 더 분명해진다. 그녀는 자신의 연인 앞에서만 춤추고 싶어서, 즉 연인에게 달려가기 위해서 대중 앞에서 춤추기를 거절했던 셈이다. 이런 추정은 뒤따라 나오는 시에서 묘사된 것처럼 그녀가 춤출 때 입은 옷을 보면 확실히 적절한 본문 관찰이다.

Ⅱ.

만일 '슐람미트'가 '솔로몬'의 여성형 대칭명사라면 그것은 신학적으로 아주 중요한 인사어 '샬롬'(shalom), 즉 '평화'라는 단어와 똑같은 어근(shlm)을 갖고 있는 셈이다. 이 어근(shlm)은 히브리어로는 쉘로모(shlomo)로 발음되는 솔로몬 왕의 이름('평화의 사람'이라는 뜻)에도 나타나고 아가서에서 굉장히 많이 자주 등장하는 '예루살렘'('평화의 토대'라는 뜻)에도 들어있다. 아가서를 주해하는 동안 이런 단어 사이의 의미론적 연상작용을 모른 체하는 것은 굉장히 어렵다. 아가서 저자는 아마도 이런 저작상의 의도를 아가서의 여자 주인공의 이름에 내장해 두었을 것이다.

그러나 그렇다고 해서 우리가 이 연상작용에서 무엇을 얻어낼 수 있는가? 교부들과 기독교회의 중세주석가들은 현재 우리가 갖고 있는 마소라 히브리어 본문과는 전혀 다른 판본의 아가서를 읽었다. 따라서 그들이 읽

은 아가서의 이 본문은 11세기에 필사된 히브리어 사본에서 재구성된 마소라 아가서 본문을 번역한 NRSV의 아가서 본문과는 전혀 다른 시라고 해도 될 정도다. 그래서 교부들과 중세 기독교 주석가들이 제시한 해결책들은 여기서는 별로 도움이 안 된다. 그래서 타르굼의 해석에 끌리게 된다. 타르굼은 '돌아오라'는 외침을 이스라엘에게 들려진 외침, 즉 예언자들에게로 돌아오라는 호소라고 해석한다. 이 경우 남성합창단이 바로 예언자들인 셈이다. 하지만 이 절의 겉으로 드러나는 이야기에 따르면 남성합창단은 예언자라기보다는 유혹자에 가깝다. 따라서 이 점은 타르굼을 따라갈 수 없다. 하지만 이런 본문상의 정황도 자신의 일관성 있는 해석을 중단시키지 못한다. 이 절의 아가서 읽기도 그런 경향을 보인다. 이제 우리는 진짜 큰, 그러나 결정적으로 중요한 지점에 당도했다. 앞의 두 시가들에서 있었던 상황과 유사하다. 이 시도 신학적 알레고리로 읽지 않으면 안 되는 지점에 왔다는 말이다.

본 주석자는 아가서 전체의 사건들과 행동들을 야웨와 그의 백성의 사랑 가득 찬 연합을 표현하는 유추적 드라마로 해석한다. 이 드라마가 펼쳐지는 사건의 중심무대는 예루살렘과 성전이요, 사건의 중심인물들은 솔로몬 왕과 술람미 여인이며, 그들 사이에 일어난 중심사건들은 연가풍의 사랑노래를 주고받고, 어떤 이유로 한적한 전원으로 물러가 버린 연인을 찾아 미친 듯이 헤매는 일이다. 이 모든 알레고리적 장치들은 독자들로 하여금 이 주인공의 연합이 다름 아닌 평화의 정립이라고 이해하도록 유도한다. 이 시의 핵심적 연상은 사랑 가득 찬 평화임이 드러난다.

인간 종교사 전체에 걸쳐서 신과 인간의 만남은, 적어도 어떻게 보든 단도직입적으로 말하자면, 결코 평화적 연합이 아니었다. 오히려 그것은 인성의 신성 안으로의 흡수이거나 서로 대적할 수 있는 복수의 타자적 존재들을 떠남으로써 얻어지는 '평화'일 뿐이었다. 인근 족속들의 삶의 터전을 '사막처럼 황무하게 만들어 놓는 것, 그것이 평화'라고 말하는 로마 제국 사람들의 잠언에 있듯이 타자를 정복하고 얻는 평화는 참 평화가 아닐 것이다. 신과 인간의 만남은 평화가 아니라 갈등이요 투쟁이다. 세계의

종교들에 나오는 이 신-인의 만남 이야기 끝에는 신들이 나타나 우리들 중 나머지 사람들의 얼굴을 덮은 베일을 벗겨내 인간들이 실재적 존재가 아님을 폭로하거나 인간을 삼켜 버리는 식으로 마무리된다. 옛 신화들의 재현이라고 불릴 수 있는 최근의 철학은 존재 자체를 갈등, 또는 폭력적 각축으로 등치시킨다. 이런 이해에 따르면 존재한다는 것은 니체와 어거스틴이 둘 다 지배욕구라고 부르는 데 동의한 것, 즉 '타자에 대한 권력의지'를 행사하는 것이다. 물론 니체는 이 권력의지를 찬양했고, 어거스틴은 그 안에서 모든 죄악의 근원인 자기애의 집단적인 형식을 본다.

기독교 신앙도 역시 하나님과 개별적인 정체성을 가진 피조물의 만남을 올바로 이해하는 데서 시작된다. 그러나 불교에서 말하는 자아소멸적인 열반몽에서와는 달리, 기독교 신앙은 개별적인 주체성을 가진 한 특별한 인간, 예수 그리스도 안에서 이루어지는 하나님과의 만남을 말한다. 불교적인 열반몽에서 맛보는 신인합일은 서로 구별되는 정체성을 가진 채, 존재들보다는 어떤 수준에서는 낮고 어떤 수준에서는 높은 경지에서 이루어진다고 여겨지는 합일이다. 그러나 기독교 신앙의 신인합일은 개별적 정체성이 소멸되거나 신에게 흡수되지 않고 특별한 인격, 예수 그리스도 안에서 실현된다. 게다가 이 특별한 인간의 생애는 타자에 대한 사랑의 완전한 구현이다. 그 안에서 하나님과 인간 사이의, 그리고 피조물들 사이의 평화가 있다. 이것은 평화를 경험하는 개인의 개별적 주체성의 소멸을 통해서가 아니라 특수한 개인 중보자 그리스도에 의한 구속을 통해 실현된다. 천국은 개별적인 주체성을 가진 사람들 사이에 실현된 평화의 공동체이다.

이 단락을 갖고 설교하거나 가르치는 사람들은 아가서의 첫째 시의 메시지를 다시 상기할 수도 있을 것이다. "당신은 당신 자신을 위해 우리를 창조하셨습니다. 그래서 우리 마음은 당신 안에서 안식을 발견할 때까지는 쉼을 누리지 못합니다.", "당신은 하나님을 만나는 경험이 평화라고 기대하지 않았습니다. 그러나 그리스도 안에서 평화가 작정되어 있습니다. 그 평화는 계속될 것입니다."

Ⅲ.

하지만 남녀 간의 연합도 실로 이 공동체 안에서 누리는 영원한 평화에 비견될 만한 평화일 수 있을까? 우리의 많은 경험상 그렇지 않음을 우리는 안다. '양성 간의 전쟁'이라는 말이 그냥 이유 없이 생겨난 것은 아니다. 남녀의 성적 연합에서 남성과 여성의 각자의 다른 역할들은 피조물 사이에서 맛볼 수 있는 가장 완벽한 공동체적 연합 경험을 가능케 하는 조건이 될 수도 있다. 실로 남녀가 만드는 이 공동체는 모든 다른 인간 공동체의 전제이기도 하다.[23] 그러나 남녀로 이루어진 공동체는 또한 전혀 다른 가능성을 제시하기도 한다. 남성에게 요청되는 필수적인 그 역할이 오히려 여성에 대한 전례 없는 지배욕구 — 혹은 여성의 불평조의 탄원 — 의 발산 기회를 제공하기 때문이다. 여성에게 어쩔 수 없이 요청된 역할이 남성적 지배에 대항하는 복수의 기회를 제공하기도 한다. 물론 모든 남녀 간의 성교(심지어 부부간의 성교)를 강간과 동일시한 초기 여권주의자들의 이론이 꽤 유치했던 것은 사실이다. 하지만 강간에 버금가는 성교와 폭력의 불행한 일치가 현실에서 일어난다. 강간이 그렇게 만연한 것은 인간의 심리적 심연에 무엇이 잠복해 있는지를 보여 준다.[24] 그러나 어떤 의로운 여성들이 아예 성적인 만남 자체를 회피하는 일이 있다고 해도 이상한 일은 아니다.

그렇다면 어떻게 전쟁 대신에 남녀 간에 평화가 구현될 수 있을까? 실로 그리스도 안에서 실현된 신-인 사이의 평화를 재현해 낼 정도로 안정되고 역동적이며 상호적인 평화가 어떻게 남녀 간에 실현될 수 있을까? 이스라엘과 교회 밖의 세상에 대해서는 우리가 남녀 간의 만남 자체를 회피하는 것을 막는 법률과 관습을 통해 역사하시고, 우연한 남녀 간의 행복한 인연을 통해 세계만민의 남녀 공동체를 일구어 가시는 하나님의 섭리적 통치

23) 남녀 간의 연합을 통해 공동체가 성립되고 작동된다면 다른 모든 인간들이 만드는 공동체도 작동할 것이다.

24) 성적 행위가 지배욕구와 결합되기 얼마나 쉬운가를 보여 주는 예다.

에 맡겨 두자. 이스라엘과 교회 안에서는 평화가 좀 더 견실하게 구축될 수 있다. 남녀 간의 연합이 유추적으로 모방해야 할 하나님과 피조물의 연합사건 안에서 보양되고 교육받는 신자들의 사랑 가득 찬 삶에 의해 그 평화가 자라 갈 수 있다. 혼인을 위한 교회의 기도, 평화를 위해 함께 기도하는 신자 부부의 간구, 그리고 그들의 연합을 성별시켜 주시는 성만찬의 떡과 잔의 나눔은 이런 평화를 자라게 하는 자양분이다. 필요하다면 팔씨름 하는 것 정도의 갈등은 있을지언정, 이것들은 결국 평화를 만들어 낸다.

7 : 1~5
왕후 같은 그녀의 몸

I.

우리가 이 절들과 7 : 6~9을 하나의 시로 보든지, 아니면 두 편의 독립된 시로 보든지 전체 논지 파악에는 별다른 차이가 없다. 하지만 1~5절이 아가서 중에서 여인의 몸에 대한 가장 강렬한 황홀에 찬 찬미목록을 담고 있는 반면에 6~9절은 그녀의 몸에 대하여 사뭇 다른 접근을 보여 준다. 이처럼 내용상 둘 사이에 둘을 다른 시로 보게 만드는 요소들이 있어서 우리는 각각을 분리해 주해할 것이다. 남자 연인의 여인의 몸에 대한 찬양은 틀에 벗어날 정도로 문자적인 찬미로 시작한다. 샌들을 신고 있는 여인의 발부터 찬양한다. 이것과 이 아랍계통의 연가풍의 사랑노래의 나머지 부분을 채우는 직유법들 사이에 있는 단절과 이 직유법들의 직접적인 관찰력을 고려하면, 우리는 이 여인이 샌들 외에는 아무것도 입거나 신지 않았다고 생각해야만 한다. 만일 6 : 13이 이 시의 도입부에 해당된다면 그녀가 신고 있는 샌들은 확실히 춤을 추기 위한 준비물일 것이며, 샌들 외에 아무 옷도 착용하지 않았다면 아마도 이 상황은 적어도 이스라엘에서

는 그녀가 출 춤이 친밀하고 사사로운 자리에서의 춤임을 믿게 만든다.

아가서의 다른 시들에서처럼 이 직유법들도 아주 제한적인 비교 가능성이라는 틀 안에서 작동한다. 그래서 여인의 넓적다리들과 수공예 장인이 만든 보석 사이의 유사성은 단지 그것들이 완벽한 외양을 갖고 있다는 점일 뿐이다. 여성적 아름다움에 대한 최근대의 서구적 이상들에 비추어 볼 때 여성의 배는 실로 둥그렇게 쌓아올린 낟가리처럼 생겨야 한다는 것이다. 그런데 여기서는 여인의 허리가 보리 낟가리가 아니라 밀 낟가리와 비교되고 있다. 많은 주석가들이 이 점에 대해 아가서의 이 비유를 이해해 보려고 숱한 의견들을 제시했지만, 우리가 보기에는 모두 별로 설득력이 없어 보인다. 아마도 여기에는 직유법의 이차적 확장에 기대하는 듯한 곳이 한두 군데 있을 것이다. 즉, 남자 연인은 놀랍게도 둥근 배꼽 같은 잔에 포도주를 부어 마시는 상상을 하고 있다. 이 여인의 '배꼽'을 실제로는 여인의 음부를 가리키는 것으로 이해하려고 애쓴 주석가들의 노력들은 너무 지나쳐 설득력이 떨어져 보인다.

우리가 앞서 다른 시에서 보았던 서로 잘 어울리는 한 쌍의 유방에 대해 살펴보자. 전에 우리가 살펴본 것처럼, 이 유방들을 암사슴의 쌍태 새끼에 비유한 것은, 그것들이 각각 발산하는 주체할 수 없는 매력 때문이다. 두 마리 사자나 두 마리 낙타 같다는 비유는 아마 이런 느낌을 전달해 주지 못할 것이다. 여인의 아름다운 눈과 비교되는 도성인 헤스본은 고고학자들이 실제로 발굴해 낸 고대에 존재했던 도시였으며, 탁월한 수도 시설을 갖춘 것으로 드러났다(베르간트). 그러나 그 안에 있었던 특별한 연못이나 샘들에서 대해서는 알려진 바가 없다. 여기서는 이 연못이나 샘 직유법의 확장적 적용이 의도되거나 기대되었는지는 확실히 말할 수 없다. 눈을 샘물이나 연못에 비교하는 것은 옛날이나 오늘이나 시를 쓰는 사람들에게 즐겨 채택되는 비유다. 여인의 코를 높은 성채나 넓은 지역을 조망하는 망대와 비교하는 것은 크기나 모양 때문이 아니라 — 누구나 생각하듯이 — 그것이 우뚝 솟아오른 높이 때문이다. 중세 기사들의 성채(Crac des Chevaliers)가 주변 지역에 비해 돌출적으로 높이 솟아올랐던 상황을 상

상해 볼 수 있을 것이다. 5c절[25]에 대한 거의 대부분 번역들은 추측에 의한 번역일 뿐이므로 적극적인 해석의 여지가 별로 없다.[26]

Ⅱ.

야웨께서 그의 백성을 보실 때 그는 오직 아름답고, 자랑스러우며, 전적으로 탐스러운 것만 보신다. 그러나 확실히 우리가 이스라엘과 교회의 벌거벗은 실체를 본다면, 본문의 남자 연인이 여인을 바라볼 때의 경험과는 달리, 남자 연인이 본 것과 같이 아무것도 보지 못하는 대신 온통 망가지고, 주변 문화들에게 비굴하게 굴종하는, 전체적으로 혐오감을 불러일으키는 하나님의 백성의 진면목을 보게 될 것이다. 그래서 야웨께서는 일단 사랑하기로 작정한 이상, 그 사랑 때문에 당신의 연인의 혐오스러운 외양을 볼 수 없을 만큼 맹목적이 되기로 작정하신 것처럼 보인다.

이 다음에 마땅히 이야기되어져야 하는 것 중 일부는 물론 그분의 백성을 바라보는 야웨의 시선이 종말론적이라는 것, 그래서 야웨의 황홀하게 아름다운 신부는 야웨께서 종말의 때에 놀라울 정도로 아름답게 변화시켜 줄 그 이스라엘이라는 것, 그리하여 지금 현재에, 역사의 중간시기에 그녀와 혼인해 주심으로써 미래에 덧입게 될 아름다움을 지금 현재에도 부여하신다는 사실이다. 황홀할 정도로 신비롭고 아름다운 여인은 새 예루살렘에서 어린 양 주님을 맞이하실 바로 주님의 신부다.[27] 이 사실은 이 시의 겉으로 드러나는 이야기에 의해서도 지지될 수 있다. 과연 누가 이렇게 압도적인 아름다움을 발산했던가? 그런 여인이 과연 있었던가? 결국 이 시의 여인은 미래에 영화롭게 될 종말론적 신부를 가리킨다는 것이다. 또한 인간 연인들도 진실로 서로 사랑할 때는 현재의 모습만을 바라보지 않

25) 멜렉 아수르 빠러하팀 : 개역개정에서는 "왕이 그 머리카락에 매이었구나"라고 번역한다.
26) NRSV나 개역개정은 동일한 번역 제시 : "왕이 그 머리카락에 매이었구나"
27) 요한계시록 19 : 9을 보라.

고 미래에 변화될 그 모습을 예기하면서 사랑하지 않는가? 우리는 이 주제에 대해 마지막 부분 주해에서 다시 다룰 것이다.

그러나 우리는 또한 주님께서 우리를 향한 당신의 사랑 때문에 일부러 눈먼 자가 되기로 작정하셨고, 그것이 바로 우리의 구원이 되었다고 말할 수도 있을 것이다. 이 자발적인 맹목성은 어떤 매력에 홀리는 수동성이 아니라 삼위일체 하나님의 비밀의 경륜이다. 십자가에 달려 죽어 가시는 그리스도는 당신의 아버지 하나님께 자신을 못 박는 자들을 용서해 달라는 기도를 드렸다. "아버지, 저들의 죄를 용서하여 주옵소서. 왜냐하면 그들은 자신들이 하고 있는 짓이 무슨 의미가 있는지를 모르고 있습니다." 하나님 아버지께서는 양자택일의 기로에 서서 아들의 중보기도를 받은 그들 모두를 아들 하나님과 함께 다 받아들일 수도 있었고, 아니면 그 죄인들과 아들을 함께 다 배척하실 수도 있었다. 하나님의 아들은 기도하신 것이다. "그들의 맹목적 행위에 대하여 그들이 제게 가하는 죽음의 맹목성을 봐서라도 그들의 죄악에 눈감아 주옵소서."

이와는 전적으로 다른 방향에서이긴 하지만 14세기의 주석가인 리라의 니콜라스(Nicholas of Lyra)도 이렇게 말했다. "태아가 형성되는 배를 덮는 배꼽, 그리고 그 태아를 자라게 하는 자궁은 그리스도 자신에게 하나님의 자녀들을 낳아 주는 교회의 영적 생식력을 의미한다"(노리스).

Ⅲ.

하나님을 믿는 연인들은 서로의 몸을 쳐다볼 때 미래의 영광으로 완전하게 된 존재를 통찰하도록 허용되었다. 물론 그들은 이 점을 관념적으로 해석해서는 안 된다. 우리가 연인을 사랑할 때 연인의 영혼을 사랑하는 것은 의심의 여지가 없지만, 기독교 신앙의 성애적 열정의 대상이 되는 것은 단지 육체성이 배제된 영혼이 아니라 육체성이 담보된 영혼이다. 따라서 우리의 에로스적 사랑도 육체가 배제된 영적인 연합일 수는 없다. 그렇다면 우리의 육체는 마지막 날에 어떻게 변형될까?

조나단 에드워즈는 말했다. "천국에서는 영화롭게 된 성도들의 육체들은 가장 탄력적이며, 기동성이 좋을 것이며, 그리고 민첩할 것이다. 무엇보다 먼저 육체에 내주하는 영화롭게 된 영혼의 행위들과 그리스도의 영향 때문에, 거룩한 돌연변이를 쉽게 겪게 될 것이다." 성도들이 서로를 그렇게 변화된 육체들로 인식하고 바라볼 때, 보는 행위의 '매개적 역할'은 '무한히 개선될 것이고', 그 보는 '기관인 눈도' '엄청나게 더 거룩하게 변형되어 순수한 지각력을 갖게 될 것이다'. 이런 사색은 언제든지 이런 식으로 전개될 수밖에 없는 것도 사실이지만, 물론 에드워즈의 이 사색은 형이상학과 시적 상상력의 혼합물이다. 하지만 아가서의 지침에 따르면 이런 방식의 묘사도 그렇게 열등한 묘사기법은 아니다.

어떤 연인이 자신의 연인을 볼 때, 그 또는 그녀는 — 조나단 에드워즈의 격정적인 토로에 따라 — 생동감 넘치고 역동적인 몸, 곧 삼위일체 하나님과의 생명교제에 돌입하게 될 그런 육체로 바라보아야 할 뿐만 아니라 동시에 현실에 뿌리를 박고 사는 지극히 세계내적인 제한성에 갇혀 사는, 바로 동일한 사람(연인)의 몸임도 인정해야 한다. 아니면 만일 어떤 사람들이 이 아가서보다 더 종말의 영광스러운 변모에 대하여 더 생동감 있게 묘사한 사랑노래를 발견한다면, 그들이 그 사랑노래를 따라 종말의 영화로운 변화를 미리 맛보게 허용해 주자.

사랑 때문에 맹목적이 되는 것, 사실 이것에는 위험한 면도 없지 않다. 하나님의 아들의 죽음이라는 가장 큰 위험을 하나님 아버지께 안겨 드리지 않았던가? 그러나 그것은 불가피하게 감수한 위험이다. 관찰자들은 가끔 누군가를 사랑하는 사람들에 의해 당혹스러워질 때가 있다. "도대체 여자 연인은 남자 연인의 무엇을 보고 저렇게 사랑에 빠진담?" 위험을 내장한 맹목적 사랑은 우리를 당황하게 한다. 이처럼 사랑의 맹목은 이따금 재난으로 끝날 때가 있다. 그러나 이런 사랑을 위한 위험 감수가 없었더라면 이 타락하고 유한한 세상에서는 어떤 사랑도 시도되지 않았을 것이다. 기도 외에는 이 모순을 어떻게 해결할 것인가? 기도로만 이 모순적인 상황을 해결할 수 있다.

7 : 6~9
종려나무

I.

히브리어 마소라 본문에서는 6~9절과 10~13절이 하나의 시를 이루는 것처럼 보인다. 그래서 어떤 주석가들은 그렇게 읽었다(예. 머피). 그러나 여기에는 문제가 있다. 다음은 히브리어 마소라 본문 9a~b절을 번역하되 성(性) 표시를 삽입하여 번역한다. "그리고 너의(여성 소유격) 입맞춤들은 내(남성 소유격) 사랑하는 자를 위하여 미끄럽게 흘러내리는 극상품 포도주와 같구나." NRSV는 '내 사랑하는 자를 위하여'를 제거하였음이 드러날 것이다. 그래서 마소라 히브리어 본문에서는 이 주절(主節)의 화자가 반드시 남자여야 하는 반면에 종속절의 화자는 여자이지 않으면 안 된다. 이 현상을 의미 있게 해석하기 위하여 때때로 제시된 가설은 9절 하반절에서 여자가, 그녀의 입맞춤들에 대한 남자 연인의 묘사를 끝내지 못하도록 말을 중단시키고 13절까지 내리 자신의 말을 계속한다고 보는 것이다(데이비스, 베르간트). 그러나 그런 극작법은 현대극에서는 매우 많이 알려진 기법이지만, 아가서에서는 어디에서도 발견되지 않는다. 게다가 다음 소절, 즉 9c절의 마소라 본문은 널리 인정되듯이 훼손되었다. 바로 두 소절 뒤에 나오는 '내 사랑하는 자'라는 말을 삽입한 것을 보면 9b절에도 또한 본문 훼손이 일어났음을 쉽게 알 수 있다. 그러므로 우리는 NRSV의 판단을 따라 마소라 본문에 있는 '내 사랑하는 자'를 삭제할 것이다. 그러나 6~9절과 10~13절 사이에 있는 것처럼 보였던 외견상의 연결점은 사라진다. 그래서 우리는 확실히 원래는 이 두 단락이 각각 독립된 시가를 형성했다고 간주할 수 있다.

6~9절만큼 아가서 전체에서 그토록 대담한 관능성을 노골적으로 표현하는 시는 없다. '아주 맛있는' 음식으로 비유된 여인은 키 큰 종려나무로

묘사되고, 그 열매가 주렁주렁 달린 모습은 여인의 유방을 상징한다. 남자 연인은 이 종려나무 위에 올라가서 나무 몸통에 한껏 손을 뻗어 열매들을 따 먹고 싶은 의향을 피력한다. 이 종려나무 줄기에서 NRSV가 '가지들'이라고 번역한 그 히브리어는 색다른 가지들이다. 남자 연인은 종려나무에 올라가 그녀의 유방을 맛보고자 할 때 — 이 직유는 초점을 바꾸지 않으면 안 된다. 왜냐하면 심지어 신선하게 달려 있는 종려 열매라도 그렇게 과즙이 풍부하기 않기 때문이다 — 유방들이 종려나무 열매 맛이 아니라 금방 즙을 흘리며 탐스럽게 익은 포도송이 같을 것이라고 기대한다. 그녀의 숨결은 또한 사과처럼 달콤할 것이며, 그녀의 입은 — 여기에 쓰인 단어(히케크, ḥikēkh)에 대해서 더 알기 원하면 5 : 16에 대한 주해를 참조하라 — 극상품 포도주 같을 것이다.

Ⅱ.

우리가 이 시를 야웨와 이스라엘의 관계에 대한 사랑시로 읽을 때, 우리의 통상적인 신학적 편견들을 거스르는 아가서의 전체적인 감수성은 우리가 어쩔 수 없이 소화하지 않으면 안 된다. 야웨께서는 이스라엘과 교회와 감히 하나가 되고 싶다는 강한 의향을 피력하실 뿐만 아니라[28)] 아주 적극적으로 이 연합을 즐기고 싶어하신다. 심지어 여성의 몸을 갖고 성적 유희에 탐닉하고 싶어하는 남성의 열망이 마치 하나님의 사랑의 열정의 유추물로 등장한다. 이 점이 우리를 당혹스럽게 만든다. 그러나 왜 꼭 그렇게 당혹스럽게 느껴져야만 하는가?

사도들이 이방인들의 세계(기원 전후의 고대 지중해 세계)에 선교하러 나갔을 때, 즉 복음이 이방사회에 처음 선포되었을 때, 위대한 그리스 종교 사상가들이 어쩌면 문화적으로나 신화적으로 아주 다양한 종파들의 군웅할거(群雄割據)의 장(場)이 되었을 법한 세계에 하나의 정형화된 신학을

28) 그것도 성적 소유에 비견될 만한 배타적 친밀성 안에서 그렇다.

제공했다. 이 신학의 주요 교리는 신적 영원성과 현세적인 사태들에 대하여 전적인 무관심과 무관여의 태도를 동일시하는 것이었다. 플라톤, 아리스토텔레스, 그리고 스토아 철학자 모두에게 신적인 것은 시간 안에서 일어나는 모든 덧없는 일들로부터의 초월적 거리 유지를 의미했다. 세계들은 신적인 것에 도달하고자 하는 인간적 열망에 의하여 움직여졌고, 신은 인간적인 것이 아닌 자기 자신 안에 몰입된 존재였다. 하나님 또는 신들이 인격적이라고 사유되어지는 한에 있어서 이 초월적 무관여 태도는 '감정적 격동 불가능성'으로 치환되었다. 즉, 물리적이든 신체적이든 상관없이 덧없는 현세적 경험의 변화무쌍함에 의하여 촉발되는 그런 인격적 반응성으로부터 초연한 내면성으로 이해되었다. 신적인 인간은 자신의 주변에 일어나는 일에 의하여 영향을 전혀 받지 않는 존재라는 것이다. 그래서 신들은 자신들 외에는 다른 어떤 누구를 향하여서도 욕정을 발산하거나 분출하지 않는다. 바로 이 점 때문에 철학자들은 신들의 감정 동선을 인정한 호머의 서사시 이야기들을 비판했고, 호머의 문학을 옹호하려는 문학적 변증가들은 그것들을 우의적으로 설명하기에 이르렀다.

성경에 나타난 하나님은 확실히 호머적 의미에서는 감정의 기복이나 역동성을 노골적으로 드러내지 않는다. 성경은 하나의 긴 이야기와 짧은 부차적 이야기들을 많이 말함으로써 하나님에 대해서 증언한다. 이 이야기들은 주로 지중해의 고대 이방 문명이 열정이라고 낙인찍었던 감정이 성경의 하나님과 낯설지 않았음을 보여 준다. 감정의 동선을 따라 움직이는 하나님에 대한 이 성경의 증언을 그리스 철학의 도그마를 기준으로 해서 수정한다면 우리에게는 어떤 하나님 이야기도 남아 있지 않았을 것이다.

그럼에도 불구하고 기독교 신학은 위에서 서술한 기독교 이전의 복잡한 언어 체계를 적당하게 받아들였다. 여기서 이것이 적당한 수용이라는 사실을 주목하는 것이 중요하다. 그런 그리스 철학의 언어를 기독교 신학이 창조적으로 수용하는 과정은 흔히 생각된 것보다 훨씬 섬세했고, 정교했다. 그래서 또한 성서에서는 하나님이 외부사건들에 영향을 받아 인격적

동일성이나 성품의 일관성을 바꿀 수 없다는 점에서는 격동불가능한 하나님으로 묘사된다. 하나님은 시종일관 신실하신 하나님이다. 바로 이 점이 교부들이 성경의 하나님도 '격동불가능한' 하나님이라고 말했을 때의 중심요점이었다.

그럼에도 불구하고 원래의 이교도적 신성 이해의 잔여물이 우리의 신학적 감수성, 그리고 보다 정교하게 발전된 신학의 몇 가지 쟁점들의 많은 부분을 너무 많이 지배했던 것은 사실이다. 영원하신 하나님의 아들이 과연 사탄에게 40일 동안이나 실제로 시험당했을까? 즉, 하나님의 아들이 사탄이 제의했던 어떤 거래를 원할 수 있었단 말인가? 위대한 주석가들은 이 질문을 회피했다. 겟세마네에서 예수께서는 너무나 두려워했던 나머지 "아버지여 당신은 이 운명적 대결을 나에게 요구하십니다. 그러나 나는 원치 않습니다."라고 말하며 갈릴리로 도망가는 일이 가능했을까? 더 많은 주석가들은 이 지점에서 어디론가 도망쳐 버렸다. 육신을 입으신 우주적 로고스인 그분이, 또다시 루터의 말을 인용하자면 그의 엄마의 무릎 위에서 "칭얼대고 똥을 쌌을까?" 이 지점에서 대부분의 종교개혁가들은 루터와 견해를 달리했다. 실로 고대 기독교회가 교의적으로 복음의 명백하고 직접적인 함의, 즉 "삼위일체의 제2위격이신 분이 우리를 위하여 고난을 받았다."는 고백을 긍정하고 받아들이는 데는 5세기가 걸렸다. 만일 우리의 성경읽기가 하나님은 감정이 없으신 분이어야 한다는 교의에 의해서 지배당한다면, 성경의 어떤 부분도 이해할 수 없게 된다. 아가서에 의해 촉발된 이 신학적 알레고리는 더더욱 말할 것도 없이 이해할 수 없게 된다. 참으로 7 : 6~9에서 야웨께서는 자신을 향한 그분의 백성들의 열애감정에 응답하실 뿐만 아니라 그 자신이 먼저 그녀에게 선행적인 열애감정의 샘을 분출하신다. 그분은 자신 안에서 이미 사랑의 열정으로 가득 차 있다. 그분은 사랑하실 뿐만 아니라 사랑의 열매를 따 먹기 위하여, 그리고 그분이 따 먹고 싶어하는 열매를 사모하면서 종려나무 위에 오르시는 열정의 하나님이시다. 우리가 우리를 향하신 이 성경적인 하나님의 열정을 올바로 소화하기 위하여 신이란 존재에 대한 그리스 철학적 이해

를 어떻게 교정해야 하는지는 현대신학에서 여전히 뜨거운 쟁점이 되는 문제다. 아가서를 가르치는 교사들이나 아가서를 갖고 설교하는 설교자들은 적어도 아가서가 우리의 통상적인 신학적 편견들을 얼마나 급진적으로 반박하는지 잘 알고 있어야 한다.

중세 기독교 주석가들에게 이 남자 연인은 물론 그리스도를 의미했고, 그들 대부분에게 종려나무, 즉 여성은 교회로 이해되었다. 이런 틀 안에서 존자(尊者) 비드(Bede)는 예를 들어 교회의 큰 키를 교회가 행하는 고상한 선행을 가리키는 것이라고 해석한다. 그리고 유방들은 초보적인 가르침으로 미성숙한 신자를 양육하는 교회의 교사들과 우선적으로 비유되고, 또한 본문이 명시적으로 가르치는 것과 같이 성숙한 신자들에게는 우유대신 포도주를 나누어 주는 교사들과 비교되고 있다. 여기서 성숙한 신자들에게 나누어 주는 포도주란 삼위일체론, 그리고 기독론과 같은 교리이다(노리스). 설교학적 관점에서 혹자는 13세기 초 주석가인 포드의 존(John of Ford)이 제시한, 좀 이상하지만 의미 있는 해석을 진지하게 살펴볼 수도 있을 것이다. 결국, 그리스도는 어디에서 교회와의 연합을 완성하시는가? 존은 '십자가'라고 말한다. 그는 종려나무를 십자가라고 해석하며 그리스도가 종려나무에 오른 것은 십자가의 죽으심을 나타낸다고 해석했다(노리스). 여기서 참으로 자기 자신을 위한 그리스도의 열정, 곧 주님의 수난(passion)이 인지되고 있다. 그리스도의 열정은, 곧 그분의 수난으로 승화된 것이다.

Ⅲ.

열정은 마음 깊은 곳에서 발원되는 어떤 사람 혹은 사물에 대한 깊은 정서적 유착이다. 따라서 그것은 선택의 문제가 아니라 불가항력적 역동이다. 열정은 한 인간의 가장 깊은 내면에서 일어나는 마음 쏠림이며, 어떤 사람에게 일어나는 외부 사태이기도 하다. '수동적'이라는 파생형용사에서 드러나듯이, 열정은 외부적으로 일어나는 사태이기도 하다. 열정의

바로 이 두 번째 의미 때문에 고대 이방 문명은 신을 열정 초월적 존재라고 규정했다. 고대 지중해 문명권에서 '신적'이라는 말은 전적으로 자기결정적인 존재라는 것을 의미했다. 그리고 우리가 어느 정도 지혜롭거나 덕스럽다고 한다면 그것은 어느 정도 신적인 성품을 닮았다는 것을 의미하며, 더 나아가서 열정의 영향을 받지 않는 독립성을 누린다는 것을 의미한다. 우리가 지혜롭고 덕스러울수록 우리는 열정의 영향으로부터 독립되어 존재한다는 것을 말한다. 그러나 성서의 하나님은 그 자신 안에서 이미 열정으로 가득 차 있으되 당신의 백성들을 위하여 열정을 발산하신다. 그들을 위한 이 중심적 사랑은 마땅히 수난을 초래할 정도의 중심 열정(the Passion)이라고 불리는 것이 마땅하다. 그러므로 열정의 감수성, 열정을 느낄 수 있는 정서적 능력은 결코 억제되어야 할 악이 아니라 하나님과의 관계 유지에 있어서 반드시 보양되어야 할 자질이다. 이것이 기독교 신앙의 진면목이다.

하지만 확실히 열정에 대한 고대 이방문명권의 불신과 폄하에 어느 정도 이차적인 진실은 들어 있다. 과도한 열정몰입이나 열정에 의한 격동은 인격적 자유함 — 그것이 신적 자유함이든 인간적 자유함이든 상관없이 — 과 양립될 수 없기 때문이다. 열정이 언제나 환영받는 선이 될 수 있는 조건은 자유로운 자기결정권과 타자에 의한 결정이 조화가 되는 사람의 열정일 때뿐이다. 이 자유로운 자기결정과 타자에 의한 결정은 보통 사람들 안에서는 조화가 잘 되지 않는다. 그것들이 신뢰감을 줄 정도로 조화되는 곳은 삼위일체 하나님 안이다. 삼위일체 하나님에게는 자유로운 자기결정과 타자에 의한 결정이 완벽하게 공존하고 조화된다. 아버지 하나님은 아들에게 아버지 외에 다름 아니다. 아버지의 하나님 아버지 되심은 아들 하나님을 위한 자신의 열정 안에서 실현된다. 하지만 그 열정 안에서 하나님 아버지는 절대적으로 자유로우신, 자존적이시고 자족적이시다. 아들도 마찬가지다. 아버지를 위한 열정 안에서 절대적으로 자유로우시면서도, 아버지의 뜻에 영향을 받는 순종의 화신이시다. 아버지 하나님을 향한 아들 하나님의 사랑과 연합은 이 자기자존적인 독립성과 타자 의지

에 대한 존중의 완벽한 결합이다. 성령 하나님에 대해서도 마찬가지로 말할 수 있다. 아들 하나님과 아버지 하나님의 사랑을 가능하게 하는 성령도 자기존재 결정적이면서도 동시에 성부와 성자에 대하여 수용적이시다. 이 모든 삼위일체 하나님의 관계성들이 어떻게 주장되고 긍정되며, 그것들의 함의가 어떻게 추적될 수 있는지에 대해서는 이 주석에서 다 다룰 수 없다. 이 주석서가 에스겔서나 요한복음 주석서가 아닌 한 삼위일체론에 대한 자세한 논의를 제공할 수 없기 때문이다.

우리가 하나님이 아니기 때문에 우리는 자기결정권과 타자에 의한 결정 수용권 사이에 완벽한 조화를 성취할 수는 없다. 그러나 우리가 하나님을 닮아 가면 갈수록 이 목표에 더 가깝게 접근할 수 있을 것이다. 이 세상을 사는 동안에는 이 양자 사이에 항상 간격이 존재할 것이며 — 심지어는 어떤 때는 갈등도 존재할 것이다 — 종말이 가까워 갈수록 나의 자기결정권과 타자에 대한 나의 열정(타자결정의 수용성) 사이의 간격은 점차 줄어들 것이다. 하지만 이 간격이 좁혀지면 좁혀질수록 나는 그만큼 더 의로워지고 거룩해지며, 좀 더 하나님의 성품을 닮아 가게 될 것이다. 피조물들에게, 열정은 이 세상 안에서는 다소 애매모호하고 위험한 면도 없지 않겠지만, 그래서 그 위험하고 모호한 만큼이나 하나님의 의미 깊은 선물임에는 틀림없다.

자유와 열정의 일치를 이루기 위해 분투하는 우리에게 하나님이 주신 가장 위대한 기회는 바로 남자와 여자로 인류를 창조하신 하나님의 창조 섭리와 그것을 이루기 위한 남녀 간의 사랑이다. 이 남녀 간의 성적 연합 안에서 사랑하는 연인들은 서로에게 들어가고, 창세기가 말하듯이, '한 몸'이 된다. 즉, 한 피조물이 된다. 그렇다면 이 사건에서 나는 누구일까? 나는 나의 자율적인 자유 안에 있는 존재이면서 동시에 다른 사람에게 전적으로 붙들린 자며, 그 사람에게 마음을 빼앗기는 존재다. 이 교차점을 중심으로 자율적인 자유와 타자에 대한 열정이 조우한다. 함께 사는 삶에서는, 성적 열정이 분출되기 전, 분출되는 동안, 그리고 특히 분출된 후에 — 만일 분출된 후에도 함께 사는 삶이 허락된다면 — 자기결정적 자유와

타자지향적 열정은 한데 어울리며 엄청나게 풍요로운 존재의 나눔을 실현시킨다.

그래서 열정은 신적 축복이며, 신적 축복이 될 가능성이 있다. 마지막으로 우리는 이 열정이 발생하고 지속되는 수천 가지 방식이 있음을 주목해야 한다. 어떤 때는 1 : 9에 나오듯이 암말을 향해 치솟아 오르는 수말처럼 용솟음쳐 오른다. 그러나 때로는 조용하게 발생하는 열정도 있다. 마틴 루터의 일화 중에는 조용히 준동하는 열정에 얽힌 이야기가 있다. 마틴 루터는 종교개혁을 추진하는 동안에 수도원과 수녀원 개혁에 연루되어 억지로 수녀가 된 사람들을 수녀원에서 해방시켜 만든 일련의 해방 수녀들의 동아리를 운영한 일이 있었다. 이 해방된 수녀 중 한 명이 나중에 그의 아내가 된 카타리나 폰 보라였다. 루터는 결혼한 후 결혼 생활에 너무 몰입된 나머지 자신이 이신칭의 교리를 발전시킬 때 가장 많이 의존한 애독서 갈라디아서를 부를 때 적절한 말이 떠오르지 않자, 갈라디아서를 "나의 카타리나여!"라고 말한 적까지 있다.

7 : 10~13

시골길에서 약속

I.

우리는 13절이 8 : 1~2 대신 7 : 10~12과 한데 묶이는지는 확신할 수 없다. 그러나 우리가 13절과 '합환채'(mandrakes)를 10~12절과 함께 취하면 이 최음제 식물들에 대한 언급이 8장과는 엄연히 구별되는 일련의 단어군 — 이에 대해서는 아래를 보라 — 의 중심을 차지한다. 그래서 우리는 10~13절을 하나의 자기완결적 단락으로 읽을 것이다.

이 단락의 시는 아가서의 또 다른, 기발한 계약 공식구문의 창조적 변용

과 함께 시작한다. 이 계약 공식구문은 배타적 상호소유를 언명한다. "나는 내 사랑하는 자에게 속하였도다…… 그들은 내 백성이 되리라."라는 계약 공식구문이 여인의 입에서 발설된다. 여기서는 뒤따라 나오는 절들에 맞춰서 약간 변형되었다. 다시 여기서는 배타적 소유를 천명하는 계약 공식구문으로 나타난다. "나는 내 사랑하는 자에게 속하였도다." 이 소절의 대구 소절인 "내 사랑하는 자는 나에게 속하였다."라는 언명 대신에 우리는 "그가 나를 열망한다."라는 음성을 듣는다.

그래서 남자 연인의 강렬한 열망 안에 피력된 상호 소유 선언에 여자 연인이 뒤따라 나오는 제안으로 응답하는 형국이 전개된다. 그 제안은 아주 간결하다. 직유, 은유, 그리고 우회적 언급은 전혀 없다. 그녀는 한적한 시골로 봄날에 소풍을 가자고 제안하고 있다. 그래서 우리는 그들이 현재는 도시, 즉 예루살렘에 머물고 있다고 전제해야 한다. 여기서 NRSV에서 '유숙하자'라고 번역된 그 단어는 아마도 좀 더 전문적인 의미를 띠고 있다고 보아야 할 것이다. 그래서 "하룻밤을 같이 보내자."로 번역하는 것이 더 나을 것이다. 이와 함께 주어진 그녀의 약속은 아주 단도직입적이다. "거기에서 내가 내 사랑을 네게 주리라." 이 절들은 자연을 온갖 즐길 것들로 가득 차 있는 에덴동산으로 호명하는 아가서의 일관된 흐름을 따르고 있다.

만일 13절이 이 시의 결론이라면 우리가 추정하는 대로 여인은 아마 한적한 시골 마을에 숙소까지 예약했던 것처럼 보인다. 2 : 4~5에서는 남자 편에서 숙소를 예비한 것에 비하면 약간 역할 전도가 일어난 셈이다. '합환채'들은 향기를 토하고 있고, 집 대문은 즐길 만한 원기회복용 과일들로 장식되어 있다. 이것은 바로 앞의 시에서도 어느 정도 나타나 있다.

13절은 뚜렷한 방향을 가지고 있는 구절이다. 그렇지만 몇 가지 특별한 문제들을 제기한다. 첫째, NRSV가 합환채라고 부르는 식물들이 과연 현대나 고대에서나 그 이름으로 불린 향료식물이었는지 확신할 수 없다는 것이다(게르레만). 70인역의 번역자들은 합환채들을 최음제로 불린 그 식물과 동일시했다. 그러나 우리는 그들의 번역 근거를 모른다. 합환채로

번역된 히브리어는 문자적으로 말하면 단지 '사랑유도용' 최음제 식물이다. 아마도 '사랑유도용' 식물은 아가서 저작 당시에는 일반적인 최음제 식물의 총칭이었을 뿐만 아니라 특별한 향료식품의 이름이었을 것이다. 아마도 유명한 최음제 향료식품 중의 하나가 합환채였을 것이다. 그러나 어떻게 합환채가 대표적인 최음제로 불리게 되었는지는 불확실하다. 아가서 외에 이 단어가 나타나는 창세기 30장의 경우도 이 식물의 구체적 정체를 해결하는 데 도움이 되지 못한다. 사랑하는 연인들의 한적한 시골 숙소를 향기로 진동시키는 식물들은 합환채가 아닐지도 모른다는 사실은 어쩌면 실망스러울지도 모른다. 왜냐하면 합환채를 둘러싼 고대의 미신들은 다른 흥미로운 방향들을 가리키고 있기 때문이다.

'사랑유도용 식물'이라는 단어에서 쓰인 '사랑'(dod)이라는 말의 어근은 10~13절에 걸쳐서 '사랑하는 자'와 또 '사랑'이라는 말의 어근과 동일하다. 그래서 이 시는 여인의 주도면밀한 준비과정을 둘러싸고 조밀한 단어의 연결망을 부각시킨다. 그래서 낭독할 때 소리의 낭랑한 반복이 특색있게 들렸을 것이다. 우리는 연인들이 실제로 약물의 도움을 필요로 했다고 가정해서는 안 된다. 식물은 여기서 그것의 약효 때문이 아니라 향기 때문이라고 보아야 한다. 이것은 향기에 집착하는 아가서 전체의 흐름과 궤를 같이한다. 그래서 향기로운 식물이 성욕을 북돋운다는 사실은 조밀한 사랑언어의 집중이 일으키는 효과를 배가시킨다.

두 번째 문제는 여인이 준비한 과일들이 '새것과 신선한 것'이라는 점이다. 현대의 주석가들은 대부분 이것이 모든 과일을 총칭하는 비유법이라고 보는 데 이견이 없다. 즉, '하늘과 땅'은 그 사이에 있는 만물을 총칭하는 것과 같은 비유법이다. 그래서 결국 그것은 '거기에 있는 모든 과일들'을 의미하는 것으로 이해된다(예. 롱맨, 게르레만). 본 주석가는 사실 확신이 없다. '하늘과 땅', '처음과 끝', 그리고 '선과 악' 등처럼 총체성을 대표하는 말과 '옛것과 새것'이 동일한 의미영역을 가리키는지 확신이 없다. 오히려 옛 과일과 새 과일은 총체성을 대표하기보다는 뭔가가 뒤섞여 있다는 인상을 표현한다. 즉, 총체성을 표현하고 싶었다면 '좋아하는 옛 종류

의 과일들과 요즘 유행하는 종류의 과일들'이라는 말을 썼어야 했을 것이다. 그래서 이 어구를 총체성의 개념을 표현하는 것으로 보는 입장은 본문의 문맥을 훨씬 이탈한 읽기다. 우리가 '옛 과일과 보존된 과일'이라고 읽어야 할까? 확실히 다른 여러 가지 경우들에서처럼 여기서도 이 문제를 해결할 열쇠는 없다.

마지막으로 왜 저장되어 있거나 식탁에 진열되어 있는 과일이 아니라 문을 장식한 과일들이 남자 연인에게 먹혀야 한다는 말인가? 우리는 그 이유를 모른다고 하는 것이 최선이다. 또다시 해결의 실마리가 누락되어 있다.

Ⅱ.

이 시를 신학적 알레고리로 해석해야 하는 이유는 확실히 분명히 있다. 이 시에서 전개되는 외견상의 이야기 안에서 10절은 하나님과 이스라엘 백성의 계약적 결속을 요약하는 계약 공식구문의 세속화 버전(version)이다. 이 신학적 알레고리를 제대로 이해하기 위해서 우리는 단지 이 세속화된 계약 공식구문을 다시 신학적으로 복구하고, 그 계약 조항들을 원래 있던 자리로 돌려놓으면 된다. 이 하나님과 이스라엘의 계약적 결속을 선언하는 계약 구문을 아가서가 약간 비틀어서 사용하고 있기 때문이다. 이스라엘은 이 계약 공식구문을 여인의 입 속에 집어넣어 이스라엘 자신이 야웨 하나님께 속했음을 고백하고, 야웨 하나님께서 자신을 남자 연인이 여자 연인을 강렬하게 애모하듯이 애모한다는 사실을 기뻐한다.

그래서 뒤따라 나오는 절들에서 이스라엘이 주도권을 쥐고 있을 때조차도 그것은 흔히 기독교회가 폄하하는 '공로주의 행위구원'을 나타내는 것이 아니다. 야웨 하나님과의 연합을 추구하는 이스라엘의 열심과 주도면밀한 준비들은 사실 하나님의 선행적인 분투와 준비에 대한 응답이다. 신학적인 전통은 이것을 이스라엘을 향한 야웨 하나님의 '선행적인' 열망이라고 부른다. 그래서 이 선행적 열망이 야웨 하나님이 주도하여 세운 언약

이다. 어거스틴이나 토마스 아퀴나스 둘 다 이 점에 대해서는 만족했을 것이다. 아마도 마틴 루터는 이 시에서 주도권을 쥔 화자가 그리스도가 아니라 교회라는 사실 때문에 약간 우려했을 것 같다.

이 절들에서 우리가 듣는 바 일편단심적 열정과 신실함으로 가득 찬 이스라엘은 실제로 구약성경의 역사서와 예언서에서 우리가 만나는 이스라엘이 아니다. 실제 이스라엘은 애매모호한 타협과 현실유착과 뻔뻔스러운 배신 행위로 잘 알려져 있다. 여기서 우리는 오히려 이스라엘의 음성 속에서 이스라엘을 향한 예언자들의 반복적인 호소를 재현하는 듯한 느낌을 갖고 듣는다. 즉, 이 절들에서 이스라엘은 예언자들의 기준으로 볼 때 이상화된 신실함의 구현자다. 즉, 우리는 종말론적인 완성에 이른 이스라엘의 음성을 듣는다. 종말론적으로 완성된 이스라엘은 자신의 무거운 선민 의무에 대하여 불평하거나 투쟁하지도 않고 기뻐한다. 오히려 자신을 향한 야웨의 배타적 소유 열망을 기뻐하며 종말론적인 완성에 이른 이스라엘의 모든 생각은 야웨 하나님의 배타적 열망을 실현시키는 데 이바지한다. 진실로 이스라엘은 야웨 하나님의 배타적 열애 감정을 수용하기 위하여 한적한 교제와 연합의 장소를 준비함으로써 선민으로서의 사명 완수를 기대할 날을 꿈꾼다. 여기서 우리는 이 한적한 장소란 성전을 가리킨다는 것을 부인할 수 없다.

야웨 하나님과 이스라엘이 함께 물러나 교제를 즐기는 장소는 한적한 시골이지만, 아가서의 전체 문맥에서 볼 때는 에덴 동산으로 묘사되는 전원이다. 낙원은 물론 상실되었고 이스라엘을 향한 야웨의 배타적 열망은 항상 좌절되고 이스라엘의 불순종에 의하여 상쇄된다. 그러나 낙원은 언젠가 회복될 것이며, 이스라엘의 불순종을 초월하여 완성될 것이다. 또한 이런 점에서 본문의 사랑시가 내세우는 진리는 종말론적이다.

마지막으로 우리는 본문의 언어학적 분위기를 주목하여야 한다. 말하자면 이 시의 어법이 확정 짓고자 하는 독특한 향기를 음미해야 한다. 즉, 하나님과 이스라엘은 사랑 안에 둘러싸여 있다는 것이다. 우리는 신약성경에 의거하여 "하나님은 사랑이시다."라고 말할 수 있으며, 이스라엘 또

는 교회는 '사랑받는 자'라고 말할 수 있다. 아마도 우리는 여기서 한 걸음 더 내디딜 수 있을지도 모른다. 왜냐하면 이 향기의 중심이 바로 사랑을 부여하는 식물이기 때문이다. 야웨의 사랑, 그리고 이스라엘의 사랑스러움 또는 교회의 사랑스러움은 성례전적으로 매개되는 사랑이자 사랑스러움이다.

Ⅲ.

이 알레고리를 따라가 보면 인간끼리 나누는 사랑을 바라보는 방식이 어떠해야 하는지 또한 분명해진다. 첫째 걸음은, 하나님께서 이스라엘을 향한 열망을 불태울 수 있는 근거는 하나님의 선행적 계약 체결에서 도출되듯이 인간의 사랑도 하나님의 사랑에서 가능한 현실이 된다는 사실이다. 인간적 사랑 열정을 '실현가능한 조건'으로 만드는 것은 사랑의 어법과 사랑할 원기를 북돋우는 과일들이다. 선행적 계약에서 사랑의 열정이 도출되듯이 인간 사랑도 신적 견고성으로 세워진 계약적 투신에서 결실한다. 이 주석서에는 현대성에 대한 지나친 쟁변이 있어 왔고, 또 있을 것이다. 하지만 이번에도 피할 수 없다. 즉, 열정에 대한 현대적 이해들은 계약적 선(先)투신에 의한 낭만적 열정의 후발을 정상적으로 보기보다는 낭만적 열정을 계약적 선투신보다 늘 앞세우려고 했으며, 먼저 쾌락을 맛본 후에 계약적 투신 상태로 나아가려고 했다. 그러나 이것은 작동되지 않는 사랑이다. 정부의 법과 교회의 축복으로부터 자유를 선언한 '관계들'은 소위 법률적 결혼들보다 훨씬 취약하고 재미도 없는 것으로 판명되고 있다. 사랑의 현재적 성취들과 종말론적인 성취를 지향하는 모든 관계성들은 공적으로 구속력이 있는 약속으로부터 시작된다. 그런 혼인질서를 규정하지 않는 나라에서는 이런 항구적인 사랑의 관계가 지속될 수도 없다. 그리고 결국 그런 국가도 존속할 수 없다. 왜냐하면 어떤 공동체도 성적인 무질서로부터 살아남을 수 없기 때문이다. 이제 둘째 걸음을 생각해 보자. 남자와 여자 사이의 사랑 또한 성례전적으로 매개되고 표현되어야 한다는

것이다. 즉, 자신의 몸과 피를 연인에게 음식으로 주는 관계가 사랑을 결실한다는 것이다. 신약성경이 말하는 것처럼 이것은 그 자체로 하나의 신비다(엡 5 : 21-22). 결국은 하나님과 그의 피조물들 사이에 있는 이 관계가 피조물들 사이의 혼인관계에서 재현되는 것이다. 그래서 하나님 백성들 안에서 그 관계는 구속력 있게 재현되고 재연된다. 모든 신비들은 이 친밀하면서도 구속력 있는 사랑의 관계성 속에서 실현된다. 바로 이 장소 자체(혼인과 가정)가 성례전적으로 세워져야 하는 것이다. 그래서 혼인과 가정 구성은 토라를 읽음으로써 또는 성만찬을 집행함으로써 또는 십자가의 성호를 긋고 손을 들고 기도함으로써 촉발되는 하나님의 복 주심에 의하여 성스러워지게 해야 한다.

교회 밖의 사람들이 어떻게 이 신비를 실현시키는가 하는 문제는 또 다른 문제다. 교회의 신비를 명령하고 지탱시키는 여러 가지 유비들(성경적 혼인 구속력을 강제하는 공적 결혼예식)이 불신자들의 공동체에는 나타나기도 하고, 나타나지 않기도 한다. 그들을 보존하는 것 또는 보존하지 않는 것 중 어느 것이 하나님의 뜻인가에 따라 사정은 달라질 수 있다. 즉, 그들의 보존 여부는 전적으로 하나님의 뜻에 달려 있다. 어거스틴이 부르듯이 '인간의 도성'은 항상 우연에 의지한다. 즉, 개인적인 혹은 집단적인 경쟁의 대상으로 쉽게 전락될 수 있는 부분적 선(善)에 대한 뒤엉킨 사랑에 의존하기 때문에 인간의 도성은 존재론적으로 취약하다. 그 부분적인 선마저도 타인을 지배하려는 욕망, 즉 지배욕구(libido dominandi)의 계기가 되어 버린다. 공동체의 선이 이런 불확실한 운명을 겪는 곳에는 심지어 사랑하는 연인들 사이의 사랑마저도 각축과 지배의 대상이 될 수 있다. 교회는 자신의 바깥에 있는 다른 공동체를 위해서 기도할 수 있을 뿐이다. 그리고 교회 밖의 공동체에 속한 연인들이 이 비참한 운명으로부터 보전되도록 기도할 뿐이다.

INTERPRETATION

마지막 모음

아가 8 : 1~14

마지막 모음

아가 8 : 1~14

이 표제와 뒤에 나오는 단락들은 이 주석서의 전체 계획을 흐트러뜨리는 면이 있다. 아가서의 이 마지막 장이 전체적으로 여러 가지 문제를 안고 있는 장이기 때문에 끼어든 셈이다. 이 문제에 대해서는 두서너 가지의 그럴 듯한 설명이 있다.

한 가지 가능성은 일단 우리가 8장의 겉모양을 받아들이는 방법이다. 8장은 아가서의 최종 편집자의 좌절감을 반영하는 땀들의 저장소 같은 인상을 강하게 풍긴다. 원고를 모아놓고 혹은 이미 존재하는 원고더미를 앞에 둔 고대의 아가서 최종편집자는 자신이 아무것도 보탤 수 없었던 시들을 보았고, 이 집성물의 다른 데서 손상 없이 포함되어 있는 한 시의 단편도 보았으며, 그리고 다른 부분은 다 망실된 채 부분적으로 남아 있는 시들을 보았을 것이다. 아마 그는 이미 존재하던 거룩한 문서를 편집 중에 있었을 것인데, 아무것도 잃고 싶지 않았을 것이다. 이보다는 가능성이 덜 하지만(본 주석자가 보기에는 이 가능성은 좀 적다.) 아마도 세속적인 문서편집자가 존경받던 시인이 남긴 모든 단편 문장들 하나라도 더 보존하고 싶어했을 수도 있었다. 이 두 가상 시나리오 중 어떤 입장을 취하든지 편집자는 좌절감을 불러일으키는 이 단편들을 한데 모아 부록으로 만들었을 것이다. 이것은 확실하다.

이와는 다른 대안 시나리오가 있다면, 8장의 단편적 구절들이 이전의 장들과는 다른 주제와 등장인물을 다룬다고 보는 관점이다. 8장은 대화들로 구성되어 있고, 드라마나 예전으로 발전하는 도상에 있는 느낌을 주고 있기에 이런 가설도 불가능하지는 않아 보인다. 이 입장은 추상적으로 가능한 견해이지만, 과거나 현대의 어떤 학문적 연구도 이 8장의 내용이 어떻게 드라마나 예전으로 해석될 수 있는지를 설득력 있게 밝혀내지 못했다. 우리가 보기에는 그런 식별은, 획기적인 고고학적 혹은 문헌적 발견이 없다면야, 미래에 가서도 가능할 것 같지 않다. 그래서 우리는 첫 번째 입장을 취하여 — 비록 편집자의 활동들에 대한 구체적 역사적 시나리오에 대한 확신은 없을지라도 — 8장의 외양을 그대로 받아들일 것이다.

이 가정에 따라 3~4절을 2 : 1~7에서 떨어져 나간 단편이라고 볼 것이며, 그것에 대해서 별도로 주해하지 않고, 2 : 1~7에 대한 주해 부분을 참조하도록 독자들에게 요청할 것이다. 13절은 아마도 망실된, 그러나 아주 멋진 시에서 떨어져 나온 단편임에 틀림없다. 그러나 그 자체로는 아무런 의미도 없다. 그래서 우리가 6 : 11~12을 취급하듯이 이 절을 취급할 것이다. 나머지 부분에 대해서는 우리는 최선을 다할 것이다. 이 모든 것 중에서도 6~7절로 구성된 시가 아가서 전체의 절정이자 결론이라는 데는 광범위한 합의가 있어 왔다.

8 : 1~2

그녀의 오라비였더라면

Ⅰ.

이 절들의 경우 비록 그것들이 망실된 시의 한 단편에 불과하지만 외견상의 의미는 어느 정도 이해된다. 그래도 온전히 명료하게 이해하려면 손

실된 전체 시를 복구해야 한다. 이 단편적 구절들은 그녀의 연인과 나눈 사랑이 공적으로는 인정받지 못하는 상황을 전제한다. 안타깝게도 왜 그 사랑이 공인되지 못했는지에 대해서는 뒤따라 나오는 절들에서도 이유들이 나타나지 않는다. 아가서 나머지 부분에서 왜 이유를 감추는지 발견할 길이 없다. 아가서의 다른 시들에서는 여인의 사랑은 공개적으로 표현되고 관찰되고 논평되었다. 누구보다도 특별히 예루살렘 여인들로 구성된 합창단은 이 여인의 공개적 사랑행각에 대하여 훤히 알고 있었다. 그들은 비록 때때로는 여인에 대하여 적대적으로 보았을지라도 그녀의 사랑과 열정을 결코 질책하지는 않는다. 이 시에서 여인은 자신의 연인이 자신의 형제였더라면 좋았을 것이라고 바란다고 말할 수 없다. 왜냐하면 이스라엘에서 동기간 결혼은 결코 용납될 수 없었기 때문이다. 그래서 그녀는 연인과 함께 있는 그 상황이 마치 오라버니와 함께 있는 상황이었으면 좋겠다는 바람을 피력한 것이라 볼 수 있다. 오라버니라면 얼마든지 공개적으로 입맞출 수도 있고, 떳떳하게 집으로 데려갈 수도 있으며, 얼마든지 즐겁게 해 줄 수도 있었을 것이라고 생각하기 때문이다. 그녀가 대접할 수 있는 음식은 포도주와 석류즙이었을 것이다. 아가서의 다른 곳에서 석류는 여인 자신이 사랑하는 연인을 위해 기다리고 있던 동산의 중심 수종이며, 포도주는 그들의 사랑을 촉진하는 데 으레 등장하는 원기회복용 음료요 무르익은 사랑 행위의 표징으로 나온다.

Ⅱ.

만일 우리가 이 시를 이스라엘이나 교회와 야웨(주님)의 관계에 대한 시로 읽는다면, 그것은 이유는 모르지만 그녀와 야웨 하나님과의 사랑 행위가 공개적으로 선포될 수 없는 어떤 상황을 전제하고 있는 것으로 볼 수 있을 것이다. 우리는 여기서 멈춰야 한다. 시의 나머지 부분은 망실되어 버렸기에 더 이상의 해석을 시도할 수는 없다. 나머지 부분이 있었다면 왜 그런 어색한 상황이 발생했는지를 시사해 주었을지도 모른다. 보다 이

른 시기의 주석가들도 여기서는 도움이 안 된다. 왜냐하면 이 부분은 교부들과 중세주석가들이 읽던 아가서 본문들과 우리가 읽는 본문이 너무 달라서 전혀 다른 시를 읽는다고 해야 할 정도이기 때문이다. 교부들과 중세 주석가들의 아가서 본문에는 여인이 공개적으로 자신의 연인에게 입을 맞추고 당당하게 그를 자신의 집으로 인도해 들어가는 것으로 되어 있다.

확실히 옛 이스라엘이나 유대교, 그리고 교회가 각각 어떤 상황에서 야웨 하나님과 자신의 혼인관계를 공개적으로 밝히기를 꺼려서 이따금씩 감추기를 원했는지, 그리고 어떻게 실제로 감췄는지가 명백하게 드러난다. 만일 예언자들이 이스라엘 백성들로 하여금 고대 지중해 근동의 정치체제 — 복수의 신들을 믿는 다신교가 필수적인 부분이었다 — 에 편입되기를 열망하는 그들의 왕들의 노력들로부터 벗어나 일편단심의 야웨 신앙으로 돌아오도록 부단히 호소하지 않았더라면, 그 왕들은 정치적으로 덜 끔찍한 생애를 보냈을지도 모른다. 아예 거대한 강대국 체제에 순응하는 삶을 살았더라면 패배와 파멸의 악몽을 겪지 않았을 수도 있다는 점에서 그렇다. 만일 바벨론 유수 이후 계속된 열국 가운데서의 유랑과 이산의 시기에 유대인들이 기꺼이 선민의 신분을 벗어 버리고 열방 족속 중 하나처럼 살기로 작정했다면, 그래서 유일하신 한 분 하나님의 성민으로서의 자의식을 포기한 채 야웨 신앙도 지키지 않았더라면, 아마도 그들은 틀림없이 훨씬 더 적게 집단적 약탈과 학살을 당했을 것이다. 참으로 세속화되어 버린 유대인들은 세계 만민 한복판에서 여느 때보다 더 안전하게 살고 있지 않는가? 심지어 가장 두드러진 이방인 출신 교회도 세계의 어떤 지역에서는 이전의 여느 때보다 더 잔혹하게 박해받고 있는 상황에 비하여 세속화된 이스라엘이 누리는 안전보장은 역설적인 현상이 아닐 수 없다. 자유주의적 선진국 사회들은 기독교회를 참아 주기는 하지만, 교회는 어디까지는 사적인 영역을 관장하는 기관으로 폄하되고 있는 실정이다. 즉, 손해를 끼치지 않는 사적 영역으로 교회를 추방해 버린 것이다. 서구 기독교회는 이런 지위 격하를 받아들일 수밖에 없는 여러 가지 이유들을 날조해 오고 있다.

여기서 발생하는 문제는, “과연 그런 이유들이 좋은 이유가 될 수 있는가?” 하는 것이다. 하지만 아마도 우리는 어쩌면 그런 질문을 제기하지 말아야 할 것이다. 만일 우리가 고대 이스라엘의 예언자들처럼 주님으로부터 직접 받은 말씀의 확신이 없는 한, 우리는 실제적인 경우에 있어서는 그런 이유들이 있다거나 없다고 말하는 데 있어서 아주 신중해져야 할 것이다. 의심의 여지없이, 예를 들면, 동방정교회들과 고대 오리엔트(시리아) 정교회들은, 이슬람의 군주들의 치하에서, 오스만 터키 제국 치하에서, 그리고 소비에트 공산주의 제국과 다양한 이슬람 전제 통치 체제 아래서 각각 그런 공적 선교사명을 포기했고, 그런 국가체제의 거짓된 선전에 동조했으며, 그 과정에서 때로는 기독교회의 교리를 희생시키기도 했다. 그러나 서방 기독교회의 비판도 그들이 대신 과연 무엇을 할 수 있었느냐고 말할 수 있기 전까지는 침묵으로 바뀌어야 한다. 서방 기독교회의 선교적 사명 포기도 동방정교회와 오리엔트 정교회 실패 못지않다는 것이다. 선교는 모든 사람에게 부여된 선물이 아니다. 아마 모든 교회들에게 부여된 선물은 더더욱 아닐 것이다.

그럼에도 불구하고, 적어도 교회의 이웃사랑을 온 세계를 향해 보여주어야 하는 것은 주님의 신부가 마땅히 가져야 할 열정적인 열망이어야 할 것이다. 어떤 외부적으로 강요된 체제 아래 있을 때에는 유대교 혹은 교회의 선민적인 신분이 일시적으로는 어떤 곳에서는 은폐될 수 있을지언정 우리의 기도는 아가서의 여자 주인공의 기도(8 : 1)가 되어야 마땅하다. “오, 내가 당신에게 온 세상 사람이 보는 앞에서 입맞춤할 수 있기를!”

거룩한 선민 신분에 대한 어떤 은폐도 더 이상 필요하지 않을 때를 바라보면서, 타르굼은 2절에 대하여 다음과 같은 해설을 덧붙인다. “오, 왕 메시야여, 내가 당신을 이끌겠습니다. 당신을 나의 성전으로 맞아들이겠습니다. 그리하면 당신께서는 우리들에게 야웨를 올바로 경외하는 길을 가르쳐 주실 것입니다…… 거기서 우리는 당신이 도륙하신 거대한 바다짐승 레비아탄의 살점을 뜯어먹는 잔치에 참여할 것입니다. 우리는 세상이 창조된 날부터 준비된 포도송이로 빚은 포도주를 마실 것입니다. 에덴 동

산에서 의로운 영혼을 위하여 예비된 과일들과 석류로 빚은 포도주를 마실 것입니다"(타르굼).

Ⅲ.

우리가 하나님의 사랑에 대한 이 시의 알레고리가 인간들 사이의 유추적 사랑에 대하여 무엇을 말해 줄 수 있는가를 물을 때 알레고리 그 자체에 대한 동일한 질문이 떠오른다. 즉, 하나님의 신부로서의 신분을 은폐할 좋은 이유가 어디 있을까? 우리 시대의 애정에 관한 많은 이데올로기는 바로 이 동일한 질문을 배척한다. '사사로운 침대' 안에서 '상호 합의한 성인들'이 행하는 일은 어디까지나 개인의 관심사일 뿐 어느 누구의 관심사도 아닌 것으로 치부된다. 그래서 그들은 물론 기꺼이 원한다면 그 사사로운 애정행각을 숨길 수도 있다. 그러나 아가서에서는 은폐해야 할 필요성이 짐이요 장애로 경험되고 있다. 아가서 여주인공과 이스라엘은 공히 그들의 사랑 표현 행위를 공개적으로 할 만큼 열정적인데, 어떤 이유로 그것을 은밀하게 행해야 하는 상황이 문제가 된 것이다. 여기서 은폐에 관한 근본적인 이해 차이가 발생한다.

아가서와 구약성서 전체에 걸쳐서는, 성적 연합이 아무리 사사로운 행위들이라고 할지라도 그것의 존재와 성격 자체는 아주 중요한 공적인 정보이다. 왜냐하면 심지어 이 두 연인들의 성애적 사랑을 다루는 아가서마저 남자와 여자의 성적인 연합이 모든 다른 공동체가 의존하는 토대 공동체를 구성한다는 것을 알고 있다. 성적 연합이 '사적'인 일로 여겨지고, 그래서 법적으로 규정되지 않고 법적인 아무런 구속력이 없는 행위라면, 인간 공동체는 오직 자의적인 행동에 의해서만, 때로는 극단적으로 폭력에 의해서만 보지될 수 있는 셈이 된다. 성적 '해방' 추구와 정치적 압제, 이 둘은 사실 동전의 다른 양면과 같다.

8 : 3~4

단편적 시가

이 단편은 2 : 1~7에 나오는 시에 나타나기도 한다. 따라서 이 절에 대한 주해를 보려면 2 : 1~7에 대한 주해를 참조하라.

8 : 5a

다시 누구? 아직

Ⅰ.

아가서에는 세 번째로 여인이 갑자기 무대에 등장하고, 합창단 혹은 자신의 목소리를 가진 아가서의 저자 시인은 이 사람이 누구냐고 묻는다. 현재의 사례는 여인이 광야로부터 온다는 상황 설정에서 첫 번째 사례와 닮아 있다(3 : 6-11). 그것은 매우 짧다는 점에서 두 번째 단편 시(6 : 10)를 닮아 있다. 왜냐하면 우리가 이 절이 속해 있었을 법한 보다 더 긴 단락을 재구성할 수 없기에 5a절은 5b~c절과 분명히 아무런 관계가 없다고 잠정적으로 판단할 수밖에 없다. 분명한 것은 5b~c절에서는 연인들 중 한 명이 다른 사람에게 전혀 다른 주제를 꺼내어 말하고 있다는 점이다. 그런데도 확실히 이 세 시가들의 배후에는 하나의 공통된 시적 전통 같은 것이 있다고 보여진다.

이 절이 8장의 문학적 창고더미 한복판에 나타나고 있기 때문에 우리는 아마도 그것을 하나의 단편 시구로 취급해야 할 것이다. 그러나 아가서의 다른 곳에서도 이 절 못지않게 짧고 동일한 문법적 구조를 가진 절(6 : 10)이 있다는 이유 때문에 우리는 이 두 절을 일본의 전통 단시 같은 형식의 온전한 사례라 보는 모험을 하고자 한다. 즉, 6 : 10과 이 절 모두 분사구문

들 뒤에 따라 나오는 비매개적 질문, "이 사람이 누구인가?"라는 질문을 포함하고 있다는 점에서 그렇다.

여인은 자신을 연인의 팔 안에 던져 넣음으로써 연인의 팔에 안긴 채 광야로부터 등장한다. 그리고 이것이 우리에게 알려진 전부이다. 우리는 이 이야기의 문자적 해석에 머무는 한, 더 이상 의미 있는 해석을 시도할 수 없다. 우리는 왜 그들이 광야에 있었는지, 왜 여인이 남자의 팔에 기대어 안겨야 할 필요가 있는지, 또는 그들이 어디로 향하고 있는지에 대해서 전혀 알지 못한다. 우리는 다른 두 경우에서처럼 독자적인 판단을 내리지 않으면 안 되며, 이 문자적으로 읽히는 본문을 최소한이라도 뜻이 통하게 해석하는 데 필요한 어떤 실마리도 갖고 있지 않고 더 이상 전진할 수 없다는 점을 인정하지 않으면 안 된다. 해석을 계속할 수 있는 경우는 딱 한 가지 상황에서만 나온다. 이런 모든 사정에도 불구하고 우리가 이 절에서 전개되는 포착 가능한 신학적 알레고리가 있다고 믿고, 그것이 무엇인가를 물을 때에만 계속 뜻이 통하게 해석해 갈 수 있다는 것이다.

Ⅱ.

6 : 10의 경우에서 우리는 이 절이 그 형식 자체에 의해 형성된 신비로운 분위기를 띠고 있으며, 그것과 3 : 6~11이 문학적 병행관계를 이루고 있다는 사실을 진지하게 받아들인다. 이 사실은 우리가 이미 이 여인이 누구인가를 알고 있는 것으로 전제되어 있음을 가리킨다. 즉, 그녀는 이스라엘이라는 것이다. 우리는 여기서 똑같은 가정을 세울 수 있다. 그러면 우리는 또한 광야가 무엇인지도 알 수 있다. 그것은 이스라엘이 40년 동안 방황하던 장소다. 그리고 우리는 이스라엘이 거기서 무엇을 했는지, 왜 그렇게 했는지도 안다. 그래서 "광야에서 올라오는 그 여인이 누구인가?"라는 질문은 더 이상 문제가 되지 않는다. 대신에 "아가서는 이스라엘과 40년에 대해서 여기서 무엇을 말하는가?"라는 질문이 제기된다.

이스라엘이 광야에서 등장할 때 왜 그녀는 연인의 현존을 한사코 붙들

며 자신을 그에게 의지하는가? 그 대답은 또다시 먼 곳에 있지 않다. 왜냐하면 모든 성서에서 이스라엘은 오직 야웨와의 연합과 그에 대한 의존을 통해서만 광야를 지나 지금 이 장면, 즉 약속의 땅에 진입하기 직전 순간에 이르렀다는 사실이 명백히 밝혀졌기 때문이다.

대요리문답의 첫 신앙고백 조항(십계명의 1계명, "너는 나 외에는 다른 신들을 네게 두지 말라.")을 설명하면서 마틴 루터는 우리가 우리 마음을 걸어두는 바가 무엇이든지 우리의 신이 된다고 말했다. 아가서 이 시구에서 우리는 이 신앙고백 조항의 변용을 본다. "네가 누구의 팔에 의지하여 광야를 답파하는지, 네가 의지한 그 팔의 주인공이 네 신이다." 루터의 요리문답의 어법의 의도는 "내가 과연 온몸을 의지하여 기댄 그 가지가 내 몸무게를 지탱해 줄 것인가?"라는 질문을 불러일으키려는 것이다. 이것은 이스라엘의 역사를 통틀어 이 질문은 그녀가 겪은 숱한 재난들과 그녀의 대적들에 의해 제기된 질문이기도 하다. "과연 야웨께서 이스라엘을 지탱해 주실 것인가?" 아가서의 합창단이나 아가서 저자 시인이 여기서 보는 것은 이스라엘이 참으로 야웨의 팔에 의지하여 광야의 무서운 여정을 답파해 내고 있다는 사실이다.

확실히 고대 이스라엘, 유대교, 그리고 교회는 여전히 그 종국이 어떻게 될지 모르는 불확실하고 애매모호한 도상의 존재들이다. 그들은 다 각각 한때는 약속의 땅에 있는가 싶더니 광야를 매우 닮은 미지의 영토를 답파하는 도상에 존재한다. 약속의 땅에 들어간 후 긴 세월의 위험과 이산과 유랑의 역사가 뒤따라 왔다. 그 시간 내내 예언자들은 거듭하여 이스라엘로 하여금 야웨 하나님을 새롭게 의지하고 의존하는 법을 배우라고 호소했고, 거듭해서 약속의 땅으로 되돌아가는 새로운 구원의 길을 약속했다. 예수 그리스도의 부활이 있은 후, 뒤이어 계속된 2,000년의 시간은 기다림과 유혹의 순간들이었다. 설교자들과 교사들은 이 짧은 시구로부터 성경의 가장 중심적인 주제, 하나님의 초청이라는 주제를 취할 수 있을 뿐이다. "너희는 내가 한때 너희를 위해 무슨 일을 했는가를 보았다…… 그러므로 이제 믿기만 하라."

Ⅲ.

가끔 누군가를 의존하는 것은 자존심에 손상을 가하는 비천한 행동으로 생각되기도 한다. 많은 사람은 배우자에게 의존하기 싫어서 아예 결혼도 회피한다. 그리고 만일 우리가 우리 자신이야말로 신적 존재라고 가정한다면, 그런 경우 의존은 자존감이 손상되는 경험을 할 것이다. 왜냐하면 그것은 우리가 의존하는 그 존재에 비하여 우리가 열등한 신임을 인정하는 셈이 되기 때문이다. 하지만 우리는 다른 신들보다 더 열등한 신이 될 염려를 가질 필요가 없다. 우리는 도무지 신이 아니기 때문이다. 우리는 우리의 창조주 하나님보다 더 열등한 신이 되어 자존심에 상처를 입을 수는 없는 존재이다. 우리는 하나님과 도저히 비교될 수 없는 존재이기 때문이다. 우리는 한갓 피조물일 뿐이다. 그러므로 의존은 우리의 피조물다운 존재방식이다. 우리의 영광은 우리가 믿음이라고 부르는 하나님께 의존할 수 있다는 의존성이다. 이것은 굴욕이 아니라 선물이다. 피조물의 의존성과 그것의 참다운 의미에 대한 현대적 분석에 대하여 더 자세히 알기 원하는 사람은 쉴라이에르마허의 「기독교 신앙」(*Christian Faith*)을 읽어보기 바란다. 우리가 우리를 창조하신 하나님, 우리가 마땅히 의존해야 할 하나님과 경쟁해야 하는 부담에서 해방된 우리 자신을 발견할 때, 동료 인간(혹은 다른 성을 가진 인간)에게 의존해야 할 필요성마저도 덜 위협적으로 보이게 된다. 오히려 축복으로 나타날 수도 있다. 하나님에 대한 의존과 신앙경험에 준하는 이 예비단계의 의존경험은 복이라는 것이다. 하나님을 믿는 일에 어려움을 느끼는 사람들이 자신의 배우자에 대한 믿음에 의해 도움을 받아 왔다는 사실은 이 점을 잘 예해한다.

사랑하는 자의 팔에 기대지 않고는 광야 여정 같은 인생의 행로에서 살아남을 수 없는 남자나 여자는, 단지 살아남을 수 없다는 그 사실 때문에 자존감의 훼손을 겪는 것이 아니다. 의존성은 반대로 인간을 존엄하게 만든다. 물론 인간의 자존감을 해칠 수 있는 종류의 '의존'이나 '기댐'이 있다. 그러나 신실한 연인의 팔은 그렇게 하지 않는다. 그런 팔에 의지하고

기대어 세상살이의 광야를 헤쳐 가는 것은 거룩해지는 과정이다. 믿음으로 시작했다가 믿음으로 귀결되는 성화(聖化) 경험인 것이다.

8 : 5b~c
사과나무 아래서

Ⅰ.

이 소절들의 경우 그것들이 이제는 소실된 한 온전한 시의 파편적 구절들이라는 데는 거의 의심의 여지가 없다. 여인은 자신의 연인에게 사과나무 아래서 잠들어 있는 그를 깨웠다고 선언하며, 그에게 바로 이 동일한 사과나무 아래서 남자 연인의 어머니가 그를 낳았다고 말한다. 우리는 왜 그의 어머니가 옥외에서, 그것도 사과나무 아래서 그를 출산했는지 — 다른 가능한 번역에 따르면, 사과나무 아래서 잉태했는지 — 궁금하며, 그가 왜 다시 그 사과나무 아래서 자고 있었는지, 그리고 왜 그 여인이 그를 깨웠는지도 궁금하다. 확실히 우리는 아주 흥미로운 이야기의 한 단편만 읽고 있기에 모든 것을 궁금해 하는 것도 어쩌면 당연하다. 그러나 우리에게는 궁금증을 자아내는 이야기 자체의 전모를 복원할 수 있는 데 필요한 어떤 실마리도 없다. 이 소절들에 대해서는 주석이 가능한가? 본문을 재진술하는 것 이상의 의미 있는 해석이 가능한가? 이런 질문이 생기는 것도 사실이다.

이런 당혹스러운 상황을 어느 정도 해소하기 위하여 본 주석서는 좀 더 일찍 언표될 수도 있었던 몇 가지 본문 관찰을 여기까지 유보해 두었다. 독자들은 아가서의 다른 곳에서는 남자에 대한 여인의 사랑이 모성애적 돌봄과 아기 출산과 관련되어 있다는 것을 기억할 것이다(3 : 4 ; 6 : 9 ; 8 : 2). 이 다른 경우들에서 언급되는 사람은 여인의 어머니다. 그런데 여

기서는 남자의 어머니가 언급된다. 모든 시대, 모든 장소, 모든 철학사조의 서정시인들은 고상한 심상들과 연상들로부터 시적 착상과 영감을 얻는다. 보통, 그리고 대부분은 그렇게 할 특별한 의도도 없이 자연스럽게 그렇게 한다. 참으로 서정시인이었을 아가서 저자도 그런 풍요로운 연상들의 샘물을 갖고 있었을 것이다. 아가서의 저자는 성적으로 다른 존재(이성적 타자)에 대한 성애적 열망을 출산과 모성애적 돌봄과 연결시켰던 것이다. 이 시인의 상상력에 의해 연인을 깨우는 여인의 행동은 출생 시 처음으로 깨어나는 경험과 연결되어 있다. 원래의 온전한 시에서 무엇이 이런 시적 연결을 촉발시켰거나 유도했는지 우리는 물론 말할 수 없다. 아마도 시인의 상상 속에서는 — 고의적이든 혹은 승화된 연결이든 상관없이 — 출산과 사과나무를 연결시키는 더 진전된 연상 작용이 있었을지도 모른다. 아기를 낳는 어머니와 사과나무 둘 다 생식력을 표현하는 은유들인 것은 사실이다.

Ⅱ.

성과 출생의 연결은 물론 — 우리가 알기로는, 이런 생물학적 작용을 전혀 눈치채지 못한 한두 개의 원시문명을 제외하고는 — 누가 보기에는 명백하며 문화적으로나 종교적으로나 모든 고대적 원시문화들의 형성에 결정적인 요소였다. 우리는 이 단원에서는 종교를, 다음 단원에서는 문화를 고찰할 것이다.

이 세상에 새로운 인간생명이 출현한 사건은 창조질서 안에서는 창조 자체와 가장 근접한 사건이다. 인간 생명의 출생은 창조주의 창조와 가장 방불한 사건이라는 것이다. 그래서 창조주를 모르는 사람들은 모든 만물이 어떤 기이하거나 괴물스러운 출생을 거쳐 이 세상에 생겨났다고 가정하지 않으면 안 된다. 인간의 종교사를 통틀어 이제까지 등장한 모든 신화들은, 즉 이스라엘과 교회가 아는 한에 있어서 창조주의 행동이 관여한 모든 곳에서 나타난 신화들은 어떤 모양으로든지 태고적 신비로부터 이

세계가 출생되었다는 이야기들이다. 이 세계 출생을 객관적으로 추동시킨 원천 상황이 성적 연합이기 때문에, '매혹적이고 압도적인' 이 신비는 — 6 : 10에 대한 주해를 참조하라 — 태고적 성교 행위의 이야기로 구술되어진다. 가끔씩 태양신과 지모신(地母神)의 성교로 세계가 출생되었다고 말해진다. 참으로 모든 비(非)셈족 종교는 종국적으로 풍요와 다산 종교인 셈이다.

아가서의 신학적 사용에 있어서 우리는 항상 염두에 두어야 할 한계선을 존중해야 하고, 그것을 넘지 않도록 조심해야 한다. 우리가 아무리 급진적으로, 그리고 상상력 넘치게 야웨 하나님과 그의 백성 사이에 일어나는 성애적 사랑과 연합을 우의적으로 잘 해석할 수 있을지라도, 이스라엘이나 교회를 이 창조세계를 출산하는 모신적인 존재로 보려는 입장을 어찌하든지 멀리해야 한다. 우리는 그럴 위험이 전혀 없다고 가정해서도 안 된다. 과거의 신학들은 위험스럽게도 옛 이방신화들의 관념적 승화물인 철학에 의존해 여러 가지 교리들을 만들어 낸 적이 있다. 극단적인 경우, 세계를 인격적인 창조주의 피조물로 보지 않고 신비한 제일 원리로부터 유출된 것으로 보기까지 했다. 요즘 현대신학이 아무 생각 없이 어울리는 '뉴에이지' 사상도 알고 보면 옛 풍요다산 종교의 승화된 버전이 아니라 오히려 그것이 타락하고 더 조악해진 버전이다.

Ⅲ.

제1대의 남녀 간 성적 결합과 결속, 그리고 세대가 이어지면서 형성되는 후손과 조상의 결속, 그리고 아마도 숱한 조상세대들로부터 후손세대에 이르기까지 형성된 누적적 결속은, 씨족이라는 친족적 결속체로 알려져 왔고, 그 이름으로 작동해 오고 있다. 가족구조는 문화권역별로 상당히 다양하지만, 모든 문화는 1대에 형성된 성적 결속과 후세대들과 조상세대 사이에 형성된 생물학적 유대가 모든 정치적, 사회적 공동체의 형성 토대가 된다는 것을 이해해 왔다. 그래서 결혼과 출생 제의도 문화마다 다양하

게 나타난다. 하지만 모든 문화는 어떤 모양으로든지 이 둘, 즉 결혼과 출생의 연결을 강화시키며 어떤 의미에서는 가족구조를 강화시킨다. 심지어 합법적 혼인절차라는 '경계를 넘어감으로써', 즉 사회구성원을 낳음으로써, 가족을 강화시킨다.

확실히 이 바로 앞의 단락에 전개한 우리의 논의는 산아제한을 일삼는 최근의 서구문화보다 더 이른 시기에 등장한 문화들에만 유효하다. 우리는 성적 연합과 출생의 연결고리를 아예 절단해 버리는 서구 유럽과 같은 문화가 어떤 종국을 맞을지 예언할 수는 없다. 아니, 우리가 예언할 수 없다고 믿기를 바라는 편이다. 왜냐하면 성을 즐기면서도 아기 출산을 주저하거나 기피하는 사회의 미래는 복제인간을 생산하는 미래사회의 파국적 상황을 그린 올더스 헉슬리의 「멋진 신세계」(*Brave New World*)에서 그려진 그런 세상으로 점점 접근해 가는 것이 아닐까 하는 우려만 들기 때문이다. 물론 아기를 낳지 않는 혼인도 여전히 혼인이다. 아기가 태어난 것은 고생덩어리가 태어난 것이라고 믿는 사람들에게는 아기를 낳지 않고 사는 것이 복일 수도 있다. 하지만 고의적으로 아기를 낳지 않는 성적 연합, 이것은 사회의 존립 자체를 위태롭게 하는 공격이다. 이런 성적 연합을 장려하는 사회는 그 자체가 자신의 앞길에 실족시킬 돌이 된다.

8 : 6~7
사랑의 힘

I.

이 시를 여는 절들은 여인의 음성으로 음송된다. 조금 뒤에 가서 목소리의 주인이 달라진다고 볼 이유는 없다. 물론 우리가 이 절들이 자기완결적인 온전한 시라고 확신할 근거도 없다고 해서 그것들이 하나의 자기완결

적인 시를 구성하지 못한다고 단정할 어떤 이유 또한 없다.

여인은 자신의 연인에게 급진적이고 놀라운 요구를 들이밀며 말을 걸어온다. 그 후 그녀는 자신의 요구를 정당화하기까지 한다. 그녀가 자신의 요구를 정당화하는 소절들의 내용과 형식은 아가서 안에서도 독특하다. 왜냐하면 아가서 전체에서 오직 여기에서만 아가서가 사랑 자체를 예찬하고 있기 때문이다. 그것도 직접적으로, 사랑 자체만을 예찬하고 있다.

여인의 요구는 연인의 인장(印章)이 되게 해 달라는 것이다. 남자 연인에게 자신을 그의 정체성의 보증인 인장으로 받아 달라고 요구한 것이다. 고대 세계에서나 좀 더 후대의 세계에서 한 사람의 인장은 자신의 정체성을 진술하고 보증하는 물건이었다. 수기(手記)가 오늘날처럼 일반화되지 않았던 시대에, 특히 많은 위대한 통치자들마저도 글을 쓸 줄 몰랐던 시대에는 서명이 누가 어떤 문서의 진실성을 검증하거나 밝히는 데 도움이 되지 못했다. 오직 개인 소장용 인장이 그런 역할을 했고, 그래서 그것은 그만큼 소중한 물건이었다. 그것은 소유자에 의해 주의 깊게 보관되었고, 지갑 속에서나 겉옷 속에 보관되어 휴대되었다. 이 시에서는 목이나 팔에 매단 끈에 묶여 보관되어 있었던 것으로 판단된다. 중세 유럽에서는 만일 어떤 사신이 출처가 불분명하지만 긴급한 메시지를 갖고 급파되었던 경우에, 그 사신이 아주 대단히 신뢰받던 사신이었다면, 자신을 보낸 자의 인장을 아예 갖고 가서 상대방에게 보여 주는 것까지 허용되었다. 아주 큰 신뢰를 받는 사신만이 개인용 인장의 일시적 보관책임을 맡을 수 있었다는 사실은 인장의 의미가 얼마나 대단했던가를 능히 짐작케 한다.

이 시에서는 직유법이 나타나지 않는다. 여인은 그냥 연인의 인장이 되고 싶어한다(베르간트). 그녀는 연인에게 그의 정체성을 증명하는 가시적 표시요 담보물로 자신을 받아 달라고 요청한다. 그녀는 그의 정체성, 즉 그의 본질 구성에 필수불가결한 존재가 되고 싶다는 간청을 피력한 셈이다. 다른 구약성경의 언어로 표현하자면, 남자 연인이 요청을 받아들이려면 그 둘은 '한 몸'이 되어야 할 운명에 놓여 있다. 이 '한 몸'은 다른 모든 사람들과 구별되는 한 인격체를 말한다. 그러나 여기서 질문이 생긴

다. 도대체 무엇이 그런 요구를 타당한 요구로 만들고 있을까? 우리는 묻지 않을 수 없다. 어떻게 한 사람이 다른 사람의 정체성 형성에 이토록 깊고 본질적으로 참여할 수 있기를 바랄 수 있을까?

6c~7절들에서 여인은 왜, 그리고 어떻게 그런 간청이 가능한지를 선언한다. 언뜻 보기에 비록 시적 형식과 수사 기법에서 장엄하기는 하지만, 이 절들이 실제로 여인의 요구를 지지하고 있는지가 분명히 드러나지 않는다. 우리는 단계적으로 이 점을 논의해야 한다.

첫째, 우리는 6b절에 대한 우리 자신의 번역을 제시하지 않으면 안 되겠다. 왜냐하면 그 소절이 너무나 중요하기 때문이다. 그것이 왜 그렇게 결정적으로 중요한가를 알아보기 위해서는 일단 히브리어 구문의 어순을 그대로 존중할 필요가 있다. 우리는 또한 NRSV를 따라 히브리어 단어 키나(qinah)를 '열정'으로 번역함으로써, 둘째 줄의 특수한 분위기를 살려 두어야 한다. 이 둘째 줄의 시상을 일반화시켜서는 안 된다. 반면에 AV는 이 단어를 '질투'라고 번역함으로써 다소간 이 둘째 줄을 일반화시켜 버린다. 하지만 키나는 단순히 질투가 아니라 열정적 유착의 잔혹하기 이를 데 없는 배타성을 가리키는 말이다. 그래서 우리는 확실히 여기서 "나 여호와는 어떤 경쟁자도 용납하지 않는, 질투하는 하나님이다"라는 말씀(출 20 : 5)을 기억해 엿듣도록 의도한 아가서 저자의 배려를 느낀다. 그리고 뒤이어 우리는 "사랑은 죽음같이 강하고 질투는 스올(NRSV는 무덤)같이 잔인하다"라는 구절을 읽게 될 것이다. 이 두 절은 히브리시의 고전적인 단위를 구성한다. 두 줄이 문법과 선언 내용면 모두에서 평행을 이룬다. 각각 강세와 음보를 가진 세 개의 단어를 갖고 있다. '강하고'와 '잔인한'은 서로를 강화시켜 준다. 마찬가지로 '죽음'과 '스올'은 서로를 강화시킨다. 그런데 다음 짝이 주석적 문제를 야기시킨다. '사랑'과 '질투'는 서로를 강화시키는 짝인가? 여기서 질투는 좋은 것인가? 나쁜 것인가?

히브리시에는 두 가지 방식의 평행법이 작동한다(유사평행법과 대립평행법). 많은 주석들은 이 둘을 대립적인 평행으로 볼 것을 제안한다. 하지만 우리가 보기에는 그렇지 않다. 두 가지 사항을 고려해 볼 때 이 두 줄은

대립적 평행이 아니라 서로를 강화시키는 유사평행임을 알 수 있다. 첫째, 만일 질투가 여기서 사랑하는 자가 자신의 연인에 대해서 행사할 수 있다고 느끼는 배타적 권리에서 나오는 열정이라면, 이 열정이 '잔인할 정도로 배타적'이라는 명제는, 제일 먼저 등장했던 여인의 대담무쌍한 요청이 근거가 있었음을 직접적으로 가리킨다. 바로 이런 수준의 열정에 사로잡혀 여인은 연인의 품에 안기는 인장이 되기를 그토록 열망한 것이었다. 둘째, 다음 문장은 "그것의 불빛들은 불길같이 일어나며"(NRSV)로 시작된다. '그것의 불빛들'에 나오는 '그것의'의 단수 소유격 어미는 누구를 가리키는가? 가장 손쉬운 해결은 그것이 '사랑'과 '질투'를 한데 묶어 단수로 취급한다고 보는 방식이다. 사랑과 질투는 이미 하나의 실체로 간주된다는 것이다. 따라서 위에서 말한 '그것의 불빛들'은 '질투하기까지 배타적인 사랑', '그것의' 불빛들인 셈이다.

이 두 줄짜리 단시의 어순상 가장 먼저 묘사되는 것은 죽음의 위력이다. 죽음은 절대적이라서 누구도 그와 협상할 수 없다. 그런 시도를 한 사람들에 대한 숱한 이야기들이 남아 있음에도 불구하고 죽음은 협상 대상이 될 수 없을 만큼 절대적 힘이다. 그것은 자신이 원하는 사람을 원하는 때에 낚아채 간다. 결국 누구도 그것에 저항할 수 없다. 여인은 '사랑이 이 죽음 같다'고 말한다. 그녀의 연인에 대한 자신의 배타적 요구는 협상 대상이 될 수 없다는 것이다. 심지어 남자 연인 그 자신도 자신의 배타적 사랑 열정을 물리치거나 유예시키는 등 협상 대상이 될 수 없다. 그래서 그녀는 그 남자 연인의 정체성 보증인 인장이 되기를 갈망하기에 이른 것이다.

둘째 줄의 어순도 동일하다. 스올(무덤)도 잔혹하기 이를 데 없으며, 자기 방식대로 절대적인 힘을 휘두른다. 그가 낚아챈 사람을 결국 다시는 무덤 밖으로 보내 주지 않는다. 엔돌의 무당에 의해 불려 올라온 사무엘처럼, 어쩔 수 없이 파멸의 목소리를 전하러 오는 경우를 제외하고는(삼상 28 : 7-18) 스올로부터 되돌아 온 사람이 없다. 질투는 바로 사랑의 이런 힘, 절대로 양보하지 않는 배타적 장악력을 나타낸다. 질투 어린 사랑은 자신의 것이라고 한 번 못 박은 이상, 누구에게도 양보하거나 양도하지

않는다. 여인은 질투로 불타는 이런 사랑이 스올처럼 엄청난 지배력을 휘두르는 집요한 장악력을 구사한다고 말하고 있는 것이다. 어떤 누구도 그의 혹은 그녀의 정체성을 벗겨 낼 수 없다. 그녀의 연인도 더 이상 그녀를 허물 벗어 던지듯이 '나 몰라라' 하고 내칠 수 없다는 것이다.

그러나 우리는 이러한 성찰들도 무엇이 여인의 대담무쌍한 요구를 추동시키는지를 설명할 뿐임을 인정해야 한다. 그것들이 그녀의 요구를 정당화하는 것은 아니라는 것이다. 그것들은 여인의 사랑이 그녀로 하여금 사실상 연인의 정체성을 대표하는 자아의 일부가 되는 것을 가능하게 한다는 사실을 확증하는 것은 아니라는 것이다. 왜냐하면 죽음이 반드시 언젠가 찾아와 그들을 갈라놓을 것이기 때문이다. 심지어 결혼식의 고전적 서약문 중에도 '죽음이 갈라놓을 때까지만' 유효한 결혼서약이 있지 않은가? 여인의 질투가 스올처럼 잔혹하게 될 것이라는 사실이 아직 증명되지는 않았다. 왜냐하면 스올의 장악의지 — 언젠가 확실히 나타날 것이다 — 가 종국에 가서는 그녀의 의지를 압도하고 이겨 버릴 것이 확실한 것처럼 보이기 때문이다. 우리는 이제 이 직유법들의 비교 대상들 사이에서 벌어지는 갈등과 대결의 진면목에 도달했다. 사랑은 죽음처럼 강하고, 질투는 스올처럼 잔혹하다는 것이다. 이 두 절들은 사랑과 죽음, 질투와 스올 사이에 벌어지는 대결을 부각시킨 것이다.

여인의 요구는 오직 사랑이 죽음을 정복할 때에만, 그리고 연인들의 배타적 사랑 열정(질투)이 스올의 위력을 분쇄할 때에만 정당화된다. 어떤 주석가들은 이 시가 사랑이 죽음보다 더 강하다고 말하는 것이 아니라고 주장한다. 정작 이 시는 오직 사랑이 죽음만큼만 강하다고 주장한다는 것이다. 그러나 이것은 차이가 없는 구별이다. 둘 중 하나는 다른 하나보다 강해야 하는 것이 현실의 진리에 충실한 것이다. 왜냐하면 죽음은 승자도 없이 끝나는 게임을 허용하지 않기 때문이다. 사랑과 죽음, 둘 중 어느 하나는 승자가 되고, 다른 하나는 패배자가 되어야 하는 것이 진실이라는 것이다. 만일 사랑이 연인들을 심지어 서로를 갈라놓으려는 죽음의 적의 한복판에서도 결속시킨다면, 그때는 실상 사랑이 죽음보다 더 강하다는

것이 증명된 것이 아닌가? 만일 사랑이 죽음에 의해서도 철회되지 않는다면, 죽음이 사랑에 의해 정복된 것이라는 말이다. 스올도 부분적 장악이나 승리에 만족하지 못하는 것은 마찬가지다. 즉, 스올이 그의 희생물을 다시 양도하게 된다면, 그때는 스올의 위력은 분쇄된 것이며 더 이상 사랑의 질투심에는 적수가 되지 못한다.

나머지 소절들도 사랑의 정복불가능성이라는 주제를 계속 이어간다. 사랑은 번개처럼 불꽃을 일으키며 — 이런 심상은 통속적 연애시의 단골 메뉴다 — 그 번갯불은 진짜 센 불이며, 어떤 홍수도 끌 수 없는 최고, 최상의 불이다. 심지어 재산과 부마저도 그것을 타락시킬 수 없다.

만일 사랑의 위력이 정녕 죽음의 힘보다 더 크고 배타적 사랑 열정의 결정체인 질투의 장악력이 음부의 그것보다 더 질기고 집요하다면, 이 시의 첫 소절에서 나타나는 여인의 무모해 보이는 간청은 실제로 가능하고 타당하기까지 하다. 그러나 또다시 우리는 묻지 않을 수 없다. 과연 이런 것들이 정녕 진실인가? 우리는 사랑과 질투의 힘이 과연 그러하리라고 믿고 싶다. 하지만 그런가? 실제로는 죽음이 연인들을 갈가리 찢어 놓지 않는가? 많은 경우 사랑이 무르익기도 전에 종국적으로 그들의 사랑을 꺾어 버리지 않는가? 일단 사랑하는 사람이 죽고 나면 결국 남은 연인이 홀로 쓸쓸히 무덤가를 배회하지 않는가? '많은 물들'로 대표되는 그런 재난이 가끔씩 또한 사랑을 파괴하지 않는가? 그리고 그보다 더 자주, 돈이 사랑을 허물어뜨리지 않는가? 도대체 누구의 사랑이 죽음, 자연 재해, 그리고 맘몬을 정복한다는 말인가? 이 시의 이야기 틀 안에서 여인은 자신의 사랑이야말로 바로 그런 사랑이라고 주장한다. 우리는 그녀의 대담무쌍함을 존중한다. 그런데 우리가 결국 인정하게 되겠지만, 이 대담무쌍한 사랑 모험과 사랑 예찬이 아가서 전체를 떠받치는 중심기둥이다.

Ⅱ.

하지만 이 시의 언어를 자세히 보면, 위에서 제기된 질문(무엇이 이 시의

앞부분에 나오는 대담무쌍한 여인의 요구를 추동시키는가?)에 또 다른 하나의 대답이 제시되고 있음을 우리는 알게 된다. 히브리어에서 현대 영어나 한글로 번역되는 과정에서 이스라엘의 주변 민족들의 신화들(특히 가나안)에 대한 시인의 빈번한 언급이 흐려지거나 소실되었다. 대표적인 말이 '죽음'이라고 번역된 모트(Mot)는 그냥 '죽음'으로 번역될 수도 있지만, 또한 그것은 생명의 신 바알이 격렬하게 싸워 결국 분쇄하고 마는 가나안의 한 토착신의 이름, 즉 고유명사이기도 하다. 무덤 또는 음부(스올)로 번역되는 히브리어 쉬올(sheol)도 실은 죽은 후 지하 세계로 내려가 사는 유령 같은 존재들의 지하 거처를 지칭하는 구약성경의 표준적인 호칭이다. 이 유령 같은 존재들의 거주처는 이스라엘 인근의 여러 신하들과 이스라엘 자신의 시적 상상력 속에서 가끔 인간을 집어 삼키려고 손을 내뻗치는 세력으로 의인화된다. '불꽃'으로 번역된 히브리어 레셉(resep) 또한 가나안 신화에서 역병을 관장하는 신을 지칭하는 고유명사이다. 이 시에 따르면, 사랑의 불꽃은 불꽃 중의 불꽃, 즉 최상급 불꽃이다. 이것은 히브리어 레셉의 위력(역병의 힘)을 상대화시키고 극복하는 최상급 불꽃인 사랑을 부각시키기 위해 사용된 단어인 셈이다. 사랑은 역병보다 더 강력하고 압도적인 역병이라는 논리인 셈이다. 사랑의 불꽃(역병)을 끌 수 없다고 말해지는 '많은 물들'은 구약성경에서 표준적으로, 그리고 자주 창조주에 대항하여 싸우는 혼돈(混沌, Chaos) 세력을 대표하는 존재이다(머피). 마지막으로, 재산을 가리키는 히브리어가 여기서는 '맘몬'(mammon)이 아닐지라도, 이 재산과 앞에 언급된 사랑의 가상 적수들을 한데 묶는 것은 확실히 타당한 근거가 있다. 이사야 28장에 따르면 예루살렘의 배도한 통치자들은 야웨 하나님을 대적하여 죽음과 스올에 의해 향도된 바로 그 세력들과 계약을 맺었다.

확실히 이런 신화적, 신적 세력들과 맞설 수 있는 것은 오직 하나님의 사랑뿐이다. 아가서에 대한 랍비들의 「아가서 랍비주석집」도 이 점을 분명하게 밝힌다. "어떤 신화적 세력도 사랑을 좌절시킬 수 없다.", "이것이 복되신 이스라엘의 거룩한 자께서 이스라엘에게 품고 계시는 사랑이다"(타르

굼). 이처럼 하나님의 사랑은 모든 것을 이기고 정복한다. "사망아 너의 승리가 어디 있느냐 사망아 네가 쏘는 것이 어디 있느냐"(고전 15 : 55). 만일 우리가 이 시를 알레고리로 읽어, 아가서의 다른 모든 곳에서처럼, 여인을 이스라엘이라고 본다면, 여인(이스라엘)이 여기서 강조하는 것은 자기 자신의 사랑의 엄청난 힘이 아니라 그녀의 연인이신 야웨 하나님의 사랑의 위력인 셈이다. 특히 타르굼의 해석은 이 점을 강조한다.

'질투'가 스올(무덤)을 분쇄한다는 선언은 구약성경의 매우 직접적이고 중심적인 신학 논제이다. 즉, 그것은 이스라엘의 공동체적 삶을 떠받치는 토대, 즉 시내산에서 체결된 시내산 언약의 중심인 '십계명'의 일부이다. 십계명의 제2계명은 "야웨는 '질투하시는 하나님'"이라고 선언한다(출 20 : 5 ; 신 4 : 24). 진실로 야웨께서는 '질투'라는 고유명사로 불리시기도 한다!(출 34 : 14) 질투의 화신이신 것이다. 질투하는 배우자처럼 야웨께서는 그분의 백성을 다른 신적 존재들과 나눠 가지는 것을 아주 싫어하신다. 현대문화는 이 배타적 사랑을 조롱하고 공격한다. 그러나 사실은 우리의 구원이 이 하나님의 배타적 사랑 안에 있으며, 그것 때문에 가능해졌다. 왜냐하면, 어떤 다른 신적 존재도 자신의 배타적 사랑으로 인간을 구원하지 않으며, 할 수 없기 때문이다. 아마 그들이 구원을 약속하고, 그것을 이룰 수 있다고 말할지도 모른다. 그러나 다른 신적 존재들이 주겠다고 하는 것들은 죽음, 스올, 역병, 혼돈, 그리고 맘몬이다. 그것들은 이 모든 것들을 정복하신 야웨 하나님이 승리의 선물로 주신 영생, 하나님 나라, 건강, 질서와 참된 부요함과는 너무 다른 '구원들'이다. 진실로 열방의 신들이란 죽음, 스올, 역병, 혼돈, 그리고 맘몬이다.

이 시를 갖고 설교하거나 가르치는 사람들은 그리스도의 부활, 죽음과 그 동맹 세력들을 분쇄하신 그의 승리에 초점을 맞추어야 한다. 또한 그리스도의 부활과 승리가 어떻게 우리의 구원 보증이 되는지를 부각시켜야 한다. 그리스도의 부활은 우리를 그분 자신의 인장으로 삼으신 사건이다. 즉, 그는 우리를 '위하여' 죽으셨다. 죽을 수밖에 없는 우리와 하나가 되시기 위하여 죽으셨다. 이제는 그는 우리 없이 홀로 존재하실 수 없다. 그는

우리 없이 죽음에 떨어지신 것이 아니다. 그는 우리 없이 부활하시는 분이 아니다. 참으로 우리의 현재 조건이 어떠하든지에 상관없이 그분의 정체성을 입증하는 담보물인 인장이 우리의 운명이 되었다. 그래서 부활하신 그분은 우리가 없이는 그분의 부활도 없는 것과 마찬가지라고 생각하신다. 아가서의 다른 구절에 대한 주석에서 클레르보의 버나드는 왜 주님의 사랑이 그토록 강하고 무자비할 정도로 강력한지를 아주 인상적으로 해석했다. 아가서에서 바울신학의 중심논지, 십자가 신학을 도출한 해석이었다. 그는 바울신학의 중심논지를 이렇게 설파했다. "그는 우리가 존재하기도 전부터 우리를 사랑하셨다. 우리가 그를 배척하고 저항했을 때에도 저항을 이기고 사랑하셨다…… 실로 그가 그의 원수들까지 사랑하시지 않았다면, 그는 어떤 친구도 얻지 못했을 것이다"(버나드, 20, 2). 꼭 마찬가지로 야웨께서는 인간의 마음을 지배하고 차지하려고 덤벼드는 많은 경쟁적 존재들과 결코 우리를 나눠 가지지 않으신다. 말하자면 그리스도는 질투의 화신이기 때문이다.

어거스틴은 "죽음이 생명 파괴의 활동 안에서 절정의 분노를 실현시키듯이, 사랑은 죽음을 정복하는 구원사역 안에서 절정의 분노를 실현시킨다"라고 말했다. 12세기의 주석가 아우툰의 호노리우스는 어거스틴의 반립적 명제에 강력한 구원론적인 변용을 가했다. 그는 어거스틴의 이 대립적 명제를 다음과 같이 그리스도의 입에 넣었다. 그리스도의 가상적인 말에는 아가서 8 : 6~7의 핵심 메시지가 담겨 있다. "죽음의 모든 강한 자들을 압도하고 그리하여 모든 것보다 더 강한 자로 인정되는 것처럼 사랑 또한 모든 것보다 더 강하다. 그 엄청나게 강력한 사랑이 이 세상에 가장 강한 나를 이기고 압도했다. 결과적으로 그것이 나를 너희들(인간)을 위한 죽음으로 몰아넣었다"(노리스).

Ⅲ.

사랑과 죽음의 연관성은 우리의 문화에 아주 깊게 박혀 있다. "우리는

우리가 사랑하는 사람에게 항상 상처를 준다." 이 상처가 모이면 죽음이 되고 "마침내 마지막 꽃잎들이 떨어진다". 그것의 역(逆)도 사실이다. 연인들은 아주 옛날부터 사랑하는 자를 잃고 홀로 남겨지기보다 기꺼이 함께 죽기를 열망해 왔다. 이 두 가지 경향을 한데 묶으면 이런 논리가 성립할 것이다. "내가 그를 죽이기 전에 그대에게 입맞추었네. 안 돼, 이것은 결코 안 돼. 당신에게 입맞추기 위해 나는 스스로를 죽이려네." 사랑과 죽음의 관련성은 이 사랑의 이중적 성격에서 발견된다. 사랑은 선물, 자기희생적 소모이면서 동시에 열망, 소유하고자 하는 집착이다. 이 사랑의 이중성이 아가서에 대한 우리의 전체 강해를 떠받치는 주제다.

사랑이 선물인 한에서, 사랑한다는 것은 단지 어떤 것 혹은 몇 가지를 주는 것이 아니다. 내 자신을 주는 것이다. 만일 내가 여러 개의 선물들을 준다면, 이것들은 내가 진짜 주고 싶은 한 가지 선물, 즉 나 자신의 다채로운 재현물임을 의미한다. 만일 내가 성 발렌타인 축일인 것을 잊고 있다가 장미를 내 연인에게 보내지 않았다고 하더라도 그것은 부정적인 표지가 아니라면, 혹은 연인을 잊고 있는 망각 증세가 아니라면 나의 연인에게 그렇게 큰 상처가 되지 않는 것이다.

그러나 내가 어떻게 나 자신을 선물로 줄 것인가? 다른 사람 때문에 내 자신을 괴롭히는 것이 선물인지 혹은 저주인지는 내가 누구에게 어떤 존재인지에 달려 있다. 심지어 그의 추종자들은 스탈린의 애정을 회피했다. 그러나 내가 누구이고 어떤 존재인지는 '벽에 나타난 손가락'(단 5장), 즉 하나님의 심판의 손길이 내 인생 이야기의 마지막 줄을 쓰기까지는 결정되지 않는다. 선물을 줄 수도 받을 수도 없을 때까지는 내가 누구인지, 어떤 존재인지는 결정되지 않는다. 포스트모던 철학자들은 이 점을 주목했으며, 선물로써의 사랑을 어리석을 정도의 전적 희생(결국 아무 열매도 맺지 못할)과 동일시했다.

사랑이 집착적 열망을 의미하는 한, 사랑한다는 것은 연인의 한 부분 또는 다른 부분을 열망한다는 것이 아니다. 그것은 연인 자신의 인격을 통째로 소유하고 갖기를 열망하는 것이다. 하지만 위에서 일인칭으로 묘

사되었던 그런 선물(나 자신)을 받기가 어려웠던 만큼 그런 똑같은 선물, 즉 자아를 내준 선물을 하는 것도 똑같이 어렵다는 것을 경험하게 된다. 게다가 사랑의 대상을 통째로 소유하고 싶은 열망 안에는 죽음이 있다(분쇄되어 소멸되는 경험). 우리가 연인을 '먹어 치우는' 사랑에 대해서 말할 수 있는 것은 결코 언어적 우연이 아니다. 갯가재를 사랑하는 사람이 그것을 통째로 삼키고 아무것도 남기지 않듯이, 사랑하는 사람은 연인을 통째로 삼키고 싶은 열망에 지배당한다. 어떻게 우리가 연인의 전 존재를 부서뜨리지 않고 통째로 삼키고 싶은 열망을 실현시킬 수 있겠는가? 내가 어떻게 나의 연인을 나 자신의 일부로 귀속시키거나, 나 자신의 복제품으로 만들지 않고 열망할 수 있을까? 사랑받고 있다고 느끼는 사람들이 실제로 성 행위를 할 때가 되면 도망치고, 어떤 사람은 사랑의 실현을 앞두고 그들의 생애를 도망치다가 보내는 일이 있다는 것은 결코 이유가 없지 않다. 만일 당신 자신의 백성들을 향한 야웨의 사랑이라는 최상급의 행동, 즉 그리스도의 십자가 죽으심과 부활이 없었다면, 우리가 해 줄 수 있는 신중한 충고는 사랑을 멀리하라는 것이었을지도 모른다. 그러나 그리스도의 십자가의 죽으심과 부활은 실제로 일어난 사건이고, 죽음과 사랑을 전혀 새로운 관계 속에 결합시켰다. 사랑의 선물이 연인의 죽음을 유발하는가? 그렇다. 이것이 바로 그리스도의 십자가 죽으심과 부활 사건이다. 우리를 향한 그리스도의 사랑이 그를 우리를 위한 죽음으로 몰아넣었다. 사랑의 열망이 사랑받는 자의 죽음을 초래하는가? 그렇다. 그리스도의 사랑이 우리의 죽음을 초래한다. 우리를 향한 그리스도의 강력한 사랑의 열망이 우리를 그와 함께 죽는 십자가의 죽음으로 인도했고, 인도하고 있다. "그러므로 우리가 그의 죽으심과 합하여 세례를 받음으로 그와 함께 장사되었나니 이는 아버지의 영광으로 말미암아 그리스도를 죽은 자 가운데서 살리심과 같이 우리로 또한 새 생명 가운데서 행하게 하려 함이라"(롬 6 : 4).

그리고 그리스도의 선물로써의 사랑과 그리스도의 열망으로써의 사랑이 연합하여 사랑 안에 사는 삶을 창조했다. 왜냐하면 생명의 창조자인 아버지께서 그리스도의 죽음을 영생을 위한 죽음으로 받으셨기 때문이

다. 아들에 대한 아버지의 열망적 사랑은 그를 죽은 자 가운데서 부활시키셨다. 그리스도의 죽음은 그의 백성을 위하여 자기 목숨을 대속물로 내어준 사랑의 완성이었고 결실이었다. 그래서 우리를 위해 그의 생명을 끝까지 죽음에 이르기까지 소진시켰음에도 불구하고, 그는 여전히 지금도 살아 계셔서 우리에게 생명과 사랑의 선물을 주신다. 그 역(逆)도 진실이다. 우리를 향한 아들의 순전한 열망 때문에 우리가 그의 백성이 된 것이 아니라 우리(성도, 신자)는 오히려 아버지께서 아들에게 주신 선물이다(예. 요 17 : 6). 그것은 우리를 향한 아들 하나님의 열망이 삼켜 버림 없이도 전면적이고 총체적인 사랑이 될 수 있음을 의미한다.

우리는 이런 식의 변증법적인 논의를 훨씬 더 길게 이어 갈 수도 있다. 이것들(성부와 성자의 연합사역들) 중의 어떤 것도 성령 없이는 일어나지 않는다. 이제까지 우리는 성령을 우리의 논의 속에 연루시키지 않았지만, 성부와 성자의 사랑과 생명의 분여(分與)는 성령 없이는 일어나지 않는다. 성령에 대한 논의가 충분하지 않았지만, 이것만으로도 성부와 성자의 다차원적인 사랑 안에 묶여 들어간 사람들은 왜 사랑의 진정성을 의심하는 포스트모던 사상가들의 음침한 진단으로부터 안전한지를 보여 주기에는 충분하다. 우리는 사랑하는 사람을 위하여 우리 자신을 내어 주는 모험을 할 수 있고, 사랑하는 사람의 자아마저도 사랑하는 모험도 감수할 수 있다. 확실히 그 사랑 안에는 죽음의 요소가 있고, 그 죽음은 또한 새 생명으로 전환되는 죽음이기도 하다.

이쯤에서 떠오르는 질문은 어떻게 이런 사랑이 이스라엘과 교회 바깥에서, 즉 하나님과의 연합이 없는 곳에도 일어나는가 하는 문제이다. 확실히 그런 사랑이 이스라엘과 교회 바깥에서도 있다. 이 주석서의 다른 곳에서 말했던 것처럼(6 : 9-13), 우리는 하나님의 섭리에 의해서 사랑이 일어나는 곳에서는 어디서든지, 성부와 성자 사이의 사랑과 죄인들을 향한 성자 하나님의 사랑은 '사랑의 가능성을 실현시키는 조건'이라고 말할 수 있다. 그런데 확실히 회당과 교회는 매우 유리하다. 왜냐하면 이 사랑을 알고 그 사랑의 힘으로 살아갈 수 있기 때문이다.

이런 지식 안에서 선한 양심을 가진 우리 각각은 우리의 사랑하는 사람에게 다음과 같이 말할 수 있다. "나를 당신의 정체성의 표지, 즉 당신의 인장으로 받아 주소서." 정확하게 그런 연합이 어떻게 — 조나단 에드워즈의 말을 빌자면 — '영원히 계속될지'(6 : 1-3)는 우리는 모른다. 그러나 아가서는 어떻게 해서든지 그 연합이 영원히 계속될 것이라고 말하고 있다.

8 : 8~10

작은 여동생이 성장하다

Ⅰ.

8절과 9절, 그리고 10절이 하나의 시를 구성하는가? 아니면 두 개의 독립적 시를 구성하는가? 많은 사람들은 이 둘을 구분하는 것을 지지한다. 10절과 8~9절을 연결시키는 것은 대부분이 유방(가슴), 성벽들, 망대들이다. 이 세 절들의 연접(連接)은 아마도 단순한 어휘 연상에 의해 이루어졌을 것이다. 왜냐하면 9절에서 세워질 것으로 언급되는 망대들은 명예와 세력의 은유인 반면에, 10절의 망대들은 여성의 유방을 표현하는 직유이다. 8~9절들이 남성합창단의 목소리라면, 10절은 아가서의 여자 주인공, 즉 정열적인 여인의 목소리이다. 이 두 목소리의 말들이 서로 주고받는 대사로 전환되기 위해서는 어느 정도의 시간, 즉 그것들이 8~9절에서 언급된 앳된 소녀가 10절에서 화자로 등장하는 성숙한 여인으로 성장하는 데 걸린 시간만큼 필요했음이 틀림없다.[1]

그런데도 불구하고 이 절들이 단지 어휘 연상 기법에 의해서만 연립된 것은 아니라는 인상을 쉽게 거둘 수 없다. 아마도 여기에는 극적 장면 같은

---

1) 소녀가 처녀로 성장하는 시간 즈음에 각각의 말이 대사 형식으로 결합되었음이 틀림없다.

것, 아니면 그 극의 한 부분 같은 상황이 전개되고 있는 것이 아닐까 하는 생각이 든다는 것이다. 8~10절을 하나의 시로 읽는 것을 지지하는 매우 분명한 본문 요소가 지적될 수 있다는 점이 언급될 수 있다. 즉, 8~9절을 10절과 분리시켜 따로 하나의 시로 읽는다면, 이 두 절은 아가서 전체에서 1 : 1의 주인공 여자 연인이나 그녀의 남자 연인이 아예 등장하지 않는 유일한 시가 되는 셈이다. 그들은 각각 화자로도, 화자의 말을 듣는 상대로도, 그리고 아예 시가 다루는 소재로도 나타나지 않고 다루어지지도 않는다. 물론, 이 현상은 8~9절을 그냥 망실된 시의 단편이라고 말함으로써 설명될 수는 있지만, 우리가 그런 판단을 내릴 필요가 없는 곳에서는 그런 판단을 굳이 내릴 필요가 없다고 본다. 단지 동전을 던져 내기를 해서가 아니라, 우리는 이것저것 고려한 후에 8~10절을 하나의 극적 완결성을 갖춘 시라고 판단한다.

시의 극적 줄거리를 살펴보면, 형제들로 불리는 정체 미상의 남성합창단에게 작은 누이동생이 있다는 사실이 먼저 소개된다. 그녀는 아직 가슴(유방)이 없다. 본 주석자가 보기에, 이것은 그녀가 결혼을 하기에는 아직 어리다는 것을 의미하는 구절로 보인다. 고대 근동 기준으로 볼 때 성생활을 하기에는 너무 어리다는 것이다. 하지만 그녀는 어느 날, 결혼 제의를 받기에 충분한 나이로 성장할 것이다. 즉, 성생활이 가능한 처녀로 성숙할 것이다. 그녀의 남자 형제들은 바로 이 처녀로서의 성장이 언제 이루어질 것이냐에 대하여 초미의 관심을 드러내고 있다. 그때가 오면 그들은 처녀가 된 누이를 어떻게 대우할 것인가? 여기서 바로 다채로운 비유법들이 시작된다.

그날에는 그 어린 누이도 성벽이나 대문으로 판명될 것이다. 이 은유들이 암시하는 바는 충분히 명백하다. 만일 어느 날 그녀가 어떤 유혹에도 흔들리지 않는, 충분히 주체적이고 독립적인 인격을 보여 준다면, 그들은 그녀의 미덕을 은으로 된 망대를 세워서 기릴 것이다. 만일 그녀가 공격받을 위치에 처하게 된다면, 그들은 그녀를 보호하기 위해 견고한 성벽을 구축해 줄 것이다. 그녀는 성벽 안에 둘러쳐진, 보호받는 망대 같은 존재

로 대접받게 될 것이다. 여기서 건축 자재들로 거명된 물건들, 특히 백향목은 아가서 전체에 나타나는 귀중한 물품들 중 하나다. 만일 형제들이 그녀를 성벽 안에 가두어 보호하기로 결정한다 하더라도 그녀는 장엄하게 보호할 것이다.

10절은 극의 신속한 전개를 보여 준다. 누이는 벌서 자신의 목소리로 말할 수 있는 만큼 자랐다. 자기결정권을 행사하는 성인이 된 것이다. 오라버니들이 구사한 은유들을 적절히 섞어 그들의 이전 염려들에 응답하는 동안, 그녀는 먼저 자신의 미덕을 공개적으로 선언한다. 시험의 때가 왔을 때, 그녀의 말이 옳았음이 밝혀졌다. 그녀는 과연 성벽이 되었다. 그것도 그냥 아무렇게나 문이 열린, 대문은 전혀 없는, 잘 방비된 성벽이 되었다. 그래서 그녀는 얼마든지 떳떳하게 성애를 즐기고 성생활을 할 수 있게 되었다고 선언한다. 왜냐하면 실로 그녀에게는 오라버니들이 그녀를 보호하기 위해 세워 줄 생각을 했던 망대처럼 봉긋이 솟은 유방들이 있었기 때문이다.

이제 그녀는 아가서의 다른 시가들에 등장하는 열정적인, 그리고 연인에게 사랑받는 여인으로 나타난다. 남자 연인의 눈은 그녀의 눈부신 유방들을 예찬하고 있다. 그것들(유방들)은 그녀를 자신의 연인에게 '평화를 가져온 자'가 되게 했다. 이 평화는 성적 연합을 통해 실현될 생명력 넘치는 동거를 암시한다. 만일 우리가 이 시를 하나의 완결적인 시라고 간주한다면, 이 '평화'라는 말이 이 시의 마지막 단어가 된다고 보면 된다. 그래서 아가서의 후반부 몇몇 장들에서 나타나는 히브리어 어근 샬롬(shlm)을 중심으로 형성되는 이름들과 암시들의 촘촘한 연결 안에 이 작은 드라마가 묶여 들어온 것이다. 그래서 이 8 : 8~10의 시의 주인공 여자 안에서 우리는 또다시 평화의 여성 방백(6 : 13)인 술람미 여인을 만난다.

Ⅱ.

우리가 이 시를 신학적 알레고리로 읽는다면, 이스라엘 또는 교회를

본문의 누이동생이라고 간주해야 한다. 그렇다면 이 우의적 해석은 이 절들을 아가서에서는 흔히 적절하지 않은 해석방법으로 알려진 읽기, 즉 구원사의 약식 진술로서 읽지 않을 수 없게 한다. 우리는 주로 이 아가서 8 : 8~10 버전의 구원사가 제기한 두 가지 신학적 논제들만 주로 살펴볼 것이다. 둘 다 흥미를 끄는 논제다. 설교자들과 교사들은 그것들을 둘 다 수용할지, 하나만 수용할지, 아니면 배척할 것인지 결정하기 전에 심사숙고해야 할 것이다.

이 절들을 알레고리로 읽을 때, 우리는 오라버니들의 말은 이스라엘이 아직 야웨 하나님과 연합되기 전의 상황, 즉 출애굽 구원과 시내산 언약 체결이 있기 전의 한 시기를 언급한 것으로 이해된다. 오라버니 합창단은 이스라엘의 성인기가 왔을 때 그녀에게 제시된 선택들의 기로들을 내다보고 있다. 즉, 그녀가 그녀의 주 되신 야웨 하나님과 연합되어 정결한 신부가 될 것인가, 아니면 열방의 신들을 난잡하게 따라 다닐 것인가? 그녀가 모세를 따라 출애굽의 장도에 동참할 것인가? 아니면 광야에 뒤처져 있다가 애굽으로 되돌아갈 것인가? 그녀가 시내산에서 체결된 언약을 '예' 하면서 승인하고 비준할 것인가? 아니면 거절할 것인가? 이 많은 선택들 중에서 이스라엘의 선택을 무엇이 될 것인가? 여기서 우리는 첫 번째 신학적 논제를 만난다. 미래를 내다보는 이 신학적 이야기는 이스라엘이 어쩌면 잘못된 선택의 길로 빠져들지도 모른다고 가정한다.

만일 이스라엘이 마지못해 출애굽 장도에 동참했을 뿐만 아니라 아예 모세를 따르지 않겠다고 단도직입적으로 거절해 버렸다면 어떻게 되었을까? 랍비들의 아가서 주석을 망라해 놓은 「아가서 랍비주석집」에 나와 있듯이, 순종의 약속을 요청하면서 이스라엘 백성 개개인에 다가왔던 십계명을 듣고(「아가서 랍비주석집」, 1 : 1), 그들이 '아니요'라는 거절의 대답을 했더라면 어떻게 되었을까? 만일 예수의 모친 마리아가 "나는 이 기괴망측한 유혹에 조금도 넘어가고 싶지 않소."라고 거절했더라면, 어떻게 되었을까? 만일 예수께서 유혹자의 유혹에 굴복하셨더라면 어떻게 되었을까? 실로 만일 교회가 배교하기로 한 그녀의 명백한 결심을 성공적으로

밀어붙였다면 어떻게 되었을까? 주님께서 다시 오실 때, 이 땅에서 믿음을 발견하실 수 있을까? 만일 이것들이 진짜 제기된 질문들이었더라면, 우리는 몇몇 현대 신학자들과 함께 — 적어도 우리는 볼프하르트 판넨베르크를 언급해야 한다 — 하나님의 백성의 역사인 교회에게 이 양자택일의 기로 중 하나를 택하라고 압박할 때, 주님 자신의 신적 능력과 통치권이 허공에 매달려 있는 것처럼 불확실해져 버렸다고 말해야만 하는가? 만일 우리가 이 대담한 명제를 받아들인다면, 우리가 상속받은 전통적인 하나님 이해에 속한 몇몇 개념들 — 특히 하나님의 전능과 전지 — 은 수정될 필요가 있지 않은가?

아직도 우리는 이 시가 전개하는 드라마의 첫 번째 장면에 머물고 있다. 이 오라버니들은 누구인가? 문자적으로 읽는다면, 아마도 그들은 이 여인을 야외 농장에 보냄으로써 징계했던 2장의 오라버니들과 동일시되어야 할 것이다. 그런데 이 시를 알레고리로 읽는 경우, 그들은 궁극적으로 누구를 가리키고 있는가? 타르굼은 그들을 천사들이라고 보는데, 이것은 적절한 의견으로 보인다. 구약성경 내의 다양한 천상적 존재들이 하나님의 창조 세계 안에서 영적 연장자들로, 혹은 다른 피조물들의 후견인들로 등장하기 때문이다(타르굼). 천사들이 구원사의 진척과정을 지켜보다가 각각의 단계에서 무엇이 행해져야 하는가를 알고 중보활동을 펼쳤다고 보는 입장은 성서 전체의 세계관에 잘 어울린다.

두 번째 장면은 야웨가 그의 백성의 연합이 실현되었던 때에 맞춰져 있다. 즉, 이스라엘 또는 교회사가 점차 주도적인 역할을 맡기 시작한 때이다. 오라버니들이 예기하던 결정적 시기가 도래했다. 어린 누이 시절은 지났다. 하나님의 백성들이 결단했다. 모든 것은 이제까지 순조롭게 진행되었다.

이 신학적 드라마가 제기하는 두 번째 논제는 이 시를 그냥 문자적으로 읽었을 때 발견되는 이미지 암시에 대한 문제이다. 이 암시는 너무 분명하여 아가서 저자가 독자들로 하여금 이것을 반드시 포착하도록 의도했다고 믿어질 정도다. 여인은 자신이 그녀의 연인에게 '화평을 주는 자' — 좀

더 문자적 번역을 하자면 — 라고 주장한다. 그러나 구약성경의 예언서 전체를 통틀어 볼 때, 평화를 가져오는 사역은 메시야가 행하실 대표적 사역 중 하나로 제시된다. '평화를 가져오는 자'라는 호칭은, 또한 '평화의 왕'(사 9 : 6)으로 불리는 다윗의 후손 중에 도래할 이상왕(理想王)의 그 위대한 호칭과 너무 유사하여 양자 사이의 평행관계는 무시될 수 없다. 충격적인 사실은 이 아가서의 알레고리 본문에서 구약성서의 다른 곳에서 나타나는 관계가 역전되고 있다는 점이다. 즉, 이스라엘의 야웨께 화평을 갖다 주는 자요, 야웨께서는 그녀가 선사하는 화평을 누리는 자로 설정된다는 것이다. 문제는 과연 이 역전된 상호성이 긍정될 수 있을까 하는 것이다. 야웨와 그의 메시야가 그의 백성들에게 평화를 가져다줄 수는 있지만, 어찌 이스라엘 또는 교회가 하나님께 화평을 가져다줄 수 있다는 말인가? 앞에서 일관되게 보았듯이, 샬롬은 단지 갈등의 반대가 아니라 완전케 함의 의미를 갖는 총체적 하나 됨을 의미한다. 인간은 하나님과 자신의 이웃, 그리고 무엇보다도 자기 자신과 온전히 하나가 될 때 평화롭다고 느낀다. 하나님, 이웃, 그리고 자신과 하나가 될 때, 평화를 만끽한다. 만일 지금 야웨께서 그의 백성을 온전히 갖기를 열망한다면, 그들을 향한 그분의 열망이 성애적 사랑이라면 — 아가서 전체에 걸쳐 포착되는 알레고리가 단계 단계마다 집요하게 주장하듯이 — 즉, 그분의 백성들이 그와 하나가 된다면, 그의 열망이 충족된다면, 이것은 그들이 향유하는 평화일 뿐만 아니라 실로 그분께서 누리는 평화임에 틀림없다.

이것은 오래된 신학적 난제다. 어떤 대답도 만족스럽지 못하고 당혹스럽기는 마찬가지다. 어떻게 하나님께서 피조물들과 온전히 하나가 될 수 있을까? 어떻게 하나님께서 다소간 당신 자신을 만족시키는 피조물 주도의 충만한 하나 됨을 향유할 수 있다는 말인가? 만일 하나님께서 그럴 수 없다면 왜 하나님께서 이런 피조물을 창조하셔서 존재하게 하시는가? 만일 하나님께서 피조물 주도의 충만한 하나 됨을 즐길 수 있다면, 이것이 하나님의 자존성 교리를 손상시키는가? 하나님께서 뭔가가 부족하셔서 세상을 창조했다는 것을 함의하지 않는가? 참으로 왜 하나님께서

이 세상을 창조해 가져야 하셨을까? 도대체 무엇 때문에? 무엇 때문에 세상이 필요하셨는가? 이것은 대부분의 신학자들이 알아차린 쟁점이었지만 많은 신학자들이 회피했다. 이 책의 앞부분에서 여러 차례 언급된 18세기 미국 신학자였던 조나단 에드워즈는 우리가 칭찬할 만한 신학적 사유를 전개한 적인 있다. 「하나님이 세상을 창조하신 목적에 관한 논고」(*Dissertation Concerning the End for Which God Created the World*)라는 책에서 그는 아주 절묘한 변증법적 사색을 펼쳐 보였다. 그의 절묘한 변증법을 과감하게 요약하면 다음과 같다. 하나님의 영원한 선택 — 우리가 더 이상 궁구할 수 없는 절대적 신비인 — 이라는 사실을 고려하면, 우리에게 선한 것과 하나님께 선한 것은 불가분하게 연결되어 있다는 것이다.

Ⅲ.

다시 인간적 유비로 되돌아가 보자. 신학적 이야기, 그 자체가 주는 시사점 못지않게 인간적 유비 또한 분명한 깨달음을 준다. 첫째, 사랑의 연합 가능성이 있는 곳에는 어디든지 결단이 내려져야 하며, 이 과정에 그릇된 선택도 있을 수 있다는 것이다. 게다가, 아무리 우리가 그 결단을 우리 자신들에게 잘 묘사해 줄 수 있을지라도 실제로 그것은 결코 두 가지 중립적인 의미의 사랑 중 하나를 고르는 선택이 아니다. 오히려 그것은 사랑과 사랑에 미치지 못하는 무엇 사이의 하나를 선택하는 결단이다. 우리에게 사랑이 제공된다면 우리는 그것을 누릴 용기를 낼 수도 있고, 아니면 감히 그 사랑을 누릴 용기를 내지 못하기도 한다. 우리는 실로 무시 못할 뚜렷한 개성을 가진 타자 — 6 : 10에 대한 주해를 보라 — 와 대면하게 되는데, 그 타자를 사랑의 모험으로 끌어안을 수도 있고, 아니면 좀 더 편한 상대들과의 교제로 퇴행할 수도 있다.

하나님의 약속들에 비추어 볼 때, 이 사랑의 모험을 거절할 이유가 없다. 우리는 결국 아무것도 잃는 것이 없다. 사랑의 정수인 자기를 내어

주는 이 모험이 죽음으로 귀결될지라도 그 죽음 또한 이미 미리 극복되어 있다. 왜냐하면 그리스도가 함께 죽어 장사된 우리는 또한 그와 함께 부활할 것이기 때문이다. 하나님을 모르는 세상은 이 사랑을 항상 배척하고 그것으로부터 도망치지만, 세상 안에 살되 하나님의 사랑의 이미 실현된 표징들 안에서 사는 사람들은 — 회당에서든 교회에서든 상관없이 — 이 최고 으뜸 되는 사랑을 맛보고, 그 안에서 인간의 사랑 또한 고요히 영접될 수 있으며, 다른 어떤 피조물보다 더욱 간절히 누리고 싶은 선물임을 깨닫게 될 것이다. 이 문제에 대해 더 알기 원하는 독자들은 6 : 6~7에 대한 주해로 되돌아가서 읽어 보면 된다.

둘째, 사랑이 영접되면, 사랑받는 자는 평화를 선사하는 역할을 맡게 된다. 사랑은 한 새롭고 온전한 사람을 만든다. 그 안에서 깊은 만족과 생명감 넘치는 삶은 하나가 된다. 사랑이 항상 그렇게 작동하는가? 확실히 그렇지는 않다. 항상 그렇게 작동될 필요가 없는가? 아니 그렇지 않다고 본다.

8 : 11~12
그만의 포도원

Ⅰ.

이 절은 비록 아가서에서 보이는 대표되지 못한 한 특별한 한 전승에 속하거나 혹은 한 무리의 시의 일부처럼 보일지라도, 그것들은 그 자체로 하나의 완결적인 시를 구성한다. 적어도 이 시의 현재 위치 안에서 화자는 아가서의 다른 시들의 주인공인 남자 연인이다. 그는 아가서의 다른 곳에서처럼 스스로 영광스러운 '솔로몬' 행세를 하는 연인이 아니다. 오히려 그는 상상 속에서 이스라엘의 전설 속에 나오는 그 역사적 솔로몬을 반추

하며 그에게 말을 걸고 있다. 그는 솔로몬과 자신의 각각의 포도원들을 비교하며 말을 걸고 있다. 이 시에서도 역시 포도원들은 아가서의 다른 곳에서처럼 성적 은유로 기능한다. 즉, 성애적 사랑의 잠재적 원천으로 기능한다. 여기서 이 은유를 효과적인 수사법으로 만드는 것은 포도원의 '소유'이다. 솔로몬의 포도원은 종들이 돌보고 관리해야 할 만큼 — 아마도 삯을 받는 일꾼들에 의해 관리될 것이다! — 크고 넓을지라도 남자 연인에게는 부럽지 않다. 솔로몬의 포도원은 결국 그의 후궁들을 의미한 것임에 틀림없기 때문이다. 이 남자 연인은 상상 속에 있는 솔로몬에게 오히려 자랑한다. "당신의 후궁들을 잘 돌보시오. 그것이 당신에게는 지킬 가치가 있는 자산이니까! 나는 내 자신이 직접 돌보는 포도원이 있소. 오직 나에게 속한 나를 위해 존재하는 포도원 말이요." 솔로몬은 많은 후궁과 비빈을 얼마든지 거느릴 수 있지만, 그는 솔로몬에게 결코 있을 수 없는 일편단심으로 결속된 참 사랑, 참 연인, 참 '포도원'이 있기 때문이다.

11절에 나오는 바알하몬이라는 성읍은 실재한 도시가 아닌 것처럼 보인다. 랍비들은 바알하몬과 예루살렘을 동일시했다. 만일 솔로몬의 '포도원'이 그의 후궁들이라면 근거가 무엇이든 상관없이 이것은 필시 옳은 판단임에 틀림없다(타르굼).

Ⅱ.

우리는 역사적 솔로몬의 방탕한 성(性)의 정치, 즉 정략결혼 정책이 이방신들에 대한 그의 배교적 탐닉의 계기가 되었고, 결국 "이스라엘을 우상숭배의 길로 끌고 갔던 최초의 왕이었음을 기억하면서, 남자 연인의 솔로몬의 포도원에 대한 뼈 있는 농담을 살펴볼 수 있다. 솔로몬에 얽힌 옛이야기들 속에 나오는 솔로몬의 엄청난 규모의 후궁 숫자는 농담거리인 것이 사실이다. 하지만 매우 특이하고 음울한 종류의 농담이다. 그것은 한번 감행된 우상숭배는 끝없이 심화되고 연장된다는 사실의 실례이다. 만일 정략결혼으로 얻은 두 명의 아내가 각자 자신이 믿는 민족 신을 믿는 일이

일어난다면 왜 네 명의 아내들이 네 신들을 각각 솔로몬 궁정에서 예배하는 일이 일어나지 않겠는가? 왜 더 많은 이방 출신 아내들이 더 많은 신들을 이스라엘에 도입하는 것이 어떻게 일어나지 않겠는가?

만일 우리가 이 시를 신학적으로 읽는다면 이 시의 남자 연인처럼 솔로몬을 조롱하는 분은 누구도 아닌 야웨 하나님 자신이시다. 결국 솔로몬이 영광을 빼앗기고 천해지는 셈이다. 솔로몬은 이 알레고리에서 이 세상의 군주, 후궁들을 거느리는 데 만족하는 세속 군주일 뿐이라는 것이다. 그래서 신실하신 한 분 하나님에 의해 책망을 당하기에 이른 것이다. 아마도 진실로 우의적으로 보자면 솔로몬은 '이 세상의 주(主)'일 뿐일지도 모른다. 결국 이스라엘은 두 가지 양상으로 존재한다. 이 세상의 정사와 권세들을 섬기는 하렘(후궁)으로 존재하는 이스라엘과 한 분 야웨께 절대적이고 배타적으로 연합된 이스라엘이 각각 존재한다.

이것은 이스라엘의 역사 내내 사실이었다. 옛 이스라엘, 현재 유대교회당, 교회는 불충하기도 했고 신실하기도 했다. 그들 주변의 세계 주재세력들의 후궁 집단처럼 존재하기도 한 반면에, 야웨께 소속되고 소유된 야웨의 하나밖에 없는 신부로 존재하기도 했다. 이 모순은 세상 끝, 하나님 나라의 완성 시에 가서야 해소될 것이다. 하나님을 대적하는 세상 정세와 권세들이 이스라엘을 장악하려고 준동하는 일이 그칠 때에야 이 양자의 모순은 극복될 것이다.

위 단락에서 단수와 복수의 대조에 의해 시사된 구분을 하는 것이 적절할지도 모른다. 야웨의 백성들이 — 예언자들의 이미지에 따르면 — 다른 신들을 붙좇고 추종할 때는 항상 개인들로 구성된 집단으로 작동한다. 그러나 야웨가 분리될 수 없을 정도로 연합된 야웨의 '신부'로 존재할 때는 단일 인격체 같은 공동체 이스라엘이 부각된다. 이 공동체는 교부들의 용어로 하면 야웨의 '신부'요, 랍비들의 용어로 하면 '야웨의 총회'다. 그리스도인들 사이에서는 교회가 죄를 짓는 일이 가능한지 불가능한지에 대한 오랜 논쟁이 있어 왔다. 이 질문에 대한 답변을 제시하기 위하여 유명한 사회 이론의 구분을 빌어 와야 할지도 모른다. 공동체로서의 교회는 결코

죄를 범할 수 없다는 것이다. 왜냐하면 공동체로서의 교회는 주님과 연합된 한 몸이기 때문이다. 그러나 개인들의 집합체로서의 교회는 범죄할 수 있다. 저마다 자신의 이익을 추구하는 개인들로 구성된 교회는 지배적인 개인들의 수준에 따라 큰 잘못을 저지를 수 있다는 것이다. 마틴 루터가 타락한 교회를 책망할 때 자주 사용했던 말처럼 개인들의 총합으로서의 교회는 '큰 죄인'이 될 수 있다.

Ⅲ.

몇 년 전 어떤 위대한 스타급 농구선수가 신문 지상에서 자신의 하룻밤 열애상대가 된 여자들에 대해서 말한 적이 있다. 혹자는 수십 년 전의 유행용어를 갖고 그에게, "너는 지금 자랑하는 거니? 아니면 불평하는 거니?"라고 되물을 수 있는 상황이었다. 왜냐하면 언뜻 보면 남자들에게 부러움을 살 정도로 화려한 사랑행각을 벌인 것처럼 보이는 이 '도덕적으로 방정해야 할 공인'인 농구선수가 그런 고백을 함으로써 자신 안에 끔찍한 박탈감을 들추어낸 셈이기 때문이다.

8 : 13
누구의 목소리인가?

Ⅰ.

아가서의 딱 한 곳, 6 : 11~12에서처럼 우리는 이 절에서 어떤 문자적인 의미를 찾아낼 수 없다. 그것은 우리가 사용할 해석의 열쇠가 없기 때문이거나 그것이 망실된 시(詩)의 나머지 부분이 없다면 결코 그 스스로는 해석되거나 이해될 수 없는 아주 작은 단편 소절이기 때문일 수도 있다. 화자의

말을 듣는 사람은 우리가 아는 한 여인이다. 화자가 그녀의 남자 연인인지, 아니면 또 다른 어떤 여인인지 혹은 전혀 다른 어떤 사람인지 알 수 없다. 이 절에 나오는 '친구들'이 누구인지도 알 수 없다. 문법적으로 이 단어의 성은 남성형이다. 그렇지만 이 정도의 정보는 이들이 누구인지를 밝히는 데는 거의 도움이 안 된다. 여기서 언급되는 동산들의 정체에 대해서도 불확실한 점이 있다. 아가서에는 몇 차례 동산들이 나온다. 13절의 '동산'이 그것들 중 하나인지, 그것들과 상관없이 전혀 새로운 동산인지 알 수 없다. 우리가 이 본문의 의미를 해명하기 위해서 훨씬 더 많은 정보들이 아직도 더 필요할지도 모른다.

Ⅱ.

우리가 이 절의 문자적 의미를 파악하는 것이 분명해진 이상 이미 앞에서 말한 것, 그리고 이 절보다 바로 앞에 나온 단락에 대해 말한 것을 되풀이할 수 있을 뿐이다. 신학적 석의를 하면서 주석가는 감히 정경의 일부 단락이 도무지 아무 뜻도 없다거나 말이 전혀 안 된다고 말할 수는 없는 노릇이다. 그것들이 적어도 '현재의 우리들에게는' 잘 이해가 안 되거나 의미파악이 안 된다고 말할 수 있을 뿐이다. 현대인들과 보다 최근 동시대 사람들은 확실히 해석사에서 해석자 자신의 현재 자리, 해석자의 해석대상이 되고 있는 현재 본문의 문자적 증언이 해석에 차지하는 비중에 진지한 주목을 보인다. 즉, 본문의 문자적 의미부터 파악함으로써 해석이 시작된다는 것이다. 만일 본문이 해석의 토대가 될 그런 문자적 의미를 갖고 있지 못하다면 해석자는 어쩔 수 없이 해석의 좌초를 겪지 않을 수 없다. 하지만 이것이 성령께서 해석사의 관점에서 볼 때 우리와 다른 시대를 살았던 다른 시대의 신자들을 깨우치기 위하여, 우리에게는 닫혀 있지만 여전히 정경의 일부로 남아 있는 그런 단락을 전혀 사용하신 적이 없다거나 앞으로도 그럴 일이 없다는 것을 의미하지는 않는다. 바로 앞의 경우에서처럼 여기서 우리는 우리 자신의 주해를 제시하기보다는 우리와 전혀 다

른 해석학적 상황에 처해 있었던 교부들이 이 절에 대해 주해한 내용을 성령의 자유로운 아가서 사용의 예로 들어보려고 한다.

중세학자들의 표준적인 주석들을 모아 만든 「보통 주석」(*Glossa ordinaria*)은 다음과 같은 알레고리를 제시함으로써 이 절의 이해를 시도했다. "교회 — 혹은 신실한 영혼 — 는 동산들 안에 거한다. 그녀는 이미 희망과 선행으로 녹색으로 가득 차 있다. 이 세상이 만들어 내는 희망은 건조하고 황량하다. 왜냐하면 이 세상에서 사람들이 사랑하는 모든 것들은 신속하게 시들어 버리기 때문이다. 그래서 동산들 안에 사는 교회는 신랑이 자신의 목소리를 듣도록 들려주지 않으면 안 된다. 즉, 그녀의 설교가 선한 것을 더 많이 말하면 말할수록 그녀가 그토록 연합되고자 하는 그분께서 그만큼 더 기뻐하신다. 왜냐하면 그분의 친구들도 교회의 목소리를 듣고 함께 기뻐하기 때문이다. 모든 선택받은 하나님의 백성들은 생명의 말씀 듣기를 그토록 갈망하기 때문이다"(노리스).

Ⅲ.

앞의 경우에서처럼 이 표제 아래서는 어떤 할 말도 없다.

8 : 14
종결

Ⅰ.

8장이 전체적으로 다소 무질서하게 구성되어 있는 것처럼 보이지만 또 다른 단편으로 볼 수 있는 이 절이 어수선한 상태로 아가서 전체를 종결짓는다. 아마도 아가서를 사랑하게 된 주석가는 누구나 아가서가 이렇게 끝

나지 않기를 바라는 마음으로 대안적 결론부를 찾는다고 해도 용서받을 정도다.

첫 소절에 나오는 동사 바라(barah)는 NRSV에 의해서 '서두르다'라고 번역된다. NRSV는 이 시의 나머지 부분에 의해서도 시사되듯이, 남자 연인이 여자 연인 쪽으로 달려가는 상황을 상정하고 이렇게 번역한다. 그러나 타르굼과 고대의 모든 역본들은 '도망치다'로 번역했다. 이것은 남자 연인의 서두름을 여자 연인으로부터 도망치는 상황으로 상정한 번역이다. 만일 많은 주석가들과 함께, 오래된 번역이기도 하고 어휘론적으로도 더 쉬운 번역을 취한다면 우리는 이 절을 한 단편 소절이며, 그것의 의미는 이 시의 나머지 부분이 망실되었을 때 함께 망실되어 버렸다고 생각해야 한다. 설령 '도망치다'라고 번역한다 하더라도 여전히 대답되어야 할 많은 질문들이 남아 있다. 남자 연인이 무엇으로부터 도망치는가? 어디로? 왜? 우리는 이 질문들에 대한 어떤 대답도 본문에서 듣지 못한다.

하지만 우리의 동사는 엄격하게 번역될 경우 '빠르다'라고 번역되는 것이 제일 낫다. 이렇게 번역되는 경우가 전체 문맥 파악에 좀 더 유리하다. 실로 어떤 사람이 도망치기 위해 보다 더 자주 민첩해야 될 필요가 있다는 것이다. 아주 비참하게도 우리는 간혹 '싸우거나 도망쳐야 하는' 상황에 디밀어진다. 싸운다는 것은 '서서 싸우는 것'을 의미한다. 바로 이 상황이 '빠르다'(아마 barah)와 같은 동사의 의미를 '도망치다'로 보게 만든다. 그런 점에서 옛 번역들도 이해가 안 되는 것은 아니다. 그러나 그렇다고 해서 민첩하기를 요구받는 상황이 늘 도망치는 상황만이라고 보는 것은 지나치다. 원수를 뒤쫓아 가는 데 민첩한 고대 그리스의 이상적 전사는 '아킬레스(아킬레우스)의 발만큼 빠른 발'이라고 불렸다. 여기서 남자 연인의 서두름은 꼭 여인을 피해 도망치는 서두름이라고 해석할 필요가 없다. 시의 나머지 부분을 고려해 볼 때 오히려 그 반대상황이 자연스럽게 그려진다. 그러므로 우리는 NRSV와 AV와 함께 'barah' 동사를 약간 중립적인 말로 번역하여 '속히 오다' 정도로 번역한다. 이렇게 되면 '도망치다'라는 말로 번역된 히브리어에 의해 야기된, 대답하기 곤란한 질문들은 사라지게 되고,

이 절을 아주 짧은 시로 읽힐 수 있는 길이 열린다. 그렇다면 이 14절은 아가서 전체의 대미를 장식하는 결론이 되기에 부족함이 없다.

여기서 화자는 여인이다. 여인은 말은 그녀가 아가서 전체에서 발설한 모든 말들의 무게를 총 합산한 정도의 무게를 갖는 말이다. "내 사랑하는 자여, [나에게로] 속히 오세요." 연인에게 서둘러 와 달라고 요청하는 이 여인은 성애적 분위기를 북돋우는, 에덴 동산의 아름답고 때 묻지 않은 식물들에 비유된다. 그래서 남자 연인은 때로는 두 연인들 사이에 있는 거리를 대표하기도 하고, 때로는 여자 연인의 가장 은밀한 성감대(4 : 1-7)를 가리키기도 하는 산들로 속히 돌아오라고 요청받는다. 그래서 아가서는 그것이 처음 시작될 때 제시한 주제와 똑같은 주제, 성애적 사랑으로 대단원의 막을 내린다. 아가서는 이제 처음과는 달리 모든 간청과 약속, 그리고 중간 중간에 노래로 읊어졌던 사랑 이야기로 가득 찬 사랑의 절창이 되었다. 물론 이런 식이 종결이 아가서 저자, 최종 편집자 혹은 정경 결집자에 의해 의도되지 않았을 수도 있다. 그럼에도 불구하고 이렇게 끝난 것은 하나님의 섭리가 개입한 결과였을 것이다.

Ⅱ.

전체 성서도 아가서처럼 끝난다. 초대교회의 성만찬 제의 중 가장 오래된 순서는 부활하신 주님의 재림을 재촉하는 교회 회중 전체의 합성 같은 간청이었다. 주 예수께서 어서, 그리고 속히 성만찬의 떡과 잔 주위에 모여 있는 당신의 신부에게 오시도록 간청하는 호소였다. 그 교회의 외침은 너무 진지하고 간절하여 그 제의가 그리스어로 다 번역되었을 때 여전히 원래의 예수의 제자들이 외쳤던 아람어 '마라나타'(maranatha)는 번역되지 않은 채 사용되었다. 아람어로 된 이 성만찬의 제의적 함성이 바로 기독교회의 성경의 대미를 장식하는 말이다. "주 예수여 오시옵소서"(계 22 : 20). 사도요, 선지자 요한은 비록 아가서가 한 번도 공개적으로 발설한 적이 없는 남자 연인의 그 이름, 고유명사를 알고 있다. "예수!" 그는 독자들에

게 주 예수의 신속한 응답이 있을 것을 확신시키면서 한 말을 덧붙인다. "아멘"(계 22 : 21). 그러나 이런 사소해 보이는 간결한 추가 해설을 통해 우리가 가진 성경 전체의 종결부와 아가서의 종결부가 한층 더 닮게 되었다.

Ⅲ.

모든 연인들로 하여금 자신의 연인에게 가끔씩은,"나에게 어서 속히 오라."라고 말하게 하라. 그들로 하여금 심지어 간절한 열망을 확증하게 할 몇 마디 말을 덧붙이게 하라. 즉, "그리스도의 다시 오심은 확실하다." 와 방불한, 완성될 사랑의 확신을 심어 줄 말을 덧붙이게 하라. 이렇게 해서 하나님의 사랑노래 안에 내장되어 있는 연인들의 노래, 야웨와 그의 신부의 노래, 그리고 모든 인간적 사랑의 노래는 끝난다.

참고문헌

더 심화된 아가서 연구를 위한 참고문헌 목록

아가서 주석을 더 깊이 연구하기를 원하는 사람들은 누구든지, 어떤 수준의 연구를 원하든지에 상관없이 존 데이빗 라르센(John David Larsen) 박사의 놀랄 만한 참고문헌 정리 수고에 빚지게 될 것이다. 아가서의 사랑 주제에 관한 어떤 책들과 자료를 참조해야 할지에 관해 크고 작은 안내를 받을 수 있다. 아가서의 사랑에 대한 거의 모든 책들을 찾아 참고문헌 목록을 만든 그의 수고는 칭찬할 만하다. 그의 참고문헌 목록은 아가서에 대한 현존하는 모든 주석들(처음부터 끝까지), 그리고 아가서의 연구 중 가장 중요한 고대 및 중세 강해류 저작들에 대한 학문적 연구서를 총망라한다. 하지만 그의 참고문헌 목록은 아직도 출간되지 않고 있으며, 어쩌면 앞으로도 출간되지 못할 수도 있다. 현재도 그가 아가서를 부가적인, 애매모호한 수준으로 언급한 자료들까지 찾아 연구에 연구를 거듭하고 있기 때문이다. 그러나 현재까지 수집된 목록도 뉴저지주 뉴브린스위크에 있는 럿거스(Rutgers) 대학교 내, '루터교회 캠퍼스 사역부'의 그의 사무실로 연락하면 얻을 수 있다.

Bernard of Clairvaux. *On the Song of Songs*. Trans. Kilian Walsh and Irene M. Edmunds. *The Works of Bernard of Clairvaux*,

vols. 1–4. Kalamazoo, MI : Cistercian Publications, 1971–1980.
Davis, Ellen F. "Song of Songs." In *Proverbs, Ecclesiastes, and the Song of Songs.* Westminster Bible Companion. Louisville, KY : Westminster John Knox, 2000.
John of Ford. *Sermons on the Final Verses of the Song of Songs.* Trans. Wendy Mary Bekcett, Kalamazoo, MI : Cistercian Publications, 1977–1984.
Murphy, Roland E. *The Song of Songs : A Commentary on the Book of Canticles.* Hermeneia. Minneapolis : Fortress, 1990.
Nicholas of Lyra. *The Postilla of Nicholas of Lyra on the Song of Songs.* Ed. and trans. James George Kiecker. Milwaukee : Marquette University Press, 1998.
Norris, Richard A.,ed. *The Song of Songs : Interpreted by Early Christian and Medieval Commentators.* The Church's Bible. Grand Rapids : Eerdmans, 2003.
Teresa of Avila. *Meditations on the Song of Songs. The Collected Works of St. Teresa of Avila*, vol.2. Trans. Kieran Kavanaugh and Otilio Rodriguez. Washington, DC : Institute of Carmelite Studies, 1989.

인용된 문헌

Bergant, Dianne, C. S. A. *The Song of Songs.* Berit Olam. Collegeville, MN : Liturgical Press, 2001.
Bernard of Clairvaux. *Sermones super Cantica canticorum.* Ed. Jean Leclerca, Charles H. Talbot, and Henri M. Rochais. Sancti Bernardi Opera. Rome : Editiones Cistercienses, 1957–1958.

______. *On the Song of Songs*. Trans. Kilian Walsh and Irene M. Edmunds. *The Works of Bernard of Clairvaux*, vols. 1–4. Kalamazoo, MI : Cistercian Pulications, 1971–1980.

Davis, Ellen F. "Song of Songs." In *Proverbs, Ecclesiastes, and the Song of Songs*. Westminster Bible Companion. Louisville, KY : Westminster John Knox, 2000.

Gerlemann, Gillis. *Ruth, Das Hohelied*. Biblischer Kommentar Altes Testament, vol. 18. Neukirchen–Vluyn : Neukirchener, 1965.

Gregory of Nyssa. *Gregorii Nysseni in Canticum Canticorum*. Ed. Hermann Langerbeck. Gregorii Nysseni Opera, vol. 6. Leiden : Brill, 1960.

______. *Commentary on the Song of Songs*. Trans. Casimir McCambley. Brookline, MA : Hellenic College Press, 1987.

LaCocque, André. *Romance, She Wrote : A Hermeneutical Essay on Song of Songs*. Harrisburg, PA : Trinity Press International, 1998.

Longman, Tremper, Ⅲ. *Song of Songs*. New International Commentary on the Old Testament. Grand Rapids : Eerdmans, 2001.

Murphy, Roland E. *The Song of Songs : A Commentary on the Book of Canticles*. Hermeneia. Minneapolis : Fortress, 1990.

Norris, Richard A., ed. *The Song of Songs : Interpreted by Early Christian and Medieval Commentators*. The Church's Bible. Grand Rapids : Eerdmans, 2003.

Origen. *Homiliae in Canticum canticorum and Commentarium in Canticum canticorum*. Ed. W.A. Baehrens. Die griechischen christlichen Scriftsteller der ersten drei Jahrhunderte,

vol. 33. Leipzig, 1923.

______. *The Song of Songs Commentary and Homilies.* Trans. R.P. Law son. Ancient Christian Writers, vol. 26. Westminster, MD : Newman, 1947.

Pope, Marvin H. *The Song of Songs : A New Translation with Introduction and Commentary.* Anchor Bible, vol. 7C. New York : Doubleday, 1977.

Song of Songs Rabbah. Trans. [Maurice] Simon. Midrash Rabbah. London : Soncino, 1930.

The Targum of Canticles. Trans. Philip S. Alexander. The Aramaic Bible. Collegeville, MN : Liturgical Press, 2003.

역자 후기

아가서는 남녀 간의 사랑을 노래하는 사랑의 절창(絕唱)으로 읽히는 책이지만 동시에 하나님과 인간의 사랑을 노래하는 신비한 영성교과서다. 한글성경에 번역된 아가서에는 화자의 성수가 표시되어 있지 않아, 연인의 상호예찬과 연모 감정 토로가 쉼 없이 이어지는 아가서의 역동적인 전진감이 잘 느껴지지 않는다. 그러나 이 주석서는 아가서의 문자적 의미와 해석에도 충실하지만, 사랑의 불멸성과 신비를 파고들어 간 아가서의 드라마적 정수를 유감없이 보여 준다. 아가서는 남녀 사이에 이루어지는 인간의 사랑이 원래 삼위일체 하나님의 사랑 경험의 연장선에서 일어나는 일이라는 신학에 정통한 저자는 인간 남녀의 사랑뿐만 아니라 인간 동료들 사이의 사랑도 여전히 신비롭다는 점을 강조하여 일편단심적 부부사랑으로 이루어지는 가정과 결혼을 조롱하는 포스트모던 세대를 꼬집기도 한다. 아가서는 하나님의 사랑의 불멸성을 믿는 사람은 자기죽음을 초래하는 사랑의 모험에 뛰어들 수 있음을 강조한다. 이 주석서의 특장(特長)은 많겠지만, 우선 세 가지만 언급하고자 한다.

첫째, 무엇보다도 이 책은 삼위일체론과 그리스도의 성육신 신비 등에 정통한 조직신학자의 주석이라서 교과서적인 구약주석을 시도하지 않는 대신에 아주 풍성하고 깊이 있는 신학적 성찰을 제공한다. 본문비평 등에 뛰어들지 않고 NRSV의 영어성경본과 교부들, 중세 유대교 랍비 및 기독

교주석가들의 주석들과의 적절한 대화를 통해 아가서를 의미 있게 해석하고 있다. 비록 아가서 히브리어 성경 원어 본문에 대한 주의 깊은 해석을 시도하지는 않지만, 독자들을 아가서의 시적 정감으로 끌어들일 뿐만 아니라 남녀 연인 주인공의 입에서 발출되는 과감한 성애적 언어들과 묘사들에 대한 공감을 끌어낸다. 그는 문자적 해석에 충실해 연인들이 주고받는 간절하고 강렬한 성애적 고백과 연모의 열정에 공감하게 만든다. 하지만 그는 문자적, 문법적 해석의 대의를 존중하면서도 신앙적 의미 천착에도 놀라운 재능을 발휘한다. 분명히 남녀 간의 사랑의 절창이었던 시어들이 어느 새 하나님과 이스라엘, 주 예수와 교회의 사랑밀어로 전환되어 있다. 이 책의 가장 큰 성취는 아가서를 남녀 간에 오고 간 사랑의 절창으로 보면서도 그것이 유대교인들과 기독교인들에게 왜 하나님과 하나님의 백성들 간의 사랑시로 읽힐 수 있는 줄거리가 담긴 극시인지를 잘 보여 준다는 점이다. 저자가 신학적 알레고리로 보고 아가서를 하나님의 선행적 사랑과 인간의 응답적 사랑의 역동성을 세밀하게 추적해 가는 과정은 참 설득력이 있다.

이 책에서 성경본문과 교의학의 중심주제들을 적절하게 연동시키는 조직신학자의 신학적 노작이 가장 큰 빛을 발하는 장면은 아가서가 인간 편에서의 주도적인 사랑 표현에 대담하다는 점을 강조하는 신학적 성찰이다. 야웨의 자기하강적 이스라엘 사랑과 그리스도의 성육신적 사랑에 응답하는 이스라엘과 교회 각각의 능동적 분투의 정당성을 잘 옹호하고 있다. 저자는 여러 차례 이스라엘과 교회 편에서의 주도적인 열애감정 피력이 얼마나 감동적인가를 드러내고 있다. 이 조직신학자의 낯선 교의적 개념이나 교의적 함의가 담긴 구문들을 번역할 때는 불가피하게 의역을 할 수밖에 없었다. 영어는 한 문장인데, 번역문이 두서너 문장이 될 때는 바로 이런 경우다. 영어원서를 읽고 이 번역서를 읽는 독자들은 아마도 이런 의역들이 책의 원래 논지를 훼손하지 않고 자연스러운 책읽기를 도와주고 있음을 발견할 것이다.

둘째, 저자는 일반독자들이 개별 본문들의 화자가 누구인지, 청중이

누구인지를 파악하기가 힘들다고 느끼는 부분에서는 인칭, 성수, 본문의 중심주제를 중심으로 각 단락이나 구절의 발화자가 누구인지, 말을 듣고 있는 인물이 누군인지를 친절하게 밝혀 준다. 결국 저자의 주석을 따라 읽으면 아가서가 기승전결의 구조를 따라 움직이는 줄거리를 전개하는 드라마적 요소를 갖추고 있음을 깨닫게 된다. 독자들은 이 책을 읽어 가면서 확실히 사랑의 시작, 사랑의 위기, 그리고 사랑의 완성으로 종결되는 아가서의 줄거리를 보게 되고, 왜 이 책이 단지 남녀 간의 연애시일 뿐만 아니라 인간을 추적하고 방문하고 마침내 사랑의 완성을 위해 은밀하고 거룩한 언약의 침실로 초청하는지를, 하나님의 사랑과 이에 대한 하나님 자녀들의 응답사랑을 노래하는 신학적 극시(劇詩)인지를 깨닫게 된다.

마지막으로, 이 책은 아가서 주석사를 다채롭게 일별하는 데 도움을 준다. 아가서를 최초로 해석한 유대인 해석자들로부터 시작해서 기독교 교부들의 해석, 그리고 중세기 랍비들과 기독교영성가들의 해석을 통전적으로 아우르고 있다. 그런 점에서 유대교와 기독교의 대화에 이바지할 수 있는 토대를 마련한다. 결과적으로 이 책은 아가서가 왜 구약정경 안에, 그리고 신약정경 안에 당당히 포함될 수 있었는지를 잘 보여 준다. 아가서의 남녀사랑은 창세기 2장, 즉 죄와 타락이 시작되기 전 아담과 하와가 나눴던 순결한 사랑을 재현하는 사랑을 그린다. 아가서에서 자주 발견되는 육체적 매력과 아름다움에 대한 기탄없는 찬탄과 흠모는 타락 이전의 남녀 간의 사랑이 얼마나 복되고 강렬했을까를 짐작하게 한다. 남녀 간의 육체적 사랑도 하나님의 인간 사랑, 인간의 하나님 사랑의 원형질을 근사치적으로 경험하게 만드는 예비적 단계이다. 아가서로 설교하려는 모든 독자들, 하나님의 사랑을 구체적으로 느끼기를 원하는 모든 독자들에게 주저 없이 이 책을 추천한다.

역자는 오래 전에 이 책의 번역을 의뢰받았으나 다른 일들에 우선순위를 빼앗겨 이 책의 번역을 끝내지 못한 채 긴 시간을 부담 속에서 보냈다. 그러던 중 지난 7월부터 지금까지 새벽마다 아침 큐티 본문으로 아가서를 읽으면서 아가서의 묘시에 빠져들기 시작했다. 아가서의 리듬에 빠져들

자, 가속도가 붙어 마침내 이제야 완역할 수 있었다. 사랑의 불멸성과 신비 예찬으로 가득 찬 아가서를 묵상하면 할수록, 사랑은 아주 위험하고 고통스러운 자기희생과 거룩한 자기소모가 요청되는 과제임을 깨닫는다. 그러면서도 사랑에 몰두하지 않으면 우리 인생이 너무 황량하다는 것을 금세 느낀다. "사랑하는 자는 하나님 안에 있다."라고 외치는 요한일서의 외침이 아가서에 새롭게 들린다. 자기부인을 요구하는 사랑의 모험 안에 뛰어든 자는 이미 하나님의 사랑 안에 와 있는 자임에 틀림없다. 대책 없이 늦어지는 번역을 적절한 때마다 온유하게 재촉해 준 이슬기 자매님에게 진심으로 감사를 드린다. 모쪼록 이 책이 널리 익혀 사랑의 모험에 뛰어든 사람들이 많아지기를 기도한다.

2011년 11월

역자 **김 회 권**